高齢社会のアクションリサーチ

Action Research – Redesigning Communities for Aged Society

新たなコミュニティ創りをめざして

JST社会技術研究開発センター
秋山弘子
[編著]

東京大学出版会

Action Research:
Redesigning Communities for Aged Society

Research Institute of Science and Technology for Society,
Japan Science and Technology Agency
&
Hiroko AKIYAMA,
Editors

University of Tokyo Press, 2015
ISBN 978-4-13-062412-1

まえがき

　高齢社会が直面している課題をはじめとして，社会課題を解決するためにはコミュニティとの協働に根ざした研究手法の開発が必要だと叫ばれる．とはいえ，このような研究のあり方は新しい試みであるため，課題の発見から活動の評価に至るまで，そのプロセスが科学的で体系的な研究手法として十分に確立されているわけではない．その結果，研究に参加している研究者，とりわけ若手の研究者が論文を書けない，書いても査読に通らないという実状があり，社会課題の解決をめざした研究の発展にとって，必ずしも望ましい事態とは言えない．

　こうした状況の下，国立研究開発法人科学技術振興機構（JST）社会技術研究開発センター（RISTEX）の「コミュニティで創る新しい高齢社会のデザイン」研究開発領域において，袖井孝子氏を委員長としてアクションリサーチ委員会を立ち上げた．本書は「コミュニティにおけるアクションリサーチ」の科学的体系化を目指し，論文化するための手法を提示することを目的としている．同時に，本書の根底に流れる狙いは，地域課題の解決に取り組むことであり，そのような見方では，研究者や院生だけでなく，自治体職員，市民，企業人にとっても参考になるだろう．

　JSTは科学技術によって国民の幸福で豊かな生活の実現を目指す国の機関である．JSTの一部門であるRISTEXは，科学の英知にコミュニティ特有の知識・経験などを統合しながら，社会の課題解決のために新たな知を創出し，イノベーションを見据えた研究開発を推進する世界的にもユニークな組織である．国際的にもSTSフォーラム（Science and Technology in Society forum）などの活動に象徴されるように「"社会のための"科学」を重視する流れが大きくなっており，学術の世界を超えてこのような研究開発の重要性は増してきている．

　2010年に活動を開始した「コミュニティで創る新しい高齢社会のデザイン」研究開発領域は，高齢者が健康で生きがいをもって活躍できる社会，たとえ弱っても望めば住み慣れた場所で安心して日常生活を送ることができる社会の実現のために，3年間の公募を通して15の研究開発プロジェクトを採択した．各プロジェクトともコミュニティの課題解決を目指して取り組みを進めている．本書では，それぞれのプロジェクトが自治体や企業，住民との協働により試行錯誤しながら，実際に役立つ成果の創出を行った研究開発の過程を事例として紹介している．

2015年4月までに，RISTEXでは25回のアクションリサーチ委員会が開催された．既存文献・研究のレビューに始まり，アクションリサーチの実践者および若手研究者へのインタビュー，時にはプロジェクトと連携して評価方法の開発を試みた．日本においてコミュニティにおけるアクションリサーチの科学的な研究手法が未だ確立されていない中で，プロジェクトの実践や委員会での闊達な議論を通じて，コミュニティに根ざしたアクションリサーチの可能性を探ってきた．本書はその3年半に及ぶ活動の集大成といえる．

　出版までの道のりこそアクションリサーチそのものであったともいえるように，行きつ戻りつを繰り返した委員会での議論にご参加いただき，労を惜しまず編集に当たって下さった東京大学出版会の小暮明氏に心からの謝意を表したい．

　本書がコミュニティの課題解決を通して，持続可能で豊かな長寿社会の実現を志す全ての人にとって有用な手引書となることを願っている．

2015年8月

編著者代表　秋山弘子

目次

まえがき　i　　　　編者・執筆者一覧　vii

序章　高齢社会のコミュニティ創りとアクションリサーチ　001
[秋山弘子]

- 1節　高齢社会の課題と可能性　002
- 2節　社会の課題解決に資する研究　005
- 3節　コミュニティにおけるアクションリサーチ　006
- 4節　アクションリサーチの魅力　008
- 5節　本書の目的と概要　011
- まとめ　012

第1章　高齢社会のコミュニティにおけるアクションリサーチとは何か　015
[冷水 豊　岡本憲之]

- 1節　コミュニティでのアクションリサーチの基本的要素　016
    - 1 研究目的——コミュニティにおける高齢社会の課題解決
    - 2 研究の担い手——多様なステークホルダーによる参加
    - 3 研究運営——協働的
- 2節　アクションリサーチの系譜　020
    - 1 源流　2「労働の場」の系譜　3「教育の場」の系譜
    - 4「臨床の場」の系譜　5「コミュニティ」の系譜
    - 6 文理融合の新たな系譜——社会技術としてのアクションリサーチ
- 3節　アクションリサーチの多様性　027
    - 1 多様性を生み出すアクションリサーチの立場
    - 2 研究分野の多様性　3 研究プロセスの多様性
    - 4 研究方法の多様性
- 4節　コミュニティでのアクションリサーチの研究プロセスと研究方法　032
    - 1 アクションリサーチの研究プロセス
    - 2 アクションリサーチの研究方法
- まとめ　038

第2章　高齢社会のコミュニティにおける課題の発見、解決のための準備　043
[袖井孝子]

- 1節　課題を発見する　044
    - 1 コミュニティにおけるアクションリサーチの狙い
    - 2 課題発見者は誰か
    - 3 どのようにして課題を発見するのか

2節 コミュニティでのアクションリサーチに取りかかる前に　053
　　1 研究の意義はどこにあるのか
　　2 なぜアクションリサーチという手法を採るのか
　　3 誰にとってのアクションリサーチなのか
　　4 アクションリサーチへの参加者は誰か
　　5 研究目標に関連する職能集団，専門機関および企業などの協力
　　6 行政の協力を得るには　　7 介入方法の検討
　　8 アクションリサーチのもたらす効果を住民に伝えるには
　　9 コアとなる研究者集団をどのように組織化するか
　　10 実現可能性（feasibility）はどの程度あるのか

3節 研究体制の構築　058
　　1 研究者の立ち位置
　　2 どのようにしてコアメンバーを見つけるか
　　3 研究協力者としての若手研究者の役割
　　4 共同研究者としての行政，関連団体，住民
　　5 どこから，どのように資金を調達するのか

4節 研究計画を立てる　068
　　1 研究タイトル　　2 研究の背景　　3 研究の目的　　4 研究方法
　　5 研究参加者　　6 研究進行予定　　7 倫理的配慮　　8 評価方法
　　9 研究の報告など

まとめ　071

第3章　高齢社会のコミュニティにおける課題解決に向けた実践　077
[芳賀 博]

1節 コミュニティの課題とそれを取り巻く地域特性の明確化　078
　　1 ステークホルダーへの説明と協力の要請
　　2 ステークホルダーが認識する地域特性と課題の共有
　　3 ベースライン調査

2節 課題解決策と実行プログラムの検討　086
　　1 課題解決策の探索
　　2 課題解決策と実行プログラムの決定〜実践
　　3 コミュニティへの広報活動　　4 コミュニティ・エンパワメント

3節 研究経過に伴う情報収集と整理　093
　　1 多様な情報源　　2 情報の蓄積および整理・分析
　　3 情報の管理

4節 地域での具体的な実践　104
　　1 高齢者の地域での社会的ネットワーク形成に関する介入研究
　　2 具体的取り組みの事例

まとめ　114

第4章 高齢社会のコミュニティにおけるアクションリサーチの成果の評価、波及のための要件　　117
［冷水　豊］

1節　保健医療・福祉サービス評価から援用した評価の枠組み　　118
1 評価の目的と評価対象の単位　　2 評価の次元
3 評価の主体　　4 評価の方法とデザイン

2節　先行研究から見たアクションリサーチにおける評価の課題と具体的方法　　121
1 欧米の先行研究　　2 日本の先行研究

3節　社会技術研究開発センターのプロジェクトにおけるアクションリサーチの評価　　125
1 セカンドライフの就労モデル開発研究
2 高齢者の虚弱化を予防し健康余命を延伸する社会システムの開発
3 その他のプロジェクト

4節　コミュニティでのアクションリサーチにおける評価の特徴と今後の課題　　136
1 評価の目的と評価対象の単位　　2 評価の次元
3 評価の主体　　4 評価の方法とデザイン

5節　評価を踏まえた成果波及のための諸要件　　140
1 この課題の重要性
2 社会技術研究開発センターのプロジェクトでの具体例

まとめ　　141

第5章 高齢社会のコミュニティにおけるアクションリサーチの論文のまとめ方　　143
［井上剛伸］

1節　コミュニティでのアクションリサーチの論文の特徴　　144
2節　論文の種類　　146
3節　論文（博士論文など）における留意点　　147
1 論文構成の決め方　　2 背景と研究目的　　3 研究方法
4 研究結果　　5 考察　　6 結論

4節　学会誌への投稿論文，研究報告における留意点　　155
1 学会誌への投稿論文　　2 研究報告

まとめ　　156

終章 高齢社会のコミュニティ創りの課題と展望　　159
［袖井孝子］

1節　残された課題　　160
1 分析方法の確立　　2 研究方法としての承認
3 倫理委員会の承認　　4 研究終了後の事業の継続性
5 研究成果の他地域への波及ないし応用　　6 研究者の少なさ

2節 めざすべき方向 ... 164
1 新しい知の創造とパラダイム転換
2 学会や大学・研究機関における承認
3 政策への影響

3節 アクションリサーチャーの養成 ... 166
1 アクションリサーチャーに求められるもの
2 アクションリサーチャーの教育

4節 おわりに ... 171
まとめ ... 172

付録1 JST 社会技術研究開発センターのプロジェクト ... 173
［長島洋介］

1節 研究開発領域とプロジェクトの紹介 ... 174
2節 プロジェクトの解説 ... 176
1 ICTを活用した生活支援型コミュニティづくり
2 セカンドライフの就労モデル開発研究
3 社会資本の活性化を先導する歩行圏コミュニティづくり
4 高齢者の虚弱化を予防し健康余命を延伸する社会システムの開発
5 高齢者の営農を支える「らくらく農法」の開発
6 広域避難者による多居住・分散型ネットワーク・コミュニティの形成

付録2 コミュニティにおけるアクションリサーチに関する文献紹介 ... 189
［前場康介］

1節 国内文献 ... 190
1 国内書籍　2 国内論文
2節 海外文献 ... 195
1 海外書籍　2 海外論文

文献　199　　　索引　204

COLUMN 1	社会技術について［岡本憲之］	026
COLUMN 2	コミュニティの変化を捉える手法［長島洋介］	031
COLUMN 3	活動のプロセスを記述する手法［長島洋介］	040
COLUMN 4	研究計画の事例［長島洋介・小川晃子］	073
COLUMN 5	大学や専門研究機関が行政と協働するためのポイント［木村清一］	083
COLUMN 6	行政が大学や専門研究機関と協働するためのポイント［木村清一］	102
COLUMN 7	アクションリサーチの魅力［野藤 悠］	133
COLUMN 8	「歩行補助車」を活用した歩きたくなるまちづくり［中林美奈子］	157

編者・執筆者一覧

(編集・執筆順)

JST社会技術研究開発センター
(RISTEX：Research Institute of Science and Technology for Society)

国立研究開発法人 科学技術振興機構（JST）の一組織で，社会の具体的な問題の解決を通して新しい社会的・公共的価値および経済的価値の創出を目指している．研究者と社会の問題解決に取り組む多様な関与者（ステークホルダー）が協働するためのネットワーク構築を支援するとともに，自然科学と人文・社会科学の知見を統合した社会技術の研究開発および社会への実装支援に取り組んでいる．2000年に科学技術庁（当時）は「社会技術の研究開発の進め方に関する研究会」を設けて検討を行い，「社会技術」の理念，推進の必要性等についての提言を取りまとめた．その提言を受け，2001年に研究実施のため，「社会技術研究システム」を設置，2005年に「社会技術研究システム」から現在の「社会技術研究開発センター」に改組された．2013年にはこれまでの取り組みを振り返り，今後の推進に関する方針及びアクションプランを定め，シンクタンク機能の強化，当該機能とファンディング機能の一体的かつ機動的運用を図り，上記活動を推進している．

秋山弘子（あきやま ひろこ）
東京大学高齢社会総合研究機構 特任教授
まえがき，序章［担当］

1978年イリノイ大学Ph.D取得後，オクラホマ大学老年学センター研究員．1984年ミシガン大学公衆衛生学部研究員．1985年米国立老化研究所研究員．1987年ミシガン大学社会科学総合研究所研究科教授．1997年東京大学大学院人文社会系研究科教授を経て，2006年東京大学総括プロジェクト機構ジェロントロジー寄付研究部門教授．2009年より現職．2011年日本学術会議副会長．主な著書は「長寿時代の科学と社会の構想」（『科学』岩波書店，2010年），『新老年学 第3版』（編集代表，東京大学出版会，2010年）など．

冷水 豊（しみず ゆたか）
元上智大学教授
第1章1節・4節，第4章［担当］

1969年関西学院大学大学院修了（社会学修士）後，同大学社会学部専任助手，1972年東京都老人総合研究所社会学部研究員，1984年同研究所社会福祉研究部門長，1995〜2008年上智大学社会福祉学科教授，2009〜14年日本福祉大学客員教授．2003〜07年日本老年社会科学会理事長．専門は老年社会科学，社会福祉．主な著書は『老いと社会──制度・臨床への老年学的アプローチ』（編著，有斐閣，2002年），『地域生活の質に基づく高齢者ケアの推進──フォーマルケアとインフォーマルケアの新たな関係をめざして』（編著，有斐閣，2009年）など．

岡本憲之（おかもと のりゆき）
特定非営利活動法人日本シンクタンクアカデミー 理事長
第1章2節・3節，COLUMN 1［担当］

1971年東京大学工学部卒業後，（株）三菱総合研究所に入社．1989年社会技術システム部長（主席研究員），1996年地球環境研究本部長（取締役），2002年上席研究理事などを経て2007年より現職．この間，政府資源調査会専門委員，参議院資源エネルギー調査会客員調査員，一橋大学大学院客員教授などを歴任．専門は社会システム．主な著書は『21世紀型社会への構図』（共著，ダイヤモンド社，1991年），『全予測環境＆ビジネス』（共著，ダイヤモンド社，2001年），『全戦略日本のビジネス』（共著，ダイヤモンド社，2003年）など．

袖井孝子（そでい たかこ）
東京家政学院大学 客員教授，お茶の水女子大学 名誉教授
第2章，終章［担当］

1965年カリフォルニア大学ロサンゼルス校修士，1970年東京都立大学大学院博士課程単位取得退学，1970年淑徳短期大学社会福祉学科専任講師，1972年東京都老人総合研究所社会学部主任研究員，1975年お茶の水女子大学家政学部助教授，1990年同教授，1992年同生活科学部教授，2004年同定年退職，名誉教授，2007年より現職．主な著書は『変わる家族 変わらない絆』（ミネルヴァ書房，2003年），『女の活路 男の末路』（中央法規，2008年），『高齢者は社会的弱者なのか』（ミネルヴァ書房，2009年），編著に『共働き家族』（家政教育社，1993年），『死の人間学』（金子書房，2007年）など．

芳賀 博（はが ひろし）
桜美林大学大学院老年学研究科 教授
第3章［担当］

1986年東京都老人総合研究所疫学部研究員．1987年医学博士（山形大学）取得．1993年北海道医療大学看護福祉学部教授．2003年東北文化学園大学大学院健康社会システム研究科教授．2007年桜美林大学国際学研究科老年学専攻教授をへて，2008年より現職．日本老年社会科学会（理事），日本応用老年学会(理事)，日本保健福祉学会（理事）．専門は，健康科学，ヘルスプロモーション．主な著書は『高齢者保健福祉マニュアル』（共著，南山堂，2013年），『保健福祉学──当事者主体のシステム科学の構築と実践-』（共編著，北大路書房，2015年）など．

井上剛伸(いのうえ たけのぶ)
国立障害者リハビリテーションセンター研究所
福祉機器開発 部長
第5章［担当］

1989年慶應義塾大学大学院理工学研究科機械工学専攻 修士課程修了．1989年より国立（身体）障害者リハビリテーションセンターにて福祉機器の研究に取り組む．2007年より現職．1996～97科学技術庁長期在外研究員派遣（トロント大学）．2004～08東京大学大学院工学系研究科客員准（助）教授．ISO／TC173／SC2／WG12 福祉用具の分類と用語 作業部会長．主な著書は『ヒトの運動機能と移動のための次世代技術開発――使用者に寄り添う支援機器の普及へ向けて』（編著, NTS, 2014），『福祉用具満足度評価QUEST 第2版』（共著, 大学教育出版, 2008）など．

長島洋介(ながしま ようすけ)
JST 社会技術研究開発センター アソシエイトフェロー
付録1, COLUMN 2～4［担当］

2010年10月から2014年2月までプロジェクト（在宅医療を推進する地域診断標準ツールの開発）にて研究開発に携わり，2014年3月からJST社会技術研究開発センター「コミュニティで創る新しい高齢社会のデザイン」研究開発領域アソシエイトフェロー（現在）．東京大学大学院人文社会系研究科博士課程にも在籍．社会心理学を専攻．

前場康介(まえば こうすけ)
医療法人社団こころとからだの元氣プラザ産業保健部
こころの健康相談室 臨床心理士
付録2［担当］

JST社会技術研究開発センター「コミュニティで創る新しい高齢社会のデザイン」研究開発領域アソシエイトフェロー（2012年2月～2013年3月）．2011年度博士（人間科学）取得．2013年より現職．

小川晃子(おがわ あきこ)
岩手県立大学社会福祉学部 教授
COLUMN 4［担当］

東京のシンクタンクで研究員業務に就きながら，1994年日本社会事業大学社会福祉学研究科修士課程修了．1998年に開学した岩手県立大学社会福祉学部の講師に転職．2002年淑徳大学社会学研究科博士後期課程満期退学．2006年博士（心理学・白百合女子大学）取得．2007年Lモードを活用した安否確認システムで日経地域情報化大賞の日本経済新聞社賞を受賞（共同）．2008年教授．主な著書は『高齢者へのICT支援学』（川島書店, 2006）など．

木村清一(きむら せいいち)
東京大学高齢社会総合研究機構 学術支援専門職員
COLUMN 5, 6［担当］

1974年千葉県柏市役所青少年育成行政担当．1989年消費者行政担当．1995年健康推進課長補佐．1999年健康推進課長．2002年高齢者支援課長．2007年保健福祉次長．2008年保健福祉部長．2011年3月柏市退職．2011年4月より現職．現在，専門分野として，地方自治体の果たすべき役割を求め，①市民との協働の在り方，②行政の市民活動支援施策，③人材育成への対応，④財源確保などの視点から，長寿社会のまちづくりに取り組んでいる．

野藤 悠(のふじ ゆう)
公益社団法人地域医療振興協会地域医療研究所
ヘルスプロモーション研究センター 職員
COLUMN 7［担当］

2012年，九州大学Ph.D取得後，東京都健康長寿医療センター研究所特別研究員．2015年より現職．専門は健康科学，運動疫学．

中林美奈子(なかばやし みなこ)
富山大学大学院医学薬学研究部 地域看護学講座 准教授
COLUMN 8［担当］

1985年富山県職員に採用．富山保健所保健師，富山県立総合衛生学院専任教員として勤務後，1996年富山医科薬科大学看護学科助手．2007年より現職．富山大学大学院生命融合教育部生体情報システム科学専攻修了（工学博士）．専門は公衆衛生看護．

序章

高齢社会のコミュニティ創りとアクションリサーチ

1節	高齢社会の課題と可能性
2節	社会の課題解決に資する研究
3節	コミュニティにおけるアクションリサーチ
4節	アクションリサーチの魅力
5節	本書の目的と概要

まとめ

秋山弘子

1節 高齢社会の課題と可能性

　長寿は秦の始皇帝の時代から人類の夢であった．日本では人生50年と言われた時代が長く続いた．織田信長が「人生50年」と仕舞で唄っている．人生50年時代は第2次大戦後まで続き，人々は若くとも常に死と隣り合わせの「はかない命」を実感して生きていた．20世紀後半に平均寿命の30年延長という驚異的な「寿命革命」を達成し，いまや，日本人男性の平均寿命は80.5年，女性は86.8年，世界の最長寿国となった（2014年）．人生90年と言われる時代となったのである．第2次大戦後まもない1950年には65歳以上の高齢者は人口の5％にすぎなかったが，現在（2015年）は4分の1（26％）．15年先の2030年には3分の1になる．そのうちでも急速に増加するのが，欧米で「人生第4期」（The Fourth Age）と呼ばれる75歳以上の人口である．後期高齢期とも呼ばれるこの年齢層の人口は15年間で倍増（1000万人増）し，「人生第3期」（The Third Age）（65-74歳）の人口を数においてはるかに凌ぐ．さらに，2030年には，2割の高齢者が認知症，4割が一人暮らしをしていると予測されている．80歳，90歳代の一人暮らしが一般的になる．このように，いまだ世界のどの国も経験したことのない超高齢社会が日本に到来する．寿命革命によって私たちに与えられた「人生第4期」という新たなライフステージを射程にいれた高齢期を健康で幸せに生きるための指針を世界に先駆けて示し，それを可能にする生活環境を整備することは21世紀の日本に生きる私たちの重要な課題である．

　前述のように，日本では何百年にもわたって「人生50年」と言われてきた．したがって人生コースも社会システムも人生50年を基準につくられてきた．私たちが住んでいるコミュニティや社会システムはおおかた，若年者が多く，高齢者の少ない，人口がピラミッド型をしていた時代につくられたままで，これから日本が直面する超高齢社会のニーズにはとても対応できない．身近な例では，横断歩道では1メートルを1秒で歩くことを前提に信号が変わるように設定されている．ところが，75歳以上の女性の多くはそのスピードで歩くことが難しい．横断歩道の途中で立ち往生する人が多くなる．マクロレベルでも，高齢化の影響は医療や福祉の領域にとどまらず，経済・産業・文化の広い領域で相互に関連する複雑な課題を提起している．たとえば，労働に従事しない依存人口比率の上昇や認知症・虚弱高齢者のケアなど深刻な問題が顕在化している

一方，高齢者を社会資源と捉え，新しい雇用や産業の誕生に対する期待も高まっている．こうした課題を解決するためには社会の高齢化に応じた新たな価値観の創造と社会システムの抜本的見直しが必要である．

日本全国で約6000人の高齢者を20数年にわたって追跡調査した結果，男女合わせて約8割の人たちが70歳代半ばまでは一人暮らしができる程度に元気だが，その頃から少しずつ日常生活において助けが必要になってくることが明らかになった（秋山 2010）．80歳，90歳と年をとるにつれて徐々に多くの助けが必要になってくる．同時に，「人生第4期」は介護の対象というイメージがあるが，大多数の人たちは多少の助けがあれば，日常生活を続けることができるという実態も把握できた．この自立度の低下が始まる70歳代半ば以降の人口が今後15年で倍増することを考えると，いま，私たちが急いで何をしなければならないかは明白である（図0-1）．

1つは，下降の始まる年齢を2年でも3年でも先に延ばすこと，すなわち，健康寿命の延伸である．身体・認知機能の維持によって可能となる健康寿命の延伸は，高齢者個々人の「生活の質」を押し上げるだけでなく，社会全体にとっても，元気シニアの労働市場への参入や医療・介護費の抑制など，大きな恩恵をもたらす．また，人生50年時代と人生90年時代の生き方はおのずと異なる．人生が倍近く長くなっただけでなく，人生を自ら設計する時代になった．20歳前後に就職，そして結婚，子どもの誕生と続き……60歳で退職，といった画一的な人生モデルは社会規範としての力を失いつつある．多様な人生設計が可能になってきた．た

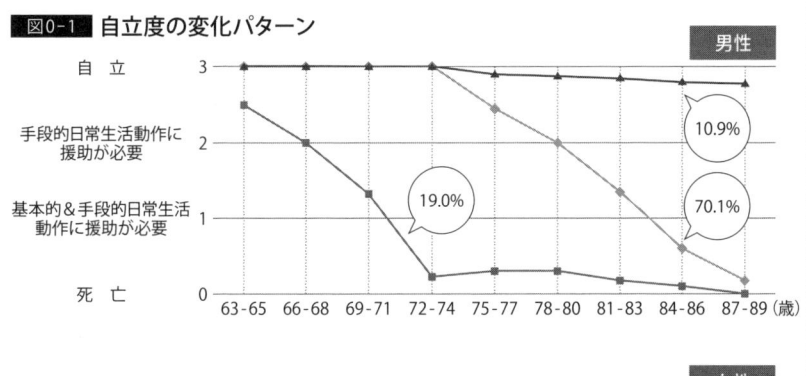

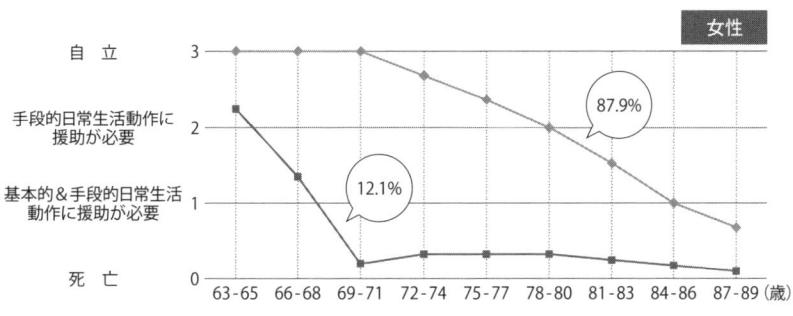

図0-1 自立度の変化パターン

図0-1）
全国高齢者20年の追跡調査．
男性（N＝2350）
女性（N＝2865）

— Resilient群
（80代後半まで自立を維持）
— Gradual Decline群
（70代後半から緩やかに自立度が低下）
— Early Decline群
（比較的若い段階で自立機能を喪失）

出典：秋山弘子「長寿時代の科学と社会の構想」『科学』80(1)，岩波書店，2010

とえば，人生90年あれば全く異なる2つのキャリアをもつことも可能となり，1つの仕事を終えて，人生半ばで次のキャリアのために学校で勉強しなおすという人生設計もありえる．90年の人生を健康で，自由に，もてる能力を最大限に活用して生ききることは，長寿社会に生まれた私たちに与えられた特典であり，チャレンジでもある．人々の人生設計の可能性を開拓，拡張すると共に，その実現に資する生活環境の整備が求められている．

　もう1つの重要な社会的課題は，後期高齢者の急増により，確実にニーズが高まる虚弱高齢者の生活を支えるインフラ整備である．多くの高齢者がピンピンコロリを望むが，実際にはなかなかそうはいかない．徐々に身体や認知能力が低下し，医療や介助を必要とするときがくる．誰もが住み慣れたところで安心して自分らしく年をとることができる生活環境を整備するためには，医療・介護，住宅などの生活保障制度，希薄化した人の繋がりづくり，高齢者人口の高齢化に伴い急増する認知症への対応，移動手段，ICT（情報通信技術），自立や介護の支援器機等の先進技術の日常生活場面における実装など，ハードとソフトの両面のインフラ構築に取り組む必要がある．

　私たちは，まだどこの国も解決したことのない高齢社会の課題に挑戦し，世界に先駆けてモデルをつくっていかなければならない．先を行くモデルはない．理想を他国に求めず，自らの畑を耕していくことしかない．主要な課題は明白であり，すでに共通認識がなされている．共有されていないのは，課題解決の方策．解決には技術革新だけでなく，発想の転換と社会のしくみの改革が必須である．

2節　社会の課題解決に資する研究

　このような社会的課題の解決を志す研究者は少なくないが，課題の前に立ちつくし，自分にどのような貢献ができるか思案して，やがて途方にくれる．これまでの学問は分野細分化の方向に進み，それぞれの分野を深く探究することによって多くの成果を産んできた．しかし，このような研究方法は，人口の高齢化のように広範囲で複雑な21世紀の人類的課題を解決するためには不十分であるばかりか，必ずしも適切でない．こうした新しい課題を解決するためには，従来の細分化した研究分野をつなぎ，研究の新しい理念と研究方法を開拓することが必要である．各研究分野が固有性を主張し，伝統的な手法やスタイルに安住し，新たな課題に向けての研究体制の変革を拒否するものであってはならず，固有性に基づいた改革を自ら積極的に試みなければならない．さらに，現実社会の課題解決には学問分野の連携にとどまらず，学問を超えた行政や民間分野とも密接な協力関係を構築し，課題解決に向けて戦略的な取り組みを展開することが必要になる．このように社会の課題解決に貢献し，人類社会の持続的な発展を支えるためには，これまでの研究のあり方を自省しつつ，さらに発展させなければならない．

　1999年にハンガリーのブダペストにおいて，「21世紀のための科学——新たなコミットメント」をテーマにユネスコと国際科学会議による世界科学会議が開催され，『科学と科学的知識の利用に関する世界宣言』（ブダペスト宣言）が採択された．宣言は，科学が人類全体に奉仕すべきものであるとし，「科学のための科学」ではなく，「社会における科学，社会のための科学」の重要性を明確に打ち出した．多次元の諸要素を処理しなければならない複雑な高齢社会の課題は，現代の学問分野が連携して「社会における科学，社会のための科学」として威力を発揮する一つの重要な「場」を提供する．

3節 コミュニティにおけるアクションリサーチ

　千葉大学の広井良典教授の著書（広井 2009）に「地域密着人口」という概念が紹介されている．居住地域で終日のほとんどを過ごす人たちのことを言う．それは主として子どもと高齢者である．図0-2に見られるように，子ども人口は減少しているが，高齢者人口は増加の一途をたどり，全体としては居住地域で1日のほとんどを過ごす人口は増加している．したがって，人口の高齢化は世界規模の課題であるが，多くの課題は，日常，私たちが生活する地域社会にある．そうすると，一つの有効なアプローチは，私たちが生活するコミュニティにおいて課題を洗い出し，解決策を考案して，それを試行するアクションリサーチである．コミュニティから答えを出していく．いずれの課題も簡単には解決できないだろう．アクションリサーチでは，生活者目線からの課題の割り出しに始まり，解決を阻害する要因や活用できる資源，他での参考事例の精査など徹底した現状分析，現実的な達成目標の設定，創意に富む具体的な解決策の構想と設計，コミュニティにおける解決策の実施，介入の効果検証と方策の修正という過程を経て課題解決に到達する．このような取り組みには，従来の縦割りの学術分野に閉じこもらず，他の分野と連携する柔軟性が必要である．さらに，学術の世界を超えて，行政や民間団体，住民などと協働し，創造力を駆使して粘り強く現場の課題に取

図0-2）
2000年までは国勢調査，2010年以降は「日本の将来推計人口」（平成18年12月推計）．
出典：広井良典『コミュニティを問いなおす』ちくま新書，2009

図0-2 地域密着人口の推移

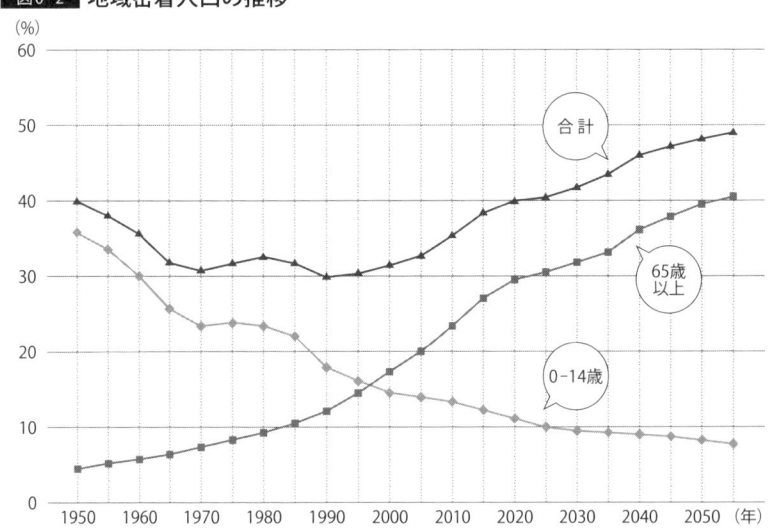

り組んでいく課題解決型の研究体制と研究方法が求められる．

　アクションリサーチは大きな可能性をもつ研究方法であるが日本ではまだあまり知られていない．従来の実証的な研究方法と異なるアクションリサーチの特徴は第1章で詳しく記述するが，基本的には次の3つの特徴がある．

　第1の特徴は，社会的課題の解決を目的とすることである．本書が対象とするアクションリサーチでは，人口の高齢化に伴ってコミュニティに顕在化した課題の解決と，長寿社会の新たな可能性を追求し開拓することを目指している．

　第2の特徴は，解決すべき課題に関わる人たちと研究者が共に研究に参与することである．ステークホルダーと呼ばれる関与者は，研究者，行政，住民，民間団体，企業などであり，それぞれの立場から課題解決に向けて役割を果たす．

　第3の特徴は，アクションリサーチのステークホルダーは，互いの立場や違いを尊重し，互いから学びながら，協働して役割分担をする．それぞれのステークホルダーがもっている情報や力をうまく引き出して繋ぎ，協働する中でそれぞれが発展的に変化し，より創造的な力としてさらに協働の成果を獲得していくように促し，調整することは研究者の役割のひとつである．

4節 アクションリサーチの魅力

　「まえがき」で記述したように，本書の企画は国立研究開発法人科学技術振興機構（JST）社会技術研究開発センター（RISTEX）で公募した「コミュニティで創る新しい高齢社会のデザイン」研究開発領域に採択された15のプロジェクトの知見や経験を基盤にしている．表0-1に見られるように，人口の高齢化に伴って顕在化したコミュニティの多様な課題に取り組んでいる．都市近郊のリタイア層を対象にした「セカンドライフの就労モデルの開発研究」や高齢者の営農の10年延長を可能にする農業のユニバーサルデザイン化や高齢者にも扱いやすい電動運搬車の開発を行う「高齢者の営農を支える「らくらく農法」の開発」は，90年と言われる人生をできるだけ長く健康で，人と繋がり，社会の支え手であり続ける仕組みづくりを目指している．75歳以上の人口の急増をひかえて，虚弱化や認知症の予防は喫緊の課題であるが，元気なときから町中で参加する虚弱予防モデルの開発を目指す「高齢者の虚弱化を予防し健康余命を延伸する社会システムの開発」や「認知症予防のためのコミュニティの創出と効果検証」，住まいと健康の関係について住民の認識を喚起し，居住環境の点検と改善を促す「健康長寿を実現する住まいとコミュニティの創造」．たとえ弱っても安心で快適に暮らすことができる生活環境を整える「ICTを活用した生活支援型コミュニティづくり」，機能性とデザイン性に優れた公共用歩行支援機器（まちなかカート）[1]を街角に設置し，歩行が多少困難になっても歩いて街に出て楽しめるまちづくりを実践する「社会資本の活性化を先導する歩行圏コミュニティづくり」，東日本大震災で建物の流失だけでなく，コミュニティを失った岩手県における「「仮説コミュニティ」で創る新しい高齢社会のデザイン」と福島県の「広域避難者による多居住・分散型ネットワーク・コミュニティの形成」が目指す被災地におけるコミュニティ再生事業など，実に多様であるが，いずれも高齢社会の課題に正面から立ち向かっている．

　プロジェクトのステークホルダーもさまざまだ．たとえば，「らくらく農法」プロジェクトでは，まず，個々の農家の就農状況とこの先何年くらい続けられそうかという予測，集落を出た子どもたちに関する情報など細かな集落点検方法の開発を担当すると共に，全体をコーディネートする研究者，高齢者にも栽培しやすい作物と畑のデザインを開発する

---

1) 公共用歩行支援機器（まちなかカート）
「COLUMN 8 「歩行補助車」を活用した歩きたくなるまちづくり」を参照

表0-1 15のプロジェクト一覧

	題名	研究代表者	所属・役職（平成27年4月現在）	分野
平成22年度採択	在宅医療を推進する地域診断標準ツールの開発	太田 秀樹	医療法人アスムス 理事長	医療
	新たな高齢者の健康特性に配慮した生活指標の開発	鈴木 隆雄	国立長寿医療研究センター 研究所長	評価尺度
	ICTを活用した生活支援型コミュニティづくり	小川 晃子	岩手県立大学 社会福祉学部 教授	ICT 生活支援
	セカンドライフの就労モデル開発研究	辻 哲夫	東京大学 高齢社会総合研究機構 特任教授	コミュニティ 就労
平成23年度採択	社会資本の活性化を先導する歩行圏コミュニティづくり	中林 美奈子	富山大学大学院 医学薬学研究部 准教授	機器導入 社会参加
	「仮設コミュニティ」で創る新しい高齢社会のデザイン	大方 潤一郎	東京大学大学院 工学系研究科 都市工学専攻 教授	コミュニティづくり 災害
	高齢者の虚弱化を予防し健康余命を延伸する社会システムの開発	新開 省二	東京都健康長寿医療センター研究所 研究部長	健康づくり
	高齢者の営農を支える「らくらく農法」の開発	寺岡 伸悟	奈良女子大学 文学部人文社会学科 教授	就労 機器導入
	高齢者による使いやすさ検証実践センターの開発	原田 悦子	筑波大学 人間系心理学域 教授	機器開発 社会参加
平成24年度採択	高齢者ケアにおける意思決定を支える文化の創成	清水 哲郎	東京大学大学院 人文社会系研究科 特任教授	医療 介護
	認知症高齢者の医療選択をサポートするシステムの開発	成本 迅	京都府立医科大学大学院 医学研究科 精神機能病態学 准教授	医療 認知症 尺度開発
	健康長寿を実現する住まいとコミュニティの創造	伊香賀 俊治	慶應義塾大学 理工学部 教授	住環境 生涯学習 健康づくりICT
	広域避難者による多住居・分散型ネットワーク・コミュニティの形成	佐藤 滋	早稲田大学理工学術院 教授 総合研究機構 都市・地域研究所 所長	まちづくり 災害
	認知症予防のためのコミュニティの創出と効果検証	島田 裕之	国立長寿医療研究センター 老年学・社会科学研究センター 予防老年学研究部 部長	認知症 人材育成
	2030年代をみすえた機能統合型コミュニティ形成技術	小川 全夫	特定非営利活動法人アジアン・エイジング・ビジネスセンター 理事長	コミュニティデザイン

県の農業研究開発センター職員，急斜面地でも安全に操作できる電動運搬車を開発する町工場の経営者，村落住民と町役場が主要なステークホルダーである．ステークホルダーの連携・協働体制づくりが最初の難関．ここでボタンをかけ違えると後々まで苦労することになる．多くのプロジェクトは行政との関係づくりに腐心する．

　プロジェクトは必ずしも計画どおりには進まない．予めきめ細かに集めた情報を基に立てた計画だが，現場に行ってみるとしばしば状況は異なっている．1つハードルをクリアするとまた次のハードルが現れる．計画の軌道修正を余儀なくされることもある．

　計画を修正してもうまくいかず，再度修正，いろいろな方策を試みてようやく難関を突破したときは，「やった！」と皆で歓声をあげる．失敗から学ぶことは多い．予想しなかった躓きもあるが，思いがけない助っ人や幸運な出来事に遭遇し，計画した以上に優れた解決策を導き出せることもある．プロジェクトの舵取りは骨が折れるが，最初は危なかしかった多様なステークホルダーの連携体制も，互いの立場や力量の理解

表0-1）
「付録1」1節「研究開発領域とプロジェクトの紹介」も参照．

図0-3)
出典：RISTEX「コミュニティで創る新しい高齢社会のデザイン」ホームページ
(http://www.ristex.jp/korei/)

図0-3　RISTEX高齢社会領域ホームページ

が深まり，信頼関係が醸成され，臨機応変に機能するようになると，進行のスピードが速まる．このように，理論的仮説に基づく実験計画に忠実にしたがって実験室で行う伝統的な実証研究とは異なり，人々の暮らすコミュニティをフィールドとし，多様なステークホルダーと協働して行うアクションリサーチには多くのチャレンジが伴うが，他方では，通常は交わる機会のない行政，市民団体，企業の人々と同じゴールに向かって協働し，一歩一歩課題解決に近づいていく喜びは大きい．15のプロジェクトに関する詳細な情報はRISTEXのホームページを参照されたい（図0-3）.

5節　本書の目的と概要

　コミュニティにおけるアクションリサーチは社会的課題の解決に資する「社会における科学，社会のための科学」の手法として大きな可能性をもつが，科学的な研究手法としての開発は道半ばである．アクションリサーチを行う研究者はまだ限られている．したがって，博士論文や修士論文研究でアクションリサーチによる社会的課題の解決を志す若い人材の育成も難しい．

　本書の目的は，コミュニティにおけるアクションリサーチを科学的な研究手法として確立することをめざして，これまでの知見を集約し，現段階で可能なかぎり体系的で使いやすい手引書を世に出すことである．伝統的な実証研究の実績を基盤にして課題解決型研究に一歩踏み出そうとしているベテラン研究者，社会的課題の解決を志して大学院に進学した院生や若手研究者は無論のこと，そうした研究者と共に地域課題の解決を通して持続可能で豊かな社会の実現を志向する自治体職員や企業人にとっても手引きとなることを願っている．また，自分自身はアクションリサーチを行わないが，アクションリサーチを研究手法として選択した学生へのアドバイスや論文審査に携わる教員にとっても有用な参考本となるよう心がけた．

　本書は序章に続き，本論が第1～5章，終章から成っている．

　第1章「高齢社会のコミュニティにおけるアクションリサーチとは何か」では，冒頭でアクションリサーチが伝統的な実証研究とは異なる基本的な特徴を明示し，職場など小集団における力関係の動きを研究したクルト・レヴィン（Kurt Lewin）に始まり，労働，教育，医療・看護，コミュニティの場で試みられてきたアクションリサーチの系譜を辿り，研究対象である社会的課題と研究方法の多様な形態を示す．次いで，コミュニティにおけるアクションリサーチの研究方法とその4段階からなるプロセスを概説する．第2章「高齢社会のコミュニティにおける課題の発見，解決のための準備」では，コミュニティでアクションリサーチを始めるにあたって，課題の発見と分析，課題解決に関わるステークホルダーの協働体制づくり，課題解決のための方策の立案について述べる．第3章「高齢社会のコミュニティにおける課題解決に向けた実践」では，コミュニティで研究計画を実施するプロセスを実践事例に沿ってわかりやすく説明する．ステークホルダーとの信頼関係の構築，定期的なコア

序章

メンバー会議における活動の振り返りや軌道修正,「活動経過表」による活動記録の蓄積と整理・分析の方法など,伝統的な実証研究とは異なるアクションリサーチの手法と醍醐味が実践例に基づいて解説されている.第4章「高齢社会のコミュニティにおけるアクションリサーチの成果の評価,波及のための要件」では,アクションリサーチの評価の方法と基準を伝統的な実証研究の評価と関連づけながら概説する.本書のアクションリサーチにおいては,課題解決に向けて,コミュニティ自体やステークホルダー間の関係に現れた変化が第一の評価対象になるので,研究のプロセスに即した段階的(formative)な評価が基本となる.その場合,質的評価法が中心になるが,評価方法はまだ開発途上にあると言える.また,アクションリサーチは特定の集団(たとえば,千葉県柏市[2])における社会的課題の解決を目指すが,成果の他地域への波及や応用の要件を提示することも重要である.

第5章「高齢社会のコミュニティにおけるアクションリサーチの論文のまとめ方」には,アクションリサーチを論文や報告書にまとめるにあたって参考となる,論文の構成や書き方の手引き,チェックリストがある.アクションリサーチの初心者には有用な指針となるであろう.終章「高齢社会のコミュニティ創りの課題と展望」において,アクションリサーチの課題を整理し,今後の展望を述べて締めくくる.

本書が,社会の課題解決を志してアクションリサーチに挑戦しようとしている研究者と研究に参与する人々にとって,わかりやすく頼りになる道案内となることを願っている.

2)
千葉県柏市
「コミュニティで創る新しい高齢社会のデザイン」の15のプロジェクトのうち,「セカンドライフの就労モデル開発研究」が,この地域を対象としている.

まとめ

1 2030年には65歳以上の高齢者は人口の3分の1になり,そのうちでも「人生第4期」と呼ばれる75歳以上が急増する.しかも2割の高齢者が認知症,4割が一人暮らしをしていると予測される.高齢社会の課題を解決するためには,新たな価値観の創造と社会システムの抜本的な見直しが必要である.

2 こうした状況の中,重要な社会的課題は「健康寿命の延伸」と「高齢者の生活を支援する社会のインフラ整備」である.

3 高齢社会の課題に対しては,学問分野が連携して「社会における科学,社会のための科学」として能力を発揮しなければならない.

4

　人口の高齢化は世界規模の課題であるが，多くの課題は日常，私たちが生活する地域社会にある．1つの有効なアプローチは，コミュニティにおいて課題を洗い出し，解決策を考案して，それを試行するアクションリサーチである．

5

　アクションリサーチには3つの特徴がある．第1は社会的課題の解決を目的とすること．第2は解決すべき課題と関わる人たちと研究者が共に研究に参与すること．第3はアクションリサーチのステークホルダー（関与者）は，互いの立場や違いを尊重し，学び合いながら，協働して役割分担をすること．

6

　本書は，科学技術振興機構（JST）社会技術研究開発センター（RISTEX）の「コミュニティで創る新しい高齢社会のデザイン」研究開発領域に採択された15のプロジェクトの知見や経験を基盤にしている．

7

　本書は，コミュニティにおけるアクションリサーチを科学的な研究手法として確立することをめざして，これまでの知見を集約し，現段階で可能なかぎり体系的で使いやすい手引書である．ベテラン研究者，院生や若手研究者，自治体職員や企業人にとって手引きとなることを願っている．また，学生へのアドバイスや論文審査に携わる教員にとっても有用な参考本となるよう心がけた．

> まとめ

第1章 高齢社会のコミュニティにおけるアクションリサーチとは何か

1節　コミュニティでのアクションリサーチの基本的要素
2節　アクションリサーチの系譜
3節　アクションリサーチの多様性
4節　コミュニティでのアクションリサーチの研究プロセスと研究方法
まとめ

冷水　豊　　岡本憲之

1節 コミュニティでのアクションリサーチの基本的要素

　アクションリサーチは，これまで教育，医療・看護，産業・経営などの分野において多様な視点・方法で取り組まれてきた．そこで最初に，本書におけるアクションリサーチを特徴づける基本的要素を，研究目的，研究の担い手，研究運営に分けて説明しておきたい．

1 研究目的──コミュニティにおける高齢社会の課題解決

　E・T・ストリンガー（2012）は，アクションリサーチに関する代表的概説書の一つの中で，「アクションリサーチは，人びとが日常生活で直面する問題の効果的な解決策を見つけることできるような……体系的なアプローチで，……すべての脈絡に適用できる普遍的な説明を求める実験的・科学的研究とはちがって，……特定の状況とその場に応じた解決に焦点を合わせる」と述べている．すなわち，アクションリサーチの目的は，普遍的な法則や一般化の解を求めるのではなく，社会が直面している特定問題や課題の実行可能な解決策を見出すことである．

　本書では，高齢社会における地域を中心としたコミュニティに焦点を当てて社会を捉えているので，本書でのアクションリサーチの目的は，高齢社会における特定のコミュニティが抱える課題の解決策を見出すことである．なお，ここで「問題」ではなく「課題」という用語を用いているのは，静態的・消極的な解決に留まらず，課題に関わる将来の新たな方向や可能性の追求を強調するためである．言い換えれば，高齢社会の動態的・積極的な具体的展望につながる研究として捉えているのである．

　その意味では，本書でのアクションリサーチの目的は，高齢社会のあり方についてのコミュニティ・レベルでの一定の価値判断を伴うものである．アクションリサーチに基づく学位論文作成のガイドブック（Herr & Anderson 2005）でも，アクションリサーチは「価値を伴う」としているが，本書でのアクションリサーチは，本章4節で述べるような基本的かつ開発的な科学的方法を重視すると同時に，一般に実証・実験科学が否定する価値判断を，上記の意味で取り入れていることを確認しておきたい．

2 研究の担い手──
多様なステークホルダーによる参加

　一般に実証・実験研究では，研究者が主体となり，課題を実際に抱えている人間やその集団を対象としている．これに対して，多様なアクションリサーチの中でもその主流となっている「参加型アクションリサーチ」では，「コミュニティを基盤にしたアクションリサーチは，すべてのステークホルダー，すなわち研究する問題から影響を受けているすべての人々が，研究プロセスに従事する」（ストリンガー 2012）とされている．アクションリサーチに関する標準的ハンドブック（Reason & Bradbury 2010）でも，「すべての参加型研究は，アクションリサーチでなければならない」と強調している．本書でのアクションリサーチは，この意味で「参加型」である．

　ところで，ステークホルダーには，自治体，保健医療・福祉関係の機関・施設・団体，事業者，住民などとともに，研究者もその一翼を担うが，アクションリサーチでの役割は，一定の幅があるとしても実証・実験研究に比べれば限定的である．なぜなら，「特定のコミュニティが抱える課題の解決」は，そのコミュニティに直接利害関係をもって長期的に関わる団体，機関，人々によって担われるのが基本だからである．すなわち，研究者はそのコミュニティに在る研究機関に属する場合は対等のステークホルダーであろうが，そうでない多くの場合には，課題解決のための役割は限定的なのである．

　なお，実証・実験研究では，研究の主体は研究者であり，ステークホルダーは，研究者がデータや情報を収集する対象または協力者のいずれかである．そこから得られたデータや情報を分析して，結果をまとめ報告するのは研究者である．主体と対象の間には一定の関わりや交流はあるとしても，それによって研究の目的・内容・方法が左右されることは，原則として望ましくないとされる．したがって，アクションリサーチは，この点でも一般的な実証・実験研究と大きく異なっている．

3 研究運営──協働的

　研究参加のステークホルダーは，相互に教え，教えられる関係で，お互いの立場や考え方の違いを尊重しあって研究を遂行するという意味で，研究運営は協働的である（Herr & Anderson 2005；ストリンガー 2012）．なお，ほぼ同様の意味で「民主的」という用語が用いられている先行文献（Meyer 2000）もあるが，本書では政治的な含意を避けるため，「協働的」とする．

こうした協働的な研究運営において重要になるのが，各ステークホルダーの特徴に即した役割分担である．まず研究者の役割であるが，上記では限定的としたが，アクションリサーチが研究である以上，言うまでもなく非常に重要である．それは，「促進者またはコンサルタントとして，ステークホルダーが問題を明確に定義するように援助し，関わっている問題に対する効果的な解決策を見つけられるように支援する触媒として機能する」（ストリンガー 2012）．そして，研究推進の役割の一つとして，多様な立場から参加する多くのステークホルダーの間のコミュニケーションの調整役も期待される．さらに，研究者である以上，アクションリサーチに相応しい科学的方法（本章4節）の提案と適用とともに，より広範な情報の収集とステークホルダーへの伝達なども必須である．ただ，アクションリサーチの課題とステークホルダーなどの違いに応じて，その役割には一定の幅があると言えよう．

次に，コミュニティにおける高齢社会の課題を解決するためのアクションリサーチでは，地域住民の役割が非常に重要である．住民は，高齢社会の課題（健康や生活に関わる多様なニーズ）の直接的担い手であると同時に，その解決に向けた意思決定と行動の主体でもあるからである．また，現在の高齢世代だけでなく，将来の高齢世代であり現在は高齢世代を支える生産年齢世代や青少年世代の住民にも，課題の解決に向けたそれぞれの役割が期待される（芳賀 2012；Shura et al. 2011）．

一方，自治体（市町村，都道府県）は，特定のコミュニティにおける高齢社会に関する情報を広範に収集・伝達できる公共団体であり，またそれらを活用するとともに，住民の意思を反映させた高齢社会のための多様な施策を計画し実施することが期待されている．したがって，コミュニティにおける高齢社会の課題を解決するためのアクションリサーチでは，程度の差はあっても，自治体行政の適切な参加は不可欠である（芳賀 2012；小林他 1978-82）．ただ，本書が目指している参加型のアクションリサーチでは，多様なステークホルダーによる協働的・主体的な課題解決が中心であるので，自治体への過度な依存や要求は避けるべきであろう．

他方，高齢社会の課題に関わる保健医療・福祉関係の機関・施設・団体には，病院・診療所，介護保険関連施設[1]，訪問介護・訪問看護などの居宅サービス事業所，それに介護保険サービスのケアプランの作成と調整を担当する居宅介護支援事業所[2]，地域包括支援センター[3]および成年後見センター[4]などがある．以上はフォーマルケア（制度的ケア）に関わる機関・施設・団体であるのに対して，主としてインフォーマルケア（非制度的ケア）に携わる社会福祉協議会，民生児童委員，各種ボランティア，制度外の支援に携わるNPO法人などがある．さらに，

---

[1]
介護保険関連施設
介護保険制度の下で利用できる施設関連のサービスで，入所施設（介護老人福祉施設，介護老人保健施設，療養型医療施設），認知症対応型グループホーム，通所施設（デイサービスなど），短期入所施設（ショートステイサービスなど）がある．

コミュニティで事業展開する住宅，雇用等の関連の民間事業者なども，産業界の資力・資源・技術を使って高齢社会の課題に取り組む重要な存在である．

　これらの各種機関・施設・団体とそこに従事する専門職の間での協働は，いわゆる実践面での学際的協働であり，これに学際的研究者も加わって幅広い専門的協働が展開されることが，アクションリサーチの重要な課題である．

2)
居宅介護支援事業所
介護保険制度の下で介護支援専門員（ケアマネジャー）を配置し，要介護・要支援の認定を受けた人に介護サービス計画（ケアプラン）の作成，サービス提供の実施，実施後のサービス提供の管理とニーズの再評価などを行う．

3)
地域包括支援センター
介護保険法に定められている，地域における介護予防マネジメント，総合的な相談や支援，権利擁護などを行う機関である．法律上は市町村事業である地域支援事業を行う機関であるが，外部への委託も可能である．保健師，社会福祉士，主任ケアマネジャーなどが配置されている．

4)
成年後見センター
判断能力が十分でない成年者（認知症高齢者，知的障害者等）が，財産管理（契約締結・費用支払いなど）や身上監護（施設や介護の選択など）についての契約などを行うのが困難な場合に，これらの人を守る「成年後見制度」の下で，市区町村や弁護士・司法書士・社会福祉士などの職能団体により運営され，相談・支援を行う．

2節 アクションリサーチの系譜

アクションリサーチが歴史的に展開してきた過程をみると，複数の起源や系譜が存在し，それらが目的や研究方法において相互に影響し合い発展してきたことがわかる．本節では，その中の主な系譜について論ずることにする．

1 源流

アクションリサーチは，社会心理学の父と呼ばれるユダヤ系アメリカ人クルト・レヴィン（Kurt Lewin）が1946年に最初に提唱したと言われる．レヴィンは，米国の少数集団の抱える雇用・偏見・教育の問題や，産業における労働者集団の問題に関心を持ち，その解決に向けた研究に取り組んだ（Cohen et al. 2008；錦織 2011）．

レヴィンは研究にあたって，集団の意思決定への参加や集団の民主制を重視した．また隔離された実験室ではなく，解放された現実の場での研究の必要性を認識し，さらに特定時点だけを観察する静態的研究ではなく，変化をも観察する動態的研究に注目した．

そしてレヴィンは，出来事が生起している「場」全体をシステムとして捉え，現実の課題を解決するアプローチの過程に研究課題を見出した．レヴィンは当時すでに，まさに今日のアクションリサーチを特徴づけるアプローチのほとんどを取り入れていたのである（Lewin 1946；武藤 2007）．

2 「労働の場」の系譜

「労働の場」の系譜は，レヴィンの源流から発展してきており，産業における「労働と組織」や「マネジメント」などについて研究する流れである．その研究目的は生産性向上や組織改善などの課題に対応することであり，もともとアクションリサーチを特徴づける「社会的課題の解決」という基本的要素を含んでいたと考えられる．佐藤一子らは，その論考の中で「労働の場」の系譜を次のように整理している．

> レヴィンはグループ・ダイナミクスを通じて労働の場の改善に参加

的方法で取り組むための実験的方法の開発に取り組んだが,レヴィンの影響を受けたトリスト（Eric Trist）は,イギリスでタヴィストック研究所を設立し,アクションリサーチに基づく社会技術システムを追求し,炭坑や綿花などの「労働の場」におけるアクションリサーチによる組織改善への取組みを発展させていく．このように1940年代から60年代にかけて,レヴィン,トリストらの研究を通じて英米を中心とする「労働の場」におけるアクションリサーチが展開され,その方法はイギリス,インド,オーストラリアから次第に1970年代には北欧へと拡がりを見ている．仕事の能率,生産性向上,安全などの問題,さらには労働組合も調査主体の一員となって労働組織の民主化,参加,共同決定など,労働者的関心に基づくアクションリサーチも数多く実施されるようになった．（佐藤他 2004）

そもそも「労働の場」におけるアクションリサーチは,職場の人間関係を改善することだけが目的ではない．従来,「労働の場」における使用者（あるいは管理者）と労働者の関係は,上から下への一方向的関係であった．つまり労働者は権限を持つ使用者（管理者）から命令されたことを,マニュアル通り忠実に実行するのが最善と考えられていた．しかし産業の発展に伴い,機械化や作業の専門化が導入されていったが,必ずしも生産性向上などの課題に対して,思うような成績が上がらなかった．そこで労働者も自己管理能力を高め,組織やマネジメントの改善に参加し,使用者（管理者）と協働してより良い「労働の場」を創造していくべきであるという考え方に変わっていった．まさに「労働の場」に「参加型」,「協働的」というアクションリサーチの基本的要素を取り込んでいった系譜である（筒井 2010）．

日本の自動車産業等において,現場の労働者も参加して生産性向上などに取り組む,いわゆる「改善運動」と呼ばれる流れがある．この運動は,もともとは品質管理に根ざしており,必ずしもアクションリサーチを意識したものではなかったと思われるが,その考え方において,「労働の場」におけるアクションリサーチに通じるところがある．今後,日本の改善運動はアクションリサーチと融合しながら,その理論的根拠を研ぎ澄ましていく可能性があると考えられる．

3 「教育の場」の系譜

教育におけるアクションリサーチは,教育の実践者である教師が研究者とともに自己理解と,対象者である生徒理解を深める取組であり,専門家としての教師のあり方が中心的な課題とされている（佐藤他 2004）．

その歴史は古く，1940年代より学校をフィールドとして，アクションリサーチ的アプローチを展開していたといわれる教育学の領域では，1980年代に主流な研究アプローチの一つとしてアクションリサーチが確立された（武田 2011）．
　樋口聡は，その論考の中でケン・ツァイヒナー（Ken Zeichner）によればとして，教育におけるアクションリサーチの伝統は，英語圏において5つの主たる流れを見ることができると述べている．

　1）クルト・レヴィンの研究から発展し，コロンビア大学のホーリス・マン＝リンカーン研究所のスティーヴン・コーリィ（Stephen Corey）へと受け継がれるアメリカのアクションリサーチの伝統，2）イギリスの教師によるカリキュラム改革ならびにローレンス・ステンハウス（Lawrence Stenhouse）やジョン・エリオット（John Elliott）といった研究者たちによって1960年代から70年代に展開されたイギリスの「研究者としての教師」運動，3）オーストラリアのディーキン大学のスティーヴン・ケミス（Stephen Kemmis）やロビン・マクタガート（Robin McTaggart）らによって進められたオーストラリアの参加型アクションリサーチ運動，4）1980年代に主に教師たちによって展開された北米の現代的「教師・研究者」運動，そして5）大学の特に教員養成の研究者たちによってなされた自己探求リサーチの伝統，である（Zeichner 2009；樋口 2010）．

　いずれにしても，従来の「教育の場」における研究者と，実践者である教師との関係を見直す動きとして捉えることができる．これまでの教師には，研究者が考え出した理論や教授法を習得し，それを実践に応用することが期待されていた．しかし，教師が教えることと研究とは密接に関連があり，指導についての知識や理論を生み出し発展させていくためには，授業改善の主体である教師自身の研究への参加が不可欠であるとしている．教師は授業を進めながら，自分の授業を振り返り反省する省察と，それに基づく実践を繰り返すことによって，授業を改善していく授業研究の研究者としての顔も持つことになる．
　この教師が生徒と向き合う「教育の場」の系譜は，医師や看護師が患者と向き合う「臨床の場」との共通点が多く，その系譜に少なからず影響を与えたと考えられる．特に「教育の場」と「臨床の場」が重なる医学教育において最近，わが国でもアクションリサーチの考え方を積極的に取り入れようとする動きがみられる．
　同じように防災教育においても，アクションリサーチの考え方を取り入れようとする動きがある．従来の防災教育では，研究者が実践者であ

る行政等の協力を得ながら知見をマニュアル化し，それを対象者である住民等に一方的に提供してきた．しかし実際には，住民等の経験知の中にも重要な知見が隠されており，それらを含む共同の知を現場とともに創り上げていく必要性が指摘されるようになってきた（矢守 2010）．

■4 「臨床の場」の系譜

医療・看護など「臨床の場」の系譜は，研究者と協力しながら，実践者である医師や看護師などが，対象者である患者などと向き合う場でのアクションリサーチである．

「臨床の場」でアクションリサーチが手掛けられるようになったのは，1980年前後と比較的最近のことで，「教育の場」の系譜の影響を受けていることが窺われる．すなわち研究者と教師が協力して生徒と向き合う「教育の場」は，広い意味で「臨床の場」とも考えられ，その影響を受けることは自然な流れではなかったかと想像される．

もともと医学などの分野は，論理実証主義的アプローチ[5]と親和性の強い自然科学的性格を持っており，その意味でも研究者と実践者と対象者の関係は一方向的であったと思われる．しかし，たとえば看護学などは実践の科学であるにもかかわらず，実証主義的な研究アプローチにとらわれるあまり，長いこと理論と実践の乖離が問題視されてきたことも事実である（筒井 2010）．

つまり臨床の現場において，一方向の関係では対処しきれない問題の発生が認識されるようになり，三者の関係をよりフラットにし共同で問題を解決するアクションリサーチの考え方が取り入れられるようになっていったと考えられる（Morton-Cooper 2000；モートン＝クーパー 2005）．

実際に看護学でも，欧米では1980年代より，日本でも2000年前後からアクションリサーチを用いた研究が手掛けられるようになった（武田 2011）．

■5 「コミュニティ」の系譜

「コミュニティ」の系譜は，主に地域コミュニティに根ざした研究から発展してきた．すなわち起源は，発展途上地域のコミュニティ活動の場における参加的研究（participatory research）と考えられる．先進地域の研究者たちは当初，途上地域の問題を解決し開発を促すためには，自分たち先進地域の考え方を持ち込むことが有効と考えていた．しかし外からの観察者でしかない研究者には限界があった．そこで1970年前後

[5] **論理実証主義的アプローチ**
本章3節■1を参照

から，民衆の土着の知恵の尊重，研究者と地域コミュニティの協力など，発展途上地域のコミュニティに根ざした研究，すなわち参加的研究の流れに変わっていったと捉えられる．

この参加的研究の起源には，1960～70年代に盛んに行われた論理実証主義的アプローチ批判があったと考えられる．それは，社会構築主義的アプローチ[6]の台頭と軌を一にすることからも窺われる．ただ一部で，当時の反戦運動など急進的な政治活動と結びついていったために，一時的に人々の支持を失い低迷した．

その後の参加的研究は，先進地域の問題の研究にも有効であることが認識されるようになり再評価される．特にコミュニティが抱える社会的課題の解決をより強く意識するようになり，自分たちの生活環境を改善するために，コミュニティの人々も参加するアクションリサーチへと発展していったと言える．

もともと先進地域のコミュニティは民主的（一方向的ではない）である．研究者が知を生産し，実践者である行政等が，対象者である住民等にその知を消費させるといった一方向の関係は成立しない．現に実践者である行政の長は，対象者である住民が選ぶ．少なくとも先進地域におけるコミュニティでは，その社会的課題を解決するアプローチとして，アクションリサーチのプロセスは親和的である．

6 文理融合の新たな系譜——社会技術としてのアクションリサーチ

今日のアクションリサーチは，しばしば社会技術[7]の範疇の中で議論される．そもそも狭い意味での技術（工学）が技術的課題の解決を目指すのに対して，RISTEXでは，社会技術を「「自然科学と人文・社会科学の複数の知見を結合して新たな社会システムを構築していくための技術」であり，社会を直接の対象とし，社会における現在存在しあるいは将来起きることが予想される問題の解決を目指す技術」と捉えている（『社会技術研究開発の今後の推進に関する方針』2013）．

いずれにしてもアクションリサーチとは何かを問うたとき，その答えは社会技術の定義ときわめて類似性が高いことがわかる．したがってアクションリサーチと社会技術を別々の範疇でとらえるのは適当ではない．むしろアクションリサーチは，社会技術を現実の場に実装するにあたって，その望ましい形や手順を体系的に明らかにしていく．そのための社会実験として位置づけることができるのではないか．そして特にアクションリサーチは，社会技術の社会への実装が社会的イノベーションを引き起こし，社会（システム）を望ましい方向に変えていく．結果として

---

6) **社会構築主義的アプローチ**
本章3節1を参照

7) **社会技術**
「COLUMN 1 社会技術について」を参照

図1-1 アクションリサーチの系譜

[図：1940年頃から2010年頃にかけてのアクションリサーチの系譜。社会科学起源（レヴィン）から教育の場（教育・教室）、臨床の場（医療・看護）、労働の場（産業・経営）へ。品質管理起源→改善運動。参加的研究（論理実証主義批判と社会構築主義の台頭）→コミュニティ（地域・開発）。文理融合→社会技術研究開発センター（RISTEX）コミュニティ。自然科学起源→システム科学→社会システム。]

図1-1）作成：岡本憲之

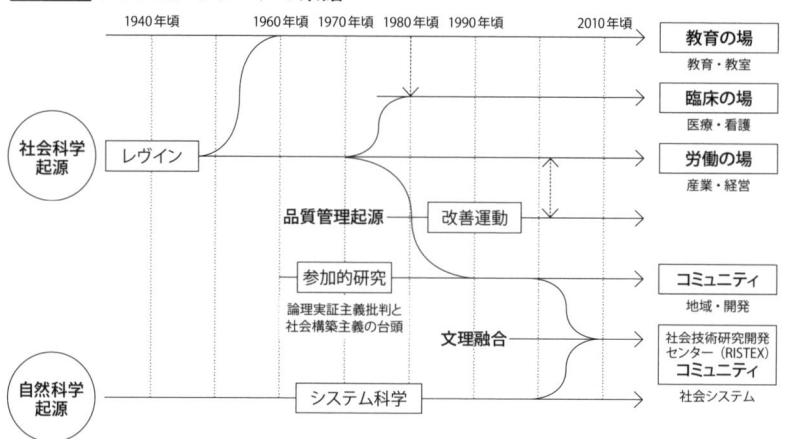

社会的課題を解決に導く．そのような合理的かつ科学的な道が存在することを確かめるための社会実験であると考えられる．

科学技術振興機構（JST）社会技術研究開発センター（RISTEX）の研究開発領域「コミュニティで創る新しい高齢社会のデザイン」では，「コミュニティ」の系譜を踏まえながらも，アクションリサーチを社会技術の範疇でとらえ，複数の地域コミュニティにおいて，社会（システム）を変え，その課題の解決を目指す社会実験を行っている．この文理融合ともいえる試みが，アクションリサーチをさらに発展させ，学術における新たな系譜を生み出していくことになるであろう（図1-1）．

COLUMN 1

社会技術について

岡本憲之

社会技術については，様々な研究や取り組みがあり，論文，報告書あるいは刊行物等において多様な考え方が示されている．その一つの捉え方として，JST社会技術研究開発センター報告書「社会技術の歴史的変遷と実践的領野」(2009)では，「対話・協働，俯瞰，問題解決志向のうち一つの要素を含み，これらに加えて構築性の副次的要素である状況依存性，再帰性，先見性の中からもう一つの要素が含まれていれば，社会技術あるいはそれに類似するものに相当すると見なすことができる」と書かれている．これら各要素の意味合いは次の通り（以下，同報告書からの抜粋）．

「対話」とは，社会技術の研究者とその恩恵を受ける個人や社会などのユーザーが互いの特性を理解してコミュニケーションを行うことである．

「協働」とは，異なる知識や見解，価値規範を持つ人々が互いの知識を交流させ，共通の目的に対してそれぞれ貢献をすることを指す．

「俯瞰」とは，対象を広く捉えることである．技術も社会も，一つの機械や個人として存在するのではなく，様々な器具や装置，組織，制度と結びつき，社会–技術として現れている．それらの関わり合いをなるべく大きな範囲で把握することが，社会における社会技術のより適切な見方を提示することになる．

「問題解決志向」とは，社会技術が社会問題の解決に資するための技術であることを意味する．ただし，社会技術それ自体で現実の不確実で複雑な問題を解決できるとは限らないため，問題解決に向けて，社会が問題解決を本当に求めているかどうか，問題を明確に定義することも社会技術であるとされる．技術はおよそ社会のためであるが，社会技術は「社会を直接の対象とする技術」として直接社会に貢献することにより，単なる技術とは異なる位置づけがなされている．

「構築性」については，その考え方において社会構築主義的アプローチに通じるところがあり，以下の3つの副次的要素を括ったものとして説明されている．

状況依存性──地域という地理的・文化的な状況，生活者という社会的状況に依存した形で知識生産を行い，科学や技術を構成しているという意味において，時間的・空間的に汎化された《いつでも，どこにでもある》実体でなく，《今，そこにある》実体として社会技術が表出している．それはすなわち，社会技術は今，そこで構築されているものであるということである．

再帰性──研究者という主体が対象者という客体に干渉し，それによって変化した客体に対応するよう主体を変化させることである．

先見性──技術による影響は技術が十分に発展するまで分からないが，それが分かるようになると，既に技術は社会に深く埋め込まれてしまっているので，その方向性を制御することができなくなってしまう．この不確実性に対処するために，社会技術は「ありうる将来」と「あるべき将来」を相補的に照らし合わせ，将来を《先見》する必要がある．

3節 アクションリサーチの多様性

アクションリサーチは，その内容において多種多様である．本節では，アクションリサーチの多様性について，いくつかの視点から論ずることにする．

1 多様性を生み出すアクションリサーチの立場

アクションリサーチという研究アプローチが登場したのは，類似の事例が少な過ぎたり，状況依存性や再帰性の強い対象を扱う場合など，従来から科学的研究の中心となっていた論理実証主義的アプローチだけでは解決できない社会的課題が存在することが背景にあったと考えられる．アクションリサーチは，その研究プロセスの中に「望ましい方向への社会的変化を引き起こす」といった価値判断を伴うアクションが存在し，あくまで価値観を排除しようとする論理実証主義的アプローチとは相いれない部分を含んでいる．

そもそも論理実証主義的アプローチは，「研究者という主体（以下，研究者）は研究対象（以下，対象者）から分離された世界に身を置いており，研究者が外の世界から対象者を観察したり実験したり分析したりしてデータを取り，それを客観的にまとめていくことが"研究"である」との考え方に立っている．つまり対象者は，研究者によって明らかにされた知（真理）を受け入れる立場にいるといった一方向的な研究観であり，アクションリサーチのように対象者との協働的な研究という特徴を有していない（樋口 2010）．

しかし，対象者のいる世界を1つの社会システムとして捉えたとき，研究者がその中に入り込み対象者と一緒になってシステムを変えることまでは考えず，もっぱらシステムを外から観察することによって答えを導き出そうとするアプローチだけでは解決できない社会的課題が存在することがわかっており，そこに論理実証主義的アプローチの限界があることも事実である．

この論理実証主義的アプローチの限界を認識し，学問上のパラダイム転換として登場したのが社会構築（構成）主義的アプローチである．樋口聡によると，それは「観察者である研究者が，観察される対象者を観察するという行為は，それ自体が一つの世界を構築するのであり，研究

者の観察によって対象者も構築される」といった研究観であり，研究者を対象者のいる世界から分離しない立場に立っている．つまり社会構築主義的アプローチは，研究に何らかの価値判断が入り込むのを必ずしも排除しない立場であることを意味している．

矢守克也は，「アクションリサーチでは，目標状態の実現へ向けた長期的な時間プロセスの中で研究者/対象者構造を転換し，それに応じて複数の方法，ツール，プロダクツをその中に配置することが重要である」との考え方に立っており，社会構築主義的アプローチの立場も取り入れている（矢守 2010）．

いずれにしてもアクションリサーチでは，社会的課題の解決に向けて，社会システムを望ましい方向に変えていくといったプロセスを含むのが特徴で，そこには多様な価値観が関わる余地がある．別の言い方をすれば，研究者は知を生産する立場，対象者は知を受け入れ消費する立場，そして両者の間をつなぐのが，知を対象者にもたらす実践者の立場といったような，固定的かつ一方向的な関係性を何らかの形で見直すことが求められているのである．

つまりアクションリサーチでは，研究者の世界に限られた基準で生み出される知だけではなく，現場で実践者や対象者とともに研究することで，より有効な知を生み出すプロセスを含んでいる．そこで生み出される知は，実証主義的な科学知と現場の体験に根ざした民衆知が融合した共同の知といえるものであり，その共同の知は，それが現場の知を取り込むがゆえに，きわめて多様な形で創造されていくことが示唆されるのである（佐藤他 2004）．

2 研究分野の多様性

現実社会でさまざまな課題が発生しているため，多くの研究分野で社会的課題を解決する必要に迫られている．このアクションリサーチによって解決を試みようとする社会的課題の多様性が，アクションリサーチ自体の多様性を生み出してきた．

たとえば，佐藤一子らも論考の中で言及しているように，イギリスのリーズン（Peter Reason）とアメリカのブラッドバリー（Hilary Bradbury）が編纂した*The Handbook of Action Research：Participative Inquiry & Practice*（2001）は，英語圏を中心に61人が執筆しているハンドブックであるが，その専門領域は，経営学，労働科学，開発政策，コミュニティ心理学，成人教育・高等教育・青年教育学，臨床心理学，社会事業・保健衛生学，社会学，政治学，社会工学，社会心理学など多岐に及んでいる．労働と地域生活に関わる現実社会の諸課題の解決を直接的な研究

対象とする応用研究分野が中心であるものの，ハンドブックからも多様な分野にアクションリサーチが適用されていることがわかる（Reason & Brabdury 2001；佐藤他 2004）

ただし，これらの多様な研究分野において，研究者・実践者・対象者の関係性の違いはあるものの，少なくとも参加型で，協働的なアプローチを取り入れながら課題の解決を図っていこうとする姿勢を共有していることが読み取れる．

3 研究プロセスの多様性

実際に社会的課題を解決しようとするとき，論理実証主義的アプローチか社会構築主義的アプローチか，どちらか1つだけの立場に立って研究を完遂できることはむしろまれであろう．

課題の発見から解決，評価，さらに成果の波及に至るアクションリサーチの研究プロセス[8]において，ある段階では論理実証主義的アプローチが有効であり，別のある段階では社会構築主義的アプローチが求められる．そしてアクションリサーチが完全な形で遂行されるためには，社会的課題の解決を目指した一連の研究プロセス段階をすべて含むのが基本である．

しかし実際には，研究プロセスの各段階は互いに入り組んでおり，アクションリサーチに求められるプロセスを完全に遂行した研究は，これまでの事例を見る限りむしろめずらしいと言える．つまり事例によって，一連の研究プロセスにおけるどの段階に力点を置いているか，どの段階を省略しているか，あるいはどの段階の間を行きつ戻りつするかなど，研究プロセスの段階の組み立て方が異なっており，それらの違いがアクションリサーチの多様性を生み出してきたとも考えられる．

ただし，こうした研究プロセスにおける各段階の多様な組み合わせには，少なくとも社会を望ましい方向に変化させていこうとする実践的な段階を含んでいることが，アクションリサーチの共通の特徴となっていることに留意する必要がある．

4 研究方法の多様性

アクションリサーチにおける研究プロセスのそれぞれの段階で適用される方法は，対象の特性などによって多様である．質的研究[9]あるいは量的研究[10]の方法が研究プロセスの各段階で臨機応変に適用される．具体的には，フォーカスグループ・インタビュー[11]やステークホルダー分析[12]などアクションリサーチに必須と思われる方法に加え，自記

---

[8] **アクションリサーチの研究プロセス**
次の4段階で構成される．①特定コミュニティで解決を要する課題の発見と分析，②解決のための方策の計画と体制づくり，③計画に即した解決策の実行，④解決策実行の過程と結果の評価．なお，これらの循環を通じて，「研究成果の他のコミュニティへの波及のための要件の設定」が加わる．（本章4節1を参照）

[9] **質的研究**
現象の意味を記述するにあたって，数値的表現ではなく，言語的表現を使用してデータの収集，分析，結果の提示を行う．本書のアクションリサーチのような場合の「質的チェック」に関して，本章4節2 2）でも述べる．

式調査や面接調査など，通常の研究でも頻繁に用いられるさまざまな方法が使われる．

ここでは個別の研究方法の詳細に触れることは省略するが，研究プロセスの一連の段階のどこかで，アクションリサーチを特徴づける，開放的，動態的，実践的（省察的）な社会実験[13]の方法が用いられることを強調しておきたい．

10）
量的研究
現象を数に変換し，統計分析等定量的な分析により，対象に存在する法則を捉えようとする研究．

11）
フォーカスグループ・インタビュー
複数の人間のダイナミックな関わりについて情報を集め，系統的に整理して新しい理解を得る質的な情報把握の方法．
（「COLUMU 2 コミュニティの変化を捉える手法」を参照）

12）
ステークホルダー分析
特定のテーマについて，誰が，どのような利害関係を有しているのか，どのような対立があるのか，実際に人を集めてプロセスを進める意味があるのかなどを評価する，ステークホルダーに関する分析手法．
（「COLUMU 2 コミュニティの変化を捉える手法」を参照）

13）
開放的，動態的，実践的（省察的）な社会実験
開放的な社会実験とは，厳格に管理された実験室（あるいは環境条件）での実験ではなく，実際に出来事が生起している「場」での実験を意味する．
また動態的な社会実験とは，いくつかの特定時点だけを観察・解釈する実験ではなく，変化の過程を継続的に観察することによって新たな発見や真実の見極めを目指す実験である．
さらにアクションリサーチでは，研究者も社会変化の関与者として現実の「場」に実践的に参加し，他の関与者と協働で変化の過程を評価・省察するといった実践的（省察的）な社会実験を含むのが特徴となっている．

COLUMN 2

コミュニティの変化を捉える手法

長島洋介

　コミュニティと関連した研究のプロセスおよびアウトカムは数量化が難しく，時々刻々と変化する姿を捉えることは難しい．ステークホルダーが想定していなかった場所やタイミングで，想定していなかった変化が起こりうる．コミュニティにおけるアクションリサーチでは，この変化を丁寧に拾い上げ，まとめる必要がある．プロセスやアウトカムにおける変化を捉えることは，取り組みの進捗を評価し，次のアクションリサーチにつなげる上で重要となる．しかし，このような研究手法は体系的に開発されているとは言えず，継続した検討が必要になる．

　ここでは，高齢社会におけるコミュニティの変化を捉える試みとして「フォーカスグループ・インタビュー」および「ステークホルダー分析」を紹介する．今後の研究手法を開発する一助としてもらいたい．

フォーカスグループ・インタビュー

　マーケティングの分野から広まった手法で，複数人の回答者に集まっていただき，インタビュアーは設定したテーマについて，参加者の相互作用を促進しつつ，意見を引き出す方法である（写真1）．

写真1 フォーカスグループ・インタビューの様子

　高齢社会におけるアクションリサーチではコミュニティのエンパワメントを図ると同時に，コミュニティの変化を捉える手法として試みられている（詳しくは第4章参照）．

　国内の参考文献に，冷水豊編著『「地域生活の質」に基づく高齢者ケアの推進』（有斐閣，2009年）が挙げられる．

ステークホルダー分析

　アクションリサーチの参考情報として，事前に地域のステークホルダーの関係性を客観的に把握することをめざすものである．主に政策，開発，経営分野で用いられ，期待，役割，インセンティブ（利益－不利益），影響力，権力構造（知識，配分，意思決定，アクセスネットワーク）などを軸にステークホルダーを位置づける（図1）．

　この手法を用いて，アクションを起こす前後で地域ステークホルダーの関係性に変化が生じたかを捉えるわけだが，その際，何を軸とするか，何を持ってコミュニティが望ましい方向に変化したと捉えるかは，検討を要する点となる．

　国内の参考文献に，中山嘉人「第7章　CDの視点からの考察，キャパシティ・ディベロップメントから見た教育マネジメント支援」『平成17年独立行政法人国際協力機構 客員研究員報告書』（2007），田中史朗「個人PMにおけるステークホルダー分析」『プロジェクトマネジメント学会2013春季研究発表大会 予稿集』（2013）がある．

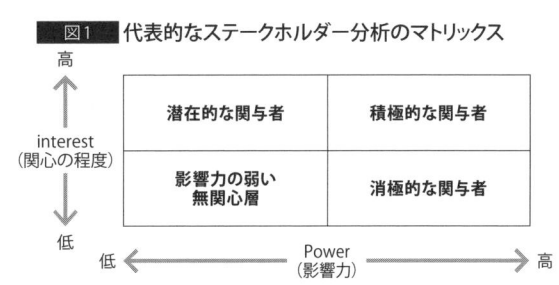

図1 代表的なステークホルダー分析のマトリックス

	低 ← Power（影響力）→ 高
interest（関心の程度）高	潜在的な関与者 / 積極的な関与者
interest（関心の程度）低	影響力の弱い無関心層 / 消極的な関与者

4節 コミュニティでのアクションリサーチの研究プロセスと研究方法

次に，本書におけるアクションリサーチを特徴づける研究プロセスと研究方法について説明する．

1 アクションリサーチの研究プロセス

アクションリサーチでは，一般の実証・実験研究と異なり，課題解決のためのアクション（解決策の実行）が研究の中核となるので，その前後で研究のプロセスをどう構成するかが重要となる．本書でのアクションリサーチの研究プロセスは，1節で述べた3つの基本的要素（研究目的，研究の担い手，研究運営）を踏まえて，図1-2に示す①〜④の4つの段階からなる．

先行文献では，アクションリサーチの分野や手法が多様であるため，その研究プロセスの捉え方も多様である．E・T・ストリンガー（2012）は，「見る」（情報収集・見取り図作成・定義）→「考える」（調査・分析）→「行動する」（計画・実行・評価）と3段階で捉えている．しかし本書では，計画と実行と評価は，それぞれ独立性の高い重要な段階と考えるので，図の通り②→③→④の段階に分けて捉えている．

そして以上の4段階の研究プロセスは，一般に経営管理論などの分野

図1-2）
作成：長島洋介

図1-2 コミュニティにおけるアクションリサーチの研究プロセスと波及要件の設定

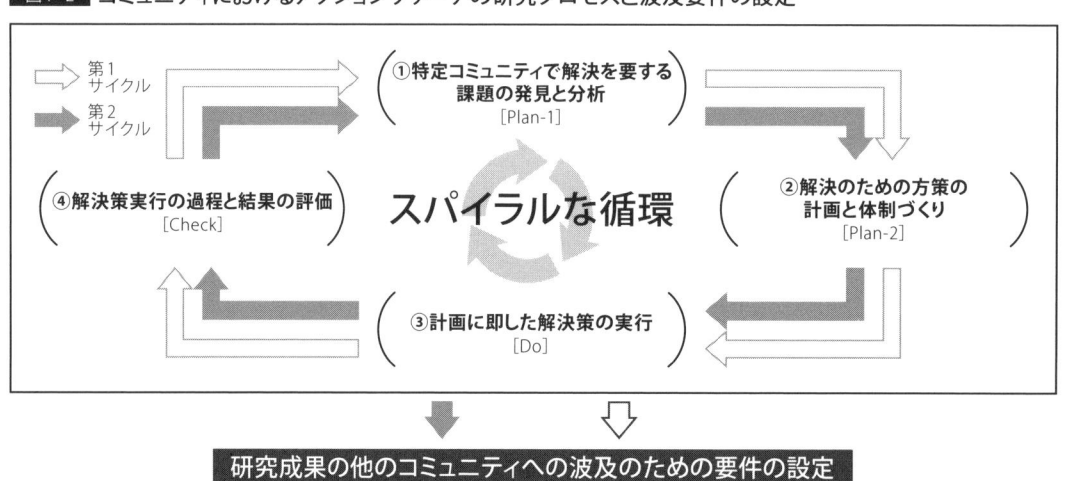

第1サイクル／第2サイクル

①特定コミュニティで解決を要する課題の発見と分析 [Plan-1]
②解決のための方策の計画と体制づくり [Plan-2]
③計画に即した解決策の実行 [Do]
④解決策実行の過程と結果の評価 [Check]

スパイラルな循環

研究成果の他のコミュニティへの波及のための要件の設定 [Transferability]

で用いられるPDCAサイクル（Plan（計画）→ Do（実行）→ Check（評価）→ Act（改善））に類似するものであるが，次の点で異なっているため，本書では，PDCAサイクルを用いて研究プロセスを説明しない．異なっている点は，第1にPlan（計画）を図の2段階（①特定コミュニティで解決を要する課題の発見と分析，②解決のための方策の計画と体制づくり）に分けている点，第2にAct（改善）は次の新しいサイクルのPlanに改善案として含めている点，第3に研究成果の他のコミュニティへの波及のための要件の設定（Transferability）を，以上の4段階で1サイクルを構成する研究プロセスとは別に設けている点である．なお，②段階の「体制づくり」は①段階にも含まれているが，中心的には②段階で行われると捉えている．なお，以上の研究プロセスと「波及のための要件の設定」の具体例は，第4章3節に示している．

そして①～④の研究プロセスを次の新たなサイクルの①以降へとスパイラル（螺旋状）に循環する積み重ねとして捉えている．すなわち，最初のサイクルのアクションリサーチの成果を踏まえ，第2サイクルの①特定コミュニティで解決を要する課題の発見と分析→②解決のための方策の計画と体制づくり→③……→④……と進み，さらに第3サイクルへと発展的にプロセスが積み重ねられていくと捉えているのである．アクションリサーチの研究プロセスの段階についての捉え方は異なっていても，スパイラルな循環的プロセスとして捉える点では共通している先行文献がある（草郷 2007）．

いまひとつ留意すべきなのは，①～④の各段階は，実際には互いに入り組んでおり，ある段階で前の段階に戻って研究の遂行を修正・変更することもある．たとえば，②の段階で課題解決のための方策が一旦計画された後，③の解決策の実行の段階で再検討する必要が生じたため，②の段階に戻って，解決策の修正・変更が行われることがある．一般に，実証・実験研究では，当初に設定した仮説設定や研究方法を研究途中で変更することは認められない．アクションリサーチがアクションを研究プロセスの中核に据えているために，一般の実証・実験研究と異なる研究プロセスをもっているのである．

研究プロセスとは別に示している「研究成果の他のコミュニティへの波及のための要件の設定」に関しては，Lincoln & Guba（1985）が，アクションリサーチを含めた質的研究における信頼性（trustworthiness）を評価するための5つの基準の1つとして，「波及可能性（transferability）」を提示していることから大きな示唆を受けた．この基準は，量的研究における「一般化」と対照的に，質的研究で展開された研究のプロセスとその結果の詳細な説明に基づいて波及可能な諸要件を描くことを目的にしている．とくにアクションリサーチでは，そのアクション

の成果が，当該研究以外の研究の文脈（コミュニティなど）に適用できる程度を示していることになる．そして，図1-2に示しているように，この波及要件は，④の結果だけでなく，例えば②の計画と体制づくりの段階でのステークホルダーによる協働の組織づくりとそのマニュアルなど，4段階の研究プロセスのいずれの段階からも引き出せると考えている．

　本書では，研究目的のところ（本章１節）で述べたとおり，アクションリサーチは，普遍的な法則や一般化の解を求めるのではなく，特定のコミュニティにおける高齢社会に関わる課題の具体的な解決を目指している．このため，研究結果としての具体的解決策が，当該コミュニティで一定の有効なものとして評価された後に，他の類似あるいは異なるコミュニティにどの程度波及できるのか，その要件をできるだけ具体的に示すことが，研究の最終的な課題として重要であると捉えているのである．そこで，この研究課題の英語名を，上に紹介した「波及可能性」の意味で transferability と呼ぶことにする．

　以上の研究プロセスの各段階の詳細は，第２章で①と②，第３章で①〜③，第４章で④と「波及要件の設定」について説明される．また，この研究プロセスで重要なのは，本書でのアクションリサーチを特徴づける「参加型の研究主体」と「協働的な研究運営」の具体化として，全ての段階で，研究者を含めた全てのステークホルダーがそれぞれの役割を果たすことである点を改めて強調しておきたい．

2 アクションリサーチの研究方法

1）従来型研究方法の活用

　上述のとおり，アクションリサーチは実証・実験研究などの従来型研究とかなり異なる基本的要素をもっており，以下のとおり研究方法も独自の要素をもっている．その意味で従来型研究の方法に対峙しているが，対立的というよりもそれを補完的に活用しつつ独自の方法を開発することが課題だと言える．

　まず，従来型の研究方法が活用できる点について見ておこう．従来型研究での量的・質的研究法は，アクションリサーチでも，図1-2の研究プロセスの①の全体と④の一部では活用できる．たとえば，①「特定コミュニティで解決を要する課題の発見と分析」における量的分析法と事例分析法，④「解決策実行の過程と結果の評価」における個々人の心身機能や活動の変化などを評価する統計解析法による「結果の一般化」のための従来型の研究法が適用できる．

　このように見ると，アクションリサーチを科学的に遂行するには，従

来型の実証・実験研究の方法を十分に習得ないし実施経験した上で研究に取り組む必要がある．たとえば若手研究者が，従来型の研究の経験が不十分な状況でアクションリサーチに取り組むのは望ましくない．その場合は，従来型研究で実績のある研究者の指導の下で，順次研究を進める必要があると言える．

2）アクションリサーチに独自の研究方法

一方，アクションリサーチでは独自の研究方法を積極的に開発・活用する必要がある．そのために留意しなければならないのは，次の点である．第1に，従来型研究では，程度の違いはあれ仮説（理論仮説ないし作業仮説）の検証が課題であり，そのために先行研究のレビューが不可欠である．しかしアクションリサーチでは，当該の課題に関する先行研究の過程と結果に関する「他のコミュニティへの波及のための要件」のレビューが不可欠になる．ところが，まだ先行のアクションリサーチが少ないわが国の現状では，そうした先行研究を見出すことが難しく，海外の先行研究に頼らざるをえない．しかし，本書で焦点を当てているわが国のコミュニティにおける高齢社会の課題に類似のものに関する海外の先行研究を見出すことも容易ではないだろう．このことは，現状でのわが国のアクションリサーチ論文の審査・評価において十分配慮されるとともに，今後精力的な研究の積み重ねが課題であることを共通認識する必要があろう．

第2には，図1-2に示した研究プロセスの段階的・継続的な記述と分析が基本になるので，広い意味での質的研究法の適用が必要である．とくに，研究プロセスの②「解決策のための計画と体制づくり」，および③「計画に即した解決策の実行」は，アクションリサーチの中核部分であり従来型研究にはない．実証・実験研究でもさまざまな質的研究法が開発・活用されているが，E・T・ストリンガー（2012）によれば，アクションリサーチでの「質的チェック」とは，「それぞれのステークホルダーが，コミュニティを基盤にしたプロセスと一致する方法で（課題解決策を）実行する必要性に気づくことであり」，「誇り」，「尊厳」，「アイデンティティ」，「統制」，「責任」，「一体性」などの感情を高めるような，協働的な計画づくりと解決策の実行の基盤にあるものである．すなわち，実証・実験研究におけるような量的方法に対する質的方法といったレベルを超えたものと言える．そこでこうした「質的チェック」を基盤に，詳細な観察や記述などの質的研究法[14]を信頼性と妥当性を確保しつつ開発することが大きな課題である．

第3には，研究プロセス④の「解決策実行の過程と結果の評価」，および「研究成果の他のコミュニティへの波及のための要件の設定」では，

14)
質的研究法
「COLUMN3 活動のプロセスを記述する手法」に，JST社会技術研究開発センターが開発した事例を紹介している．

研究結果の「一般化」が目標ではないこととステークホルダー間の協働が不可欠であることから，アクションリサーチに適した科学的方法を開発・活用することが大きな課題になる．この点については，第4章で詳しく説明する．

また，先に述べたように，心身機能や活動に関した個々人の変化は，従来型の量的・質的研究法が活用できるが，たとえばコミュニティにおける住民やさまざまなステークホルダーの間の関係の変化ないしコミュニティ自体の変化を把握する方法は，欧米での先行研究でもまだほとんど開発されていない大きな課題である．この点についても，第4章において，社会技術研究開発センター（RISTEX）の「コミュニティで創る新しい高齢社会のデザイン」研究開発領域のプロジェクトで試行された方法の紹介を通して検討したい．

第4には，主として研究者が当該研究の推進者として，研究推進の方法・技術を備える必要があるという点である．本章1節で述べたように，たとえば，多様なステークホルダー間の協働を促進するためのコミュニケーション（Carpenter 2013）の方法や，研究プロセス全体を推進するためのマネジメント（Shani 2012）の方法を開発・体得することなどである．

3）アクションリサーチの研究方法における信頼性と妥当性

実証・実験研究など従来型の研究の科学性を担保する重要な基準に，「信頼性と妥当性[15]」がある．量的研究法では，いずれについても共通した明確な意味づけとその検証方法があるが，質的研究法では必ずしもそうではなく，研究分野や研究者によってかなり異なる．L・リチャーズ（2009）は，「実証主義に対してあまりにも否定的な立場でいると，かえって自らの質的研究を受け入れてもらえないような状況を引き起こしてしまう」として，「トライアンギュレーション法[16]（triangulation）」（Rubin & Babbie 2008）および研究に参加するステークホルダーのチェックによる信頼性・妥当性の確保を提唱している．

アクションリサーチの研究方法における信頼性と妥当性については，わが国の先行研究ではまだほとんど検討されておらず，欧米の先行研究でも十分とは言えない．ただ上述したとおり，アクションリサーチでも従来型の研究と同様の量的・質的研究法を用いる部分については，従来型研究での信頼性・妥当性の意味と検証方法が用いられる必要がある．実際，欧米の先行研究で心理テストなどを用いるアクションリサーチでは，従来型の研究における測定尺度の妥当性・信頼性が検討されている（Yozbatiran 2008）．また，第4章で取り上げるフォーカスグループ・インタビューによるデータ収集と分析[17]において，最低2～3人の研

15）
信頼性と妥当性
いずれも主に測定尺度の科学的精度の基準となるもの．従来型の実証研究では，信頼性とは，測定が安定していて正確であるかを意味し，その推計法には再テスト法や内的一貫性を測るクロンバック・アルファ係数などがある．
一方，妥当性とは，その尺度が測定すべき概念や理論を測定しているかを意味し，その種類には，内容的妥当性，基準関連妥当性，構成概念妥当性等があり，検証法には外的基準変数との相関係数や因子分析法などがある．

究メンバーによる面接時の記録・観察およびコード化・カテゴリー化によって，あるいは参与観察などを記録するフィールドノートの研究参加者間での相互確認などによって，データの信頼性と妥当性を確保することが求められる．

　一方，アクションリサーチに独自の研究方法を用いる場合には，従来型研究とは異なった信頼性と妥当性の検討が必要だろう．本節1で紹介したように，Lincoln & Guba（1985）は，信頼性について，量的研究法で用いられるreliabilityに代えてtrustworthinesss（信用性）という用語を用い，アクションリサーチを含む質的研究法における信用性を評価するための基準を4つ提示している．まず前述の1.波及可能性（transferability），2.信憑性（credibility）：研究結果が現実にどの程度適合するか，3.頼れる一貫性（dependability）：研究結果を一貫して繰り返すことができるか，4.確証性（confirmability）：研究結果が研究者のバイアスによってではなく広範な研究参加者の観点から形成されているか．

　妥当性については，Herr & Anderson（2005）が，次の4つの基準を提示している．1.アウトカム（outcome）妥当性：アクションが研究の課題である問題の解決に導いた程度，2.プロセス（process）妥当性：研究課題である問題が，個人やシステムの取り組みを前進させる形で捉えられて解決された程度，3.民主的（democratic）妥当性：研究課題である問題に関わるすべてのステークホルダーとの協働によって研究が遂行された程度，4.触媒的（catalytic）妥当性：研究プロセスが研究参加者に現実を変換させるパワーを持たせた程度．この他にも，課題解決のためのアクションの正当性（justification）という基準を提案して，妥当性との違いを対照比較する試み（Helskog 2014）や，妥当性を高めるために「多くの専門分野に共通した多くのレベルで（trans-disciplinary, multilevel）取り組む」アクションリサーチの提案もある（Christens 2008）．

　要するに，アクションリサーチにおける信頼性（ないし信用性）と妥当性は，従来型研究におけるそれとは違っているが，研究の科学性を確保するための基準であることは確かである．

　上述のアクションリサーチにおける信頼性，妥当性の評価基準などは，いずれについても，実証研究での量的研究法のように，それらを検証するための具体的な方法がまだ示されていないので，今後はそうした検証方法の開発が課題である．

16）
トライアンギュレーション法
データの収集と分析の信頼性を高めるために，1つの研究において複数の異なるデータ収集法と分析法を用いる研究法のことである．たとえば，①対照的に異なる理論的志向を持つ複数の研究仲間によってデータの分析を行う，②2つ以上の異なる質的研究法ないし量的研究法を用いてデータの収集と分析を行う，③同一の事柄について2つ以上の異なるデータ源ないしデータ収集法を用いる，などの方法がある．最近では，この方法をさらに進めた「混合研究法」（量的研究法と質的研究法を研究のどの部分にどういう目的で組み合わせて用いるかを明確にした研究法）が開発されている．

17）
フォーカスグループ・インタビューによるデータ収集と分析
第4章4節**4**を参照

ま と め

第1章 高齢社会のコミュニティにおけるアクションリサーチとは何か

1　本書におけるアクションリサーチの目的は，高齢社会における特定のコミュニティが抱える課題の解決策を見出すことである．したがって，一般に実証・実験科学が否定する価値判断を，コミュニティ・レベルにおいて伴う．

2　研究の担い手は，研究者とともにコミュニティでの多様なステークホルダーであり，したがって本書では，多様なアクションリサーチの中でもその主流となっている「参加型アクションリサーチ」が採用される．コミュニティでのステークホルダーには，住民，自治体，医療福祉機関・団体・施設，事業者などがある．

3　研究参加のステークホルダーは，相互に教え，教えられる関係で，お互いの立場や考え方の違いを尊重しあって研究を遂行するという意味で，研究運営は協働的であり，それぞれに相応しい役割が求められる．

4　アクションリサーチには複数の系譜が存在する．クルト・レヴィンを源流として発展した「労働の場」の系譜，そのほかに教師たちによる「教育の場」の系譜，医療・看護などの「臨床の場」の系譜，発展途上地域のコミュニティ活動における参加的研究を起源とする「コミュニティ」の系譜がみられる．

5　科学技術振興機構（JST）社会技術研究開発センター（RISTEX）の研究開発領域「コミュニティで創る新しい高齢社会のデザイン」では，「コミュニティ」の系譜を踏まえながらも，アクションリサーチを社会技術としてとらえる独自の試みを行ってきた．

6　アクションリサーチの立場や研究分野は多様である．研究者だけではなく，現場で実践者や対象者と協働で生み出される知は，きわめて多様な形で創造される．また，現実社会でさまざまな課題が発生しているため，多くの研究分野でその解決が迫られている．

7　アクションリサーチの研究プロセスや研究方法も多様であった．これまでの研究事例では，研究プロセスの段階の組み立て方が異なっており，その違いが研究プロセスの多様性を生み出してきた．また研究方法をみても，過去の事例では質的研究や量的研究の方法が臨機応変に適用され，その多様性を生み出してきたといえよう．

8　本書でのアクションリサーチの研究プロセスは，図1-2に示した4つの段階からなる．これは，PDCAサイクルに類似するものであるが，次の点で異なっている．第1にPlan（計画）を①「特定コミュニティで解決を要する課題の発見と分析」および②「解決のための方策の計画と体制づくり」に分けている点，第2にAct（改善）は次の新しいサイクルのPlanに含めている点，第3に4つの段階とは別に，「研究成果の他のコミュニティへの波

及のための要件の設定」を設けている点である．

9 　研究方法としては，従来型研究での量的・質的研究法は，アクションリサーチでも用いられる．たとえば，研究プロセスの①「特定コミュニティで解決を要する課題の発見と分析」における量的分析法と事例分析法，④「解決策実行の過程と結果の評価」における個々人の心身機能や活動の変化などを評価する統計解析法では，「結果の一般化」のための従来型の実証的研究法が適用できる．

10 　アクションリサーチに独自の研究方法を開発・活用する必要があるのは，主に次の点である．1つは4段階の研究プロセスの段階的・継続的な記述と分析が基本になるので，広い意味での質的研究法の適用が必要である．とくに，研究プロセスの②「解決のための方策の計画と体制づくり」，および③「計画に即した解決策の実行」は，アクションリサーチの中核部分であり，そのための研究方法の開発が不可欠である．いま1つは，研究プロセスの④「解決策実行の過程と結果の評価」，および「研究成果の他のコミュニティへの波及のための要件の設定」では，研究結果の「一般化」が目標ではないこととステークホルダー間の協働が不可欠なため，アクションリサーチに適した科学的方法を開発・活用することが大きな課題になる．

11 　アクションリサーチの研究方法における信頼性（ないし信用性）と妥当性については，欧米の先行研究でもまだ十分検討されていないが，アクションリサーチに独自の信頼性（信用性）と妥当性を評価する基準を提示した研究もあるので，それらを検証する具体的方法の開発などによって，従来型研究とは異なった信頼性と妥当性を高める必要がある．

COLUMN ❸

活動のプロセスを記述する手法

長島洋介

　コミュニティにおけるアクションリサーチでは，様々なアクションと同時にリアクション(同意，反発，感嘆，落胆，提案等)が生じるが，それらのプロセスを詳細に記述するとデータは膨大となる．そこで，重要な部分を整理し提示することが，活動プロセスを有効に伝え，共有し，振り返るうえで重要となる．

プロセス記載用フォーマット

　JST社会技術研究開発センター(RISTEX)「コミュニティで創る新しい高齢社会のデザイン」研究開発領域において，「地域で起こしたアクション」および「地域からのリアクション」に関して，地域で生じた出来事を時系列的にまとめられるようにしたフォーマット(図1)を試作した．加えて，当初の目標とフォーマット記載時点の状況を整理・比較することで，自己評価を促すことができるようにしている．アクションの経過をまとめ，ステークホルダーを交え振り返ることで，次の計画の検討につなげる材料とすることも可能だろう．

情報整理用フォーマット

　コミュニティにおけるアクションリサーチでは，一地域での活動を他地域へと波及することも目標の一

図1 プロセス記載用フォーマット

```
当初目標 ○○○○○                 特徴          [意識する点]
                                 :           ・「何を」「何のために」示すか
                                 :           ・他で役に立つ情報
前史                                          ・取り組みの根拠となる情報
20--.10                                      ・地域特性の影響が読み取れる情報 等
        ┌──[取り組み❶]
        │  この四角の中に取組み
        │  内容を記載
   地域からのリアクション
   見えてきた課題／生じた課題         インパクトを踏まえた
   地域で生じた出来事              「地域での動向」を各種記載
        ┌──[取り組み❷]
        │  この四角の中に取組み        理由・根拠
        │  内容を記載               :
                                  :
   地域からのリアクション            修正・追加などを含めて記載
   見えてきた課題／生じた課題
   地域で生じた出来事
        ┌──[取り組み❸]
        │  この四角の中に取組み        理由・根拠
        │  内容を記載               :
                                  :
   地域からのリアクション
   見えてきた課題／生じた課題         その他，プロセスにおいて
   地域で生じた出来事              「取り上げたいこと」を自由に挿入
20--.9    [今後の展開(予定・計画)]

        ┌─────────────────────────┐
        │  現時点での課題解決状況(自己評価)   │
        └─────────────────────────┘
        ・当初の目標との比較   ・計画の修正の妥当性
        ・修正後の目標との比較 ・インパクト評価
```

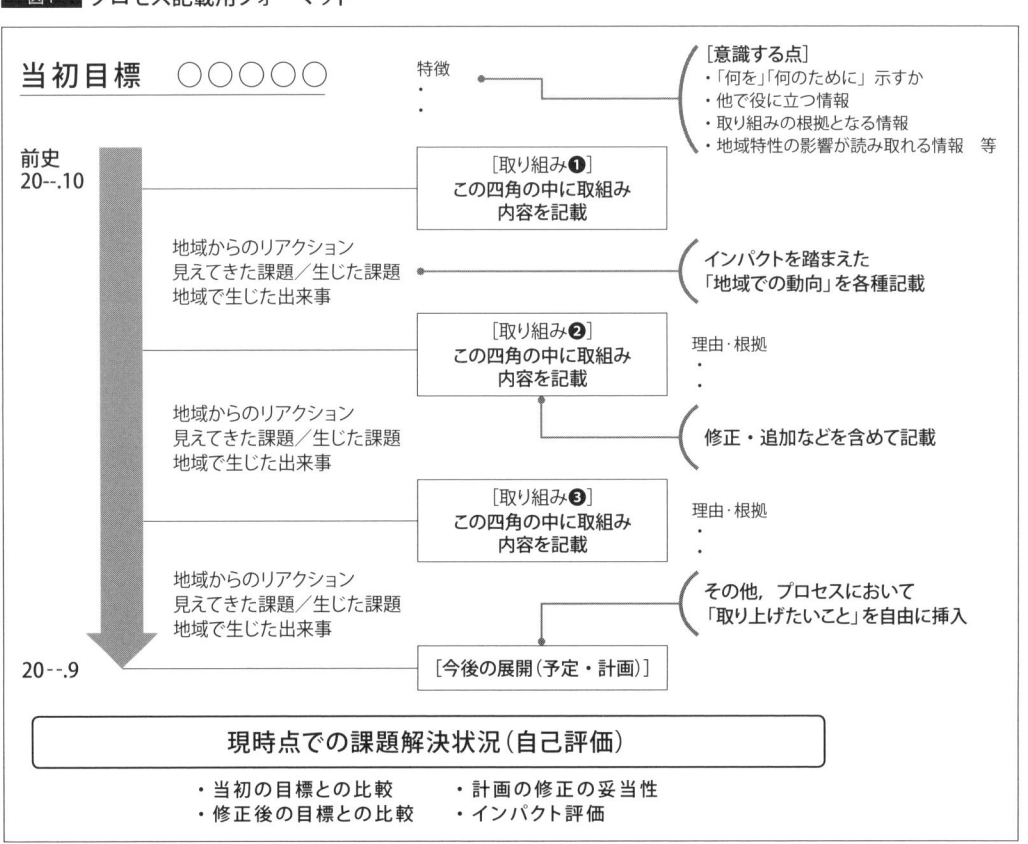

COLUMN ❸

つとして取り上げている．課題と開発した活動内容だけではなく，実際の活動プロセスの中で生じた個別具体的な問題とそれへの対処についても，他地域での展開を円滑にするノウハウとして重要な情報になると考えられる．

そこで先駆者としての活動経験を伝えるフォーマットとして，RISTEXで作成したものが「情報整理用フォーマット」（図2）となる．このフォーマット項目は，アクションそのものの流れに沿って構成されているため，第1章4節で提示した「コミュニティにおけるアクションリサーチの研究プロセス」と若干異なることを留意されたい（0 地域背景，I 創生段階，II 介入準備段階，III 介入活動段階，IV 自立段階）．
「情報整理用フォーマット」に関する詳しい内容，活用方法は「コミュニティで創る新しい高齢社会のデザイン」ホームページ上を参照いただきたい（http://www.ristex.jp/korei/07output/format.html）．

図2　情報整理用フォーマット

0【地域背景】企画策定に至る経緯（歴史的背景含む）と地域資源			
A	地域背景	① 企画策定に至る経緯 ② 地域資源	企画策定に至るまでの経緯・地域との関係 特徴的資源の存在と，その利活用方法
I【創成段階】プロジェクトの開始に関わる企画策定と，コアの体制づくり			
B	企画策定	① 課題設定および解決策構想の背景 ② 対象地域の絞り込み ③ 事前調査	設定・構想の具体的な背景 対象地域の絞り込み手順 事前に入手した情報（先行研究・公表情報等）
C	コア体制づくり	① コア体制構築と組織体制 ② 協力関係づくり ③ 活動方法 ④ 記録体制 ⑤ 連絡方法	コアメンバーの選定，組織の位置づけ等 協力的な関係者の発見・関係構築の手法 組織活動をどのように進めたか（打合せの頻度や方法等） 各フィールドでの変化・進捗等の記録・伝達方法 メンバー間の連絡方法・情報共有の方法
D	予算の実践的利活用	① 配分方法，使途 ② 所属機関との折衝	配分方法・使途への工夫
II【介入準備段階】具現化に必要な実施主体の発掘・地域との関係づくり			
E	関与者との関係構築	① 国・都道府県 ② 市区町村 ③ 地域の団体	担当者の接触・協力を取り付けるまで 担当者の接触・協力を取り付けるまで 企業・NPO・大学等の接触・協力を取り付けるまで
F	地域介入準備	① 了解取り付け活動 ② 地域住民への説明と募集・啓発方法	事前に行った対象地域の了解取り付け手法
III【介入・活動段階】地域との信頼関係づくりと活動の実践			
G	地域介入（参加・協働），各グループまたは地域の状況概要	Aグループ／A地域での取り組み（複数グループ／地域がある場合，各々記載する） ① 当該グループ・地域で行った活動，および現在の状況 ② 取り組みの過程で生じた課題と解決プロセス	
IV【自立段階】事業の自立化，普及に向けた施策			
H	広報活動		研究会・学会での発表・記事掲載・取材・著書刊行等
I	成果の実装と普及	① 事業の独立 ② 法制度化 ③ 行政事業 ④ ビジネスモデル	1.事業の独立・引き継ぎ方法　2.事後のサポート予定 成果の法制度への反映／反映予定 成果の行政事業への反映／反映予定 「事業化」のためのビジネスモデルの構築

第2章

高齢社会のコミュニティにおける課題の発見,解決のための準備

1節　課題を発見する
2節　コミュニティでのアクションリサーチに取りかかる前に
3節　研究体制の構築
4節　研究計画を立てる

まとめ

袖井孝子

1節 課題を発見する

❶ コミュニティにおけるアクションリサーチの狙い

　第1章で明らかなように，今日，アクションリサーチは，さまざまな領域において活用されている．とりわけ，教育，医療，福祉，看護などの現場において，サービス提供者やサービス利用者が直面する課題を解決するうえでかなりの有効性を発揮している．課題解決に向けての接近方法は，領域により，課題により，そして参加者により多彩である．

　本書では，これまでにも述べられているように，コミュニティにおける参加型のアクションリサーチに焦点を絞ることにする．コミュニティにおける参加型のアクションリサーチとは，研究者と住民との協働を通して，地域住民が抱える課題を解決し，より望ましい状況を実現するために，何らかの介入を行う探索的プロセスを指す．ただし，この介入は何らかの権威や専門的知識を用いて上から押し付けるのではなく，あくまでも住民による理解と合意に基づくものである．

　アクションリサーチの目的は，コミュニティの変革を通して，住民の福祉やQOL（Quality of Life, 生活の質）を向上させ，住民自身のエンパワメントを図ることにあるが，課題解決に向けてのプロセスを通して，研究者自身の意識改革とエンパワメントが図られる点にも注目すべきだろう．

　コミュニティにおけるアクションリサーチについては，町おこし・村おこしとどう違うのか，国や自治体によるモデル事業とどう違うのか，従来の事例調査とどう違うのかという疑問が呈されることがある．たしかに社会学の調査研究には，特定地域における住民の活動や運動を取り上げ，その動機づけ，運動の発展過程，集団内や集団間の葛藤，住民の意識変化などを調査し分析し，社会運動論や組織論につなげるものも少なくない．しかし，それらは，住民の自発的な活動や運動を，いわば後追い的に研究者が研究対象として取り上げるものが大部分である．それに対して，アクションリサーチでは，より良い状況を実現するために，意図的にコミュニティに介入する社会実験であり，研究者は後追いではなく，むしろ先導的な役割を果たすことがその特徴である．

　行政主導あるいは住民が主体となって行う町おこし・村おこしにおいては，住民や関連団体との協働作業を通じて，地域社会の改良が目指さ

れるという点で，アクションリサーチと一部は共通する．しかし，町おこしや村おこしは実践（アクション）ではあるが，リサーチ（研究）ではない．計画書や会議の議事録が作成されるのが普通だが，それは単なる記録であって，分析や考察のための資料として系統的に作成されるわけではない．

　国や自治体によるモデル事業では，住民の生活改善を図るために，大学や研究機関に委託をすることが珍しくはない．望ましい状況を創り出すために，コミュニティに働きかけるという点では，アクションリサーチにも共通するものである．しかし，モデル事業においては，国や自治体が主体になって目標や方針を決定するのであり，必ずしも住民が対等な立場でプロジェクトに参加できるわけではない．それに対して，アクションリサーチでは，住民が研究者や行政と対等の立場でプロジェクトに参加し，その推進を担うという点で，モデル事業とは異なるものである．

　アクションリサーチでは，特定のコミュニティを対象に質的調査方法が用いられることが多く，手法としては，従来の事例調査と共通する面が少なくない．しかし，一定の価値観に基づいてコミュニティの改善ないし変革を狙うという実践（アクション）を伴う点では，客観性，価値中立性，普遍性，一般化を狙う，従来の実証的研究とは一線を画するものである．

　アクションリサーチの研究プロセスについて，Lewin（1946/1971）は，①計画(planning)②実施(action)③偵察(reconnaissance)または事実発見(fact-finding)という3要素が，途切れることなく繰り返され，循環するとみなしている．また，Carr & Kemmis(1986)は，①計画(planning)②実施(action)③観察(observation)，④内省または振り返り(reflection)⑤再計画(re-planning)が繰り返される循環プロセスであると述べている．他方，Stringer（2007/2012）によると，アクションリサーチとは，①見る(look. 適切な情報を集め，見取り図を作成する)，②考える(think. 何が起きているのかを探究し分析し，解釈し，説明する)，③行動する(act. 計画し，持続可能な解決方法を講じ，評価する)の3要素が繰り返される循環プロセスである．言い換えれば，アクションリサーチにおいては，当初に立てた計画は，固定的なものではなく，途中段階において何度も見直され修正されるのである．

　第1章に述べられているように，本書ではアクションリサーチの研究プロセス[1]を①特定コミュニティで解決を要する課題の発見と分析(Plan-1)，②解決のための方策の計画と体制づくり(Plan-2)，③計画に即した解決策の実行(Do)，④解決策実行の過程と結果の評価(Check)の4段階としてとらえ，それぞれの段階ごとで修正，見直しを図るスパイラルな循環過程をたどる．それらの成果を踏まえて，「研究成果の他

1)
アクションリサーチの研究プロセス
第1章4節❶を参照

のコミュニティへの波及のための要件の設定」(Transferability) が行われる．

本章では，①課題の発見と分析，②計画と体制づくりを扱い，③の実行については第3章で，④の結果の評価と波及のための要件の設定については第4章で取り上げる．計画立案までの段階における必要な事項として，1. 課題の発見，2. 課題解決のための方策の検討，3. 課題解決に向けての研究体制の構築，4. 研究計画の立案について述べることにする．

2 課題発見者は誰か

コミュニティにおける参加型アクションリサーチのうち，本書では迫りくる超高齢社会を見据えて，その課題解決に焦点化したいと考えている．よく知られているように，現在の日本では4人に1人が65歳以上だが，2060年にはその比率が4割に達すると推計されている（国立社会保障・人口問題研究所「日本の将来推計人口」2012年1月）．地域によっては，すでに半世紀後を先取りしているところも少なくない．現在は，地方の過疎高齢化が注目されているが，将来，都市部における高齢化が進行すると予測されており，都市農村を問わず，高齢化に伴うコミュニティの変容にどう対処するかが大きな課題になっている．

年を重ねるにつれて，心身機能が低下し，他者からの支援を必要とするようになるのが一般的な傾向である．しかし，機能によってはかなり遅くまで保たれるものもある．加齢に伴う変化には個人差が大きく，高齢になってもかなり高度な心身機能を保持し，活発に社会に参加し続ける人も少なくない．言い換えれば，高齢者は多様であり，サービスの受け手であるだけでなく，サービスの提供者として社会的にその能力を活用することも可能である．

高齢社会におけるコミュニティが直面する問題としては，移動・交通，就労，まちづくり・住環境，社会参加，生涯学習，世代間交流，生きがい，孤立・孤独，医療・介護，認知症，自殺，犯罪など多様な問題があげられる．こうした問題を解決することによって，高齢者だけでなく，すべての人が世代やジェンダーや障害の有無などの差違を超えて，充実した生活を送ることができるのである．

アクションリサーチにおいて，誰がその課題を発見するのかに，まず注目したい．課題を発見するのは，当然，研究者だと思うのが普通だろう．従来の実証研究においては，先行研究から導き出された命題に基づいて仮説が設定され，無作為抽出された調査対象者から得られた調査結果を分析することで仮説の検証が行われ，法則性の発見や一般化が図られる．しかし，アクションリサーチにおいては，必ずしも研究者が課題

の第一発見者になるとはかぎらない．

　コミュニティが直面する課題の発見者としては，①研究者，②住民，③行政の三者があげられる．ここでは，社会技術研究開発センター（RISTEX）の研究開発領域「コミュニティで創る新しい高齢社会のデザイン」に採択されたプロジェクトのいくつかを引用しつつ，誰がどのようにして課題を発見し，アクションリサーチに至ったのかを紹介したい．なお，それぞれのプロジェクトの詳細については，巻末に掲載[2]するので参照してほしい．ここでは，研究体制の構築に至る準備段階について述べることにする．

1) 研究者による課題発見

　まず，研究者が課題発見者であるケースについてみると，研究者自身の抱く問題意識や先行研究に基づいて，課題が抽出され，その課題にもっともふさわしいフィールドとして特定のコミュニティが選定される．その後，行政，関連団体，住民などに対して，研究の目的や方法の説明が行われ，説明に対する理解と同意に基づいて，彼らからの協力が得られ，アクションリサーチが開始される．こうしたプロセスは，コミュニティを対象とする実証研究にも共通するものである．しかし大きな違いは，実証研究では，住民はあくまでも調査される客体であり，行政や関連団体は調査研究にとっての支援者にすぎない．主たる目的は，対象となったコミュニティの実態把握であって，コミュニティそのものを変えることではない．それに対して，アクションリサーチでは，行政，関連団体，住民などは研究者と対等の立場に立って，当該コミュニティをより良い状態に変えていくための社会実験を行う．

　RISTEXの「セカンドライフの就労モデル開発研究」[3]（平成22年度採択，代表 辻哲夫・東京大学高齢社会総合研究機構特任教授）の狙いは，定年退職後，生きがいを喪失し孤立しがちな都市サラリーマンに対して，「生きがい就労」の場を創出することである．このプロジェクトの目的は，人生90年時代のセカンドライフの新しい生き方を個人に対して提供することであり，さらに高齢者が働くことで高齢化に伴い停滞しがちな地域社会を活性化させるという２つの課題を解決することにある．こうした目的を達成するために，都心に通うサラリーマンが多数暮らし，近年，高齢化が急速に進行している都市近郊地域である千葉県柏市が選択された．このプロジェクトでは，あらかじめ研究者の側で設定した「農業」「食」「（多世代に対する）支援」の中から，①休耕地を利用した都市型農業事業，②空きスペースを利用したミニ野菜工場，③団地屋上を利用した屋上農園事業，④コミュニ

[2)]
巻末に掲載
「付録１　JST社会技術研究開発センターのプロジェクト」を参照

[3)]
「セカンドライフの就労モデル開発研究」
「付録１」２節❷を参照

ティ食堂事業，⑤移動販売・配食事業，⑥保育サービス事業，⑦生活支援事業の7事業が住民に提案され，住民の意向を尊重しつつ，柏市役所保健福祉部，都市再生機構（UR都市機構）4)，食関係・農業関係事業者，住民などさまざまなステークホルダーとの協働のもとに社会実験を行った．

2）住民による課題発見

住民が課題発見者の場合，日々の生活の中で直面する困難や課題の解決を望む声が，ある程度組織化されて，行政への要望書の提出につながり，行政が研究者に委託するケースと問題に直面した住民組織が直接，研究者に課題解決策を求めるケースとがある．

RISTEXの「広域避難者による多居住・分散型ネットワーク・コミュニティの形成」5)（平成24年度採択，代表 佐藤滋・早稲田大学教授）では，東京電力福島第1原子力発電所事故によって，強制的に広範囲にわたる仮設住宅や借り上げ住宅に分散させられた浪江町の人びとを結びつける「ネットワーク・コミュニティ」の創出が狙いである．このプロジェクトのきっかけとなったのは，原発事故以前から，福島県二本松市において地元NPOの依頼でまちづくり事業に従事していた早稲田大学グループに対して，二本松市に避難してきた浪江町住民（まちづくりNPO新町なみえ）からの働きかけによるものである．大学，NPO，そして仮設やみなし仮設に暮らす浪江町の人びととの協働によって，分散して暮らす人びとをつなぐための移動手段の開発や帰還困難地域に指定された浪江町の今後のコミュニティのあり方についての合意形成が図られるのである．

3）行政による課題発見

行政が住民のニーズを先取りして，研究者に意見を求め，調査研究を委託する場合もある．最近では，各省庁や自治体がいくつかの課題を提示してひろく呼びかけ，研究者が公募に応ずるというケースもみられる．行政が課題発見者である場合，とかく行政主導に陥りやすく，研究者や住民を対等の立場で，プロジェクトに組み入れることは難しい．行政委託の場合には，対象となる地域が予め決められており，短期間で結果を出すことが求められることが多く，長期間を必要とするアクションリサーチを行うにはかなりの制約がある．もちろん，行政委託の場合でも，行政内部に理解者が存在し，協力が得られる場合には，研究者と歩調を合わせて社会実験に取り組む可能性もある．

---

4) **都市再生機構（UR都市機構）**
大都市や地方中核都市における市街地の整備やUR賃貸住宅（旧住宅公団）の管理などを目的とする国土交通省所管の独立行政法人．かつては多摩ニュータウン，港北ニュータウン，筑波学園都市のような大規模開発が行われたが，近年，新規開発は中止され，昭和30〜40年代に建てられた団地の再生事業が行われている．RISTEXの「セカンドライフの就労モデル開発研究」の対象地である柏市の豊四季台団地では，再開発事業が展開されている．

5) **「広域避難者による多居住・分散型ネットワーク・コミュニティの形成」**
「付録1」2節 6 を参照

4）研究者・住民・行政の協働による課題発見

言うまでもなく，研究者，住民，行政という分け方は，あくまでも便宜的なものであり，必ずしも相互排除するものではない．

RISTEXの「高齢者の営農を支える「らくらく農法」の開発」[6]（平成23年度採択，代表 寺岡伸悟・奈良女子大学教授）では，高齢化と地域の衰退に強い危機感を抱いていた奈良県下市町栃原地区のリーダーが，しばしば奈良県果樹振興センター（奈良県農業総合センター[7]の一機関）に相談を持ちかけていたこと，営農技術の開発による農家収入の増加を狙う奈良県農業総合センターがかねてより大学研究者に協力を求めていたこと，三晃精機株式会社が傾斜地でも使える小型電動運搬車の開発を試みていたことなどがプロジェクトを立ち上げる契機となった．すなわち，研究者，住民，行政，民間企業が一体となって，高齢化する柿農家の作業負担の軽減と営農の継続という課題解決に向けての協働作業が開始された．

3 どのようにして課題を発見するのか

1）文献研究

課題発見とその後の研究遂行のためには，文献研究が不可欠である．2000年以降，アメリカではアクションリサーチに関する文献が飛躍的に増大しているが，わが国におけるアクションリサーチに関する文献はきわめて少ない．その多くは，比較的成果の見えやすい教育や看護の領域に関するものが多く，教室や病棟における介入を通じて，生徒の成績がいかに向上したか，あるいは病棟における看護師の就労意欲がいかに改善されたかが明らかにされている．残念ながら，コミュニティを対象とするアクションリサーチは，いまのところきわめて少なく，第3章で紹介されている首都圏における高齢者の社会参加促進を狙いとする芳賀博の研究[8]および農村における初期認知症患者と家族のエンパワメントを狙いとする野村美千江（2009）の研究がみられる程度である．

新たに対象地域を選定する場合と事前に対象地域が決まっている場合のいずれについても，アクションリサーチを開始する前に，地域についての情報を収集することが不可欠である．項目としては，気候風土，歴史，人口変動，経済，伝統，文化，慣習，政治，集団・組織などがあげられる．一般に，社会科学的研究では，気候条件はあまり注目されない傾向にあるが，一年中温暖な気候に恵まれた地域と年間3，4カ月は雪に覆われる地域とでは，人びとの生活習慣やものの考え方がまったく違っている．また，頻繁に台風に見舞われる地域とそうしたことのほとん

---

[6]
「高齢者の営農を支える「らくらく農法」の開発」
「付録1」2節 5 を参照

[7]
奈良県果樹新興センター，奈良県農業総合センター
現在はそれぞれ，奈良県果樹・薬草研究センター，奈良県農業開発研究センターと改称．

[8]
芳賀博の研究
第3章4節を参照

どない地域では，人生観や生活観も異なるだろう．

　地域特性を把握するうえで，歴史や文化に注目することも欠かせない．頻繁に市町村合併が繰り返された結果，行政上は一つの自治体にまとめあげられているが，旧来の地域区分が強固に残存している例は珍しくない．とりわけ外部から新たに参入する研究者には，同一市町村であるにもかかわらず，住民間の対立の激しさに驚かされることがある．一般に，選挙の際には，そうした対立が顕在化しやすい．地域のポリティックスを知ることも重要だろう．

　地域社会の特性を把握するには，郷土史，公文書，広報誌，各種団体が発行する機関誌などが参考になる．各自治体が持つ総合計画には，自治体がかかえる諸問題とその背景，およびそれらの問題への対応策が示されており，コミュニティの過去・現在・将来を展望するうえで大いに役立つ．文献研究を通して，その地域がかかえる問題や解決を必要とする課題が浮かび上がる．

2）事前調査

　文献研究に基づいて課題が明らかにされ，そのためにもっともふさわしいと思われる地域や対象者が選定される．その地域が最適と思われるとしても，アクションリサーチが実行に移される前に，住民の受け入れ態勢はどの程度あるのか，協力者を見つけることは可能なのか，行政の協力は得られるのかなどに関する情報を集めなければならない．そのためには，地域におけるキーパーソンや行政担当者から，まず話を聞くのがよいだろう．地域のキーパーソンとしては，自治会・町内会長，老人会・婦人会会長，商工会会長，小中学校校長，PTAの役員，NPO代表などが考えられる．

　彼らから情報を得るためには，何よりも傾聴を心がけねばならない．Chambers（Reason & Bradbury 2008, pp.297-31）のあげる参加型アクションリサーチを実施する際の注意事項は，コミュニティの人びとと知り合ううえでも大いに参考になるだろう．以下にその項目をあげる．

　① 誠実で率直な態度
　② 人びとのもつ可能性への信頼
　③ 物事の捉え方を自省する
　④ 人びとの現状，優先順位，どのような助言を求めているか
　⑤ 我慢強く，時間をかける
　⑥ 場を支配しない
　⑦ 講義したり，批判したり，説教するのは禁物である
　⑧ うまくいかないことから学ぶ

⑨（必要に応じて）チョークやペンなどを渡して書いてもらう
⑩ 自分の行為に対して責任をもつ
⑪ 沈黙を守る．静寂を受け入れ，我慢する

　どのようにしてキーパーソンの協力を取り付けられるのかによって，その後の展開が左右される．キーパーソンの多くは高齢者であり，彼らに胸襟を開かせ，良好な協力関係を構築するためにも，研究者には，開放的な人柄とコミュニケーション能力が求められる．
　参与観察は，コミュニティにおける人間関係や力関係を知るうえで，かなり有効である．自治会・町内会，老人会，婦人会，商工会などの会合に参加することで，メンバーの間の友好関係や対立関係，あるいは力関係を，ある程度まで把握することができ，今後の研究を進めるうえで参考になるだろう．ただし，研究者が同席することで場の雰囲気が通常とは変わってしまい，タテマエ的な意見しか出ないこともあり得る．会合に参加する以前に，メンバーたちと良好な人間関係を築いておくことが望ましい．
　グループインタビューには，発言力のある人が全体を仕切ってしまうという短所がある半面，他者の意見を聞くことで，それまで気付かなかった問題を発見できるという長所もある．参加者が自由に意見交換でき，コミュニティがかかえる問題に気付くことができるよう，研究者には，できるだけ多くの人が集まりやすい時間と場所の設定，雰囲気づくり，議論を盛んにするような刺激，議論が横道にそれた場合の軌道修正などが求められる．
　行政の担当者は，自治体によってその名称は異なるが，コミュニティにおける高齢者の生活改善を狙うとしたら，高齢福祉課，高齢サービス課，地域振興課，都市整備課などが考えられる．行政担当者については，直接，訪問して，どこが最適の部署なのかを確かめるのがいいだろう．研究者に対する住民の警戒心を解き，研究への参加意欲を引き出すためにも，行政の理解と協力は欠かせない．
　キーパーソンに対するヒアリングやグループインタビューに加えて，住民を対象とする面接調査や自記式のアンケート調査が行われる．対象数が，それ程多くない場合には，面接調査が望ましいが，対象が多数にのぼる場合には，自記式調査が行われることが多い．面接調査では，あらかじめ準備した質問項目以外に，自由回答を通して彼らが抱える問題を把握することができる．自記式調査においても，自由回答欄を設けることで，あらかじめ設定された質問項目にはない新たな課題を見出すことができる．自記式調査の短所は，記入漏れや質問に対する誤解が生じやすいことである．また，忙しい人や関心のない人は回答しないために，

一部の住民の意見のみを拾い上げるおそれがある．

　あらゆる調査に共通することだが，研究者自身の価値観や関心事を住民に押し付けるために，誘導的な質問をすることは，絶対に避けなければならない．当たり前のことではあるが，住民自身の態度や意見を捉えるためには，なるべく中立的な質問が望ましく，実現したいと考えている状況やそのための方策について，直接的な質問を投げかけることは避けたほうがよいだろう．たとえば，高齢者の生活の利便性や安全性を増すための手段として，いくつかの方策を示して，その賛否を問うことはかまわないが，研究者が導入しようとする特定の手段についてのみその賛否を問うのは公平性を欠くことになる．

2節 コミュニティでのアクションリサーチに取りかかる前に

　実証的研究に比べて，参加型のアクションリサーチでは，開始から終了までの時間が長く，参加者にはかなりの時間と労力を割くことが求められる．その間，家庭生活や個人の楽しみを犠牲にしなければならないこともあるだろう．時には，参加者間に緊張や葛藤が生ずることもある．（研究者を含めて）参加する人びとに与える影響が，きわめて大きいのがアクションリサーチの特徴である．したがって，研究にとりかかる前に，なぜ自分がアクションリサーチを始めるのかについて，慎重に検討する必要がある．アクションリサーチに取りかかる前に検討すべき「10の注意事項」を以下にあげる．

1 研究の意義はどこにあるのか

　新しい発見をし，既存の学説を否定したり修正したりすることは，研究者の喜びであり生きがいでもある．意義があるからこそ，研究に取り組むのは当然のことといってよい．しかし，コミュニティにおける参加型アクションリサーチでは，研究者にとっての意義よりも，そのコミュニティに暮らす人びとにとっての意義を最優先させなければならない．もちろん，研究を通して新しい発見があり，新たな知の創造や学問研究の展開につながることはありうるし，むしろ望ましいことである．学問上の業績を軽視すべきというわけではないが，実践とその効果により比重がかかっていることを肝に銘じてほしい．

2 なぜアクションリサーチという手法を採るのか

　他の研究方法に比べて，アクションリサーチにはどのような特徴があるのか，実現したいと思っている目標を達成するうえで，アクションリサーチを行うことにはどのようなメリットがあるのか，反対にデメリットがあるとしたら，それは何か．矢守（2010，1-2頁）が指摘するように，「現場の人びとが生身をさらして生活をかけている実践の現場に，それまでそこになかった研究を持ちこむという介入をすることは，大きな弊害を伴いうる」のであり，アクションリサーチには大きな「責任」を伴うことを忘れてはならない．

3 誰にとってのアクションリサーチなのか

　アクションリサーチによって影響を受ける人びとや集団を指してステークホルダーという言葉が使われる．ステークホルダーには，現状が変化することによって，さまざまな変化が生ずる．現状の改善が狙いであるとして，それをもっとも望んでいるのは誰か，状況の変化によってもっとも利益を得るのは誰か，逆に変化することで既得権を失ったり，傷つくのは誰か．コミュニティにおける参加型アクションリサーチの目的は，住民に最善の利益をもたらすことであるが，住民には高齢者，子ども，女性，学生，障害者，サラリーマン，商店主，農民，教育や医療福祉の専門家等など多彩な人びとが含まれる．プロジェクトが集中的に狙っているのは，どの集団か．それぞれの集団にとって，もっとも望ましいのはどんなことなのか．

　ある集団にとって利益をもたらすことが，他集団の利益の拡大につながる場合もあれば，ある集団の利益拡大が他の集団の既得権の侵害につながる場合もある．既得権を失う集団からの理解や協力を得るには，どのような手立てが考えられるのか．

4 アクションリサーチへの参加者は誰か

　参加型アクションリサーチにおいて，すべての住民を巻き込むのが理想的ではあるが，実際には不可能だ．参加者の中には，プロジェクトの掲げる目標を理解し，共鳴して，積極的に協力する人もいれば，あまり理解はしていないが他の人びとに同調して協力する人もいる．さらに，コミュニティへの介入に対して敵意を抱き，あからさまに反対する人もいるだろう．とりわけ研究者が，外部からの参加者である場合には，よそ者への警戒心や敵対心があるのが普通だ．時として，敵対者はアクションリサーチの遂行を直接的または間接的に邪魔をすることもあり得る．コミュニティにおけるこうした微妙な人間関係や力関係を捉えるには，キーパーソンへのヒアリングやグループインタビューがかなり有効である．

　とはいえ，敵対的な集団を排除したままで，アクションリサーチを進めることは望ましくない．まずは協力的な集団から始めて，次第に消極的な集団から敵対的な集団へと参加者の輪を広げ，相互の信頼関係を築くことが必要である．研究者や研究協力者には，自分とは違った意見を受け入れる柔軟性と高いコミュニケーション能力が求められるのである．

5 研究目標に関連する職能集団，専門機関および企業などの協力

　医療・福祉分野における改善を狙うとしたら，社会福祉協議会，医師会，看護協会，NPOやボランティア団体などの協力が欠かせない．関連する団体間には，利害の対立や価値観の相違があるのが普通であり，そうした相違を克服するには，どのような配慮が必要か．新しい機器の導入を図るとしたら，そうした機器の開発や改良を担う企業の協力が不可欠である．アクションリサーチに協力することは，これらの組織にとって利益をもたらす一方で，負担を求めることにもなる．予想される利益や負担には，どのようなものがあるのか．

6 行政の協力を得るには

　コミュニティを基盤とするアクションリサーチにおいては，行政からどれだけ協力が得られるかが鍵となる．2005年の個人情報保護法の施行以来，住民から情報を得たり，住民を対象とする調査を実施することがきわめて難しくなった．行政からの支援なしに，コミュニティにおける調査研究を行うことは，今日，かなり困難である．

　行政にアプローチする場合には，下から行く場合とトップダウン方式とがある．役所と交渉する際には，先例がない，担当部署が違う，書類が不備であるなどの理由で，あちこちをたらい回しされたあげくに却下ということにもなりかねない．トップダウン方式であれば，意外にスムーズにことが運ぶというメリットがある．その半面，トップが交替したり，選挙で首長が落選してしまうと，突然，プロジェクト自体が切られてしまうという恐れもある．上から行くにせよ，下から行くにせよ，その課題の意義を理解してもらうためには，丁寧な説明が不可欠であることは言うまでもない．

7 介入方法の検討

　住民の生活改善やQOLの向上を図るには，さまざまな方法がある．道路，橋，公共施設，公共交通機関といったハード面の改善から，個人の生活習慣や意識の変化といったソフト面の変化まで多彩である．公共施設のバリアフリー化は，高齢者や障害者の生活にとって多大な利益をもたらす．また，個人住宅の改修が，生活の快適性や安全性を増し，ひいては健康状態の改善につながることはよく知られている．

　移動に困難を感じている高齢者に対しては，歩行を補助する機器やニ

ーズに応じて運行するデマンドバス[9]の導入がある．高齢者の心身機能の維持改善のためには，学習や運動の機会を設けるプログラムが各地で実施されている．さまざまな課題解決策のうち，なぜその方法を採用するのか，他の方法に比べてどのような利点があるのか，予想されるマイナスの効果にはどのようなものがあるのか，起こりうるかもしれない危険性などについて慎重に検討しなければならない．

8 アクションリサーチのもたらす効果を住民に伝えるには

　たとえ研究者や行政が，その効果について確信を抱いていたとしても，十分な情報を持っていない住民や関連団体が簡単に受け入れるとは限らない．当該コミュニティにおいてアクションリサーチを行うことの意義，期待される効果，起こりうるかも知れない危険性などについて，包み隠すことなく率直に伝える必要がある．たとえば，新しい機器を導入する場合には，安全性に配慮することはもちろんだが，事故の発生にそなえて事前に情報を伝える一方，傷害保険をかけることが必要である．伝え方については，文書や口頭で個別に伝える方法と集会を開いて伝える方法とがある．個別の伝達方法では，十分に意が伝わらない恐れがあるので，集会を開催し，十分に話し合い，質疑を受けることで理解をより深めることができる．

　意義が伝わったとしても，ただちに参加に結びつくというわけではない．参加意欲を高めるにはどうしたらよいのか，費用が発生する場合にはそれを補填する方法はあるのか，費用負担を受け入れてもらうにはどうしたらよいのか．

　体操，マシンを使った運動，簡単なゲームなど各地で実施されている介護予防を目的とするプログラムを見ると，健康で好奇心が強く積極性のある元気な高齢者の参加が多く，虚弱で閉じこもりがちで，介護予防がもっとも必要とされる高齢者の参加が少ない．閉じこもりがちの高齢者，そして若者たちを外に引っ張り出すための工夫は，いまのところ，あまりうまくいっていないのが実情である．

9 コアとなる研究者集団をどのように組織化するか

　コミュニティにおける参加型のアクションリサーチにおいては，住民も関連団体も行政も研究の一翼を担う．したがって，研究者と住民・関連団体・行政とは対等の立場に立つ共同研究者である．とはいえ，研究を中心になって進めていくには，専門的な知識や技術が欠かせない．そ

---

[9] **デマンドバス**
利用者の要望に応じて運行するバス．利用者は電話，ファックス，インターネットなどを使って希望を伝え，バスは希望する時間や場所に迎えに行き，希望する場所で降車させる．オンデマンドバスともいう．

うした知識や技術を備えた専門家の協力を得ることはできるのか．身近に専門家が見当たらない時には，どこからどのようにして，そうした人材をリクルートするのか．研究体制の確立については，次節でさらに詳しく検討したい．

🔟 実現可能性(feasibility)はどの程度あるのか

その課題がいかに重要であったとしても，それを実現するだけの条件に欠けていれば，期待したような結果を生み出すことはできない．実現可能性は，自分には欠けている能力を補完してくれるような専門的知識や技術を備えた共同研究者を見つけることができるのか，住民や関連団体や行政の協力を得る可能性はあるのか，時間や資金の制約がどの程度あるのかなどによって規定される．

なお，Chandler & Torbert (2003) は，アクションリサーチに取りかかる前に，自分自身を批判的に検討することの必要性を説いている．自分のもつ価値観，帰属意識，権力と特権などは，他者との関係や研究の遂行に影響を与える．自らを省みて，その長所と短所を確認することによって，より慎重にアクションリサーチに取り組むことができる．アクションリサーチを遂行するうえで，自分自身のもつ価値観や特定の集団・組織に属することが，自分自身のものの見方や行動パターンを形作っていることを予め確認しておくことを勧めたい．

3節 研究体制の構築

　住民と研究者との協働によって推進するアクションリサーチにおいては，住民を含む全体が研究を推進する母体となる．しかし，広範にわたる地域と多様な人びとを対象とするアクションリサーチを進めるには，中心となって研究を進めていく研究者集団が不可欠である．まず，こうしたコアメンバーについて触れ，ついで住民・関連団体・行政を含む研究体制について述べることにしたい．

1 研究者の立ち位置

　研究者の位置づけとしては，対象となるコミュニティに内在する場合（insider）と外在する場合（outsider）とがある．内在者とは，研究を開始する以前からコミュニティの一員であり，医師・保健師・看護師・ソーシャルワーカー・教師などとして，従前からコミュニティに関わりをもっていた者である．たまたまその地域に長年住みついていた研究者もこれにあたる．外在者とは，新たにその地域に接近する研究者である．
　しかし，内在者と外在者という分け方は，あくまでも便宜的なものにすぎない．長年，その地域に暮らしていても，地域社会とはほとんどかかわりのない研究者であれば，外在者に等しい．1回限りの調査であれば，外在者のまま止まることは可能だが，かなり長期にわたって，住民とともに進めるアクションリサーチでは，外在者であっても，まったくの部外者であり続けることは許されない．外部（たとえば大学や研究機関）に軸足は置きつつも，コミュニティに深くかかわるのでなければ，住民からの信頼を得て，協働作業を進めることは不可能である．いずれにしても，上から目線で権威主義的にアプローチするのではなく，住民と同じレベルに立つことが求められる．
　アクションリサーチにおける研究者の役割について，Stringer（2012, p.29）は，「促進者またはコンサルタントとして，ステークホルダーが問題を明確に定義するよう援助し，関わっている問題に対する効果的な解決策をみつけられるように，支援する触媒として機能する」と述べている．研究者に期待されるのは，専門的な知識を振りかざし，自分の考えを押し付けて，強引に引っ張っていくのではなく，関与するすべての人の意見に耳を傾け，その意見をまとめていく調整役ないしファシリテ

ーター10)の役割なのである．しかし，ファシリテーターの役割は，ただ話を聞いて，全体をまとめるだけでは十分ではない．より良い状況の実現に向けてコミュニティを変えていくよう異なる意見の調整を図り，全体の方向付けをしていくことが必要である．

住民のニーズは多様であり，意見の対立もある．状況が変化することによって既得権を失う場合には，変化に対して強固に反対する者もおり，それが旧来からの地域のボス的存在であれば，全体がそれに流されていく恐れもある．研究者には，傾聴能力やコミュニケーション能力に加えて，リーダーシップを発揮することが求められる．

2 どのようにしてコアメンバーを見つけるか

コミュニティの変革を目指すアクションリサーチにおいては，かなりの人材と時間，そして資金が必要とされるので，独力でとりかかるのは難しい．研究を進めるうえでの協力者が不可欠である．多くのプロジェクトにおいては，それまで一緒に研究を続けてきた人が選ばれる可能性が高い．お互いに気心が知れており，信頼関係が築かれているために，頼みやすいという利点がある．

前出の「高齢者の営農を支える「らくらく農法」の開発」プロジェクトにおけるメンバーの選定基準は，①想定される目標を実現できる技術・知識をもつこと，②行政などに顔が利くなどの人的ネットワークの広さ，③3年間の共同研究を円滑に運営できる人柄である．実際には，奈良県果樹振興センターを軸にまず中心的なメンバーが構成され，それぞれが知り合いのネットワークの中から選択をすることになった．

気心の知れた人たちからスタートするとしても，アクションリサーチの目的を達成するには，どのような分野のどのような知識技術を身に付けた人材が必要かを十分に検討しなければならない．検討の結果，自分たちの能力を超えるような人材が不可欠であることが明らかになれば，そのような人（たち）にアプローチする必要がある．これまでなじみのない人（たち）を仲間に加えるには，かなりの心理的な壁があるかもしれない．しかし，新しい血を入れることで，コアとなる研究集団がいっそう活性化するというメリットも少なくない．

コミュニティにおける参加型のアクションリサーチを遂行するには，コアとなる研究者集団がまとまっていなければ，住民を混乱に陥れる恐れがある．とりわけ新たに研究者を加えるとしたら，意思疎通を十分に図らねばならない．最近では，もっぱらメールに頼る傾向にあるが，メールでは微妙な感情の動きをとらえることは難しく，時には誤解を生じさせる．直接，顔を合わせ，意見を戦わせることの効用はきわめて大で

10)
ファシリテーター
グループディスカッション，ワークショップ，シンポジウムなどにおいて，中立的な立場から，全体を観察し，議論に適切に介入することで，合意形成や相互理解の促進を図る役割を果たす人を指す．

ある．

　研究の目的を達成するうえで，適材適所あるいはバランスの取れた人材を集めることに失敗すれば，その後の研究がうまくいかなくなることは言うまでもない．

❸ 研究協力者としての若手研究者の役割

　研究プロジェクトを立ち上げる際には，戦力としての若手研究者や大学院生に期待されるところが大きい．彼らにとっては，新しい挑戦の機会であり，学位論文や学術論文の材料を得る機会でもある．アクションリサーチについては，日本に比べてはるかに長い歴史を持つアメリカにおいてさえ，学位論文審査や学会誌の査読において，科学性，信頼性，妥当性を欠くという理由で拒否される例が少なくないという（Herr & Anderson 2005）．

　まして日本では，一部の領域，たとえば教育や看護のような比較的効果の見えやすい領域をのぞいては，広く受け入れられているとは言い難い．たとえば，社会調査法のテキストにアクションリサーチを取り上げたものはほとんど見当たらない．アクションリサーチは，いまなお発展途上にある．しかし，近年，アクションリサーチへの関心は，少しずつ高まってきている．研究のための研究ではなく，現にさまざまな困難に直面している人びとが，新しい生活世界を切り拓くための研究という意味で，アクションリサーチの意義と可能性・将来性はきわめて大きいと言ってよいだろう．

　コミュニティを基盤とする参加型のアクションリサーチでは，結果が出るまでにかなり長い時間を必要とする．提出期限が決められている修士論文や博士論文では，研究過程の途中で論文を執筆しなければならないこともありうるだろう．

　アクションリサーチに基づく論文の作成方法については，第5章で詳しく述べられるが，若い研究者たちが，熱意をもってアクションリサーチに取り組んでくれることを期待したい．

❹ 共同研究者としての行政，関連団体，住民

　アクションリサーチによって影響を受ける人びとや団体（ステークホルダー）には，住民および住民組織，専門家集団や企業などの関連団体，行政など多彩な人びとが含まれる．どのような人を研究チームに加えるのか．研究目標を達成するうえで，もっともふさわしい人を選定しなければならないが，その際，特定の人や集団を排除したり，特定の人や集

団にのみ声をかけることは望ましくない．

　参加者の選定にあたっては，研究の目標と目標達成のために採られる方法をできるだけ正確に伝え，予想される好ましい結果や利益だけでなく，起こりうるマイナスの効果や途中段階で遭遇するかもしれないリスクについても，包み隠さず説明したうえで，協力を求める．参加への条件には，①決して強制されるものではなく，あくまでも自発的意思に基づくこと，②研究の推進にあたっては常に参加者に意見と同意を求めること，③得られた情報は参加者全員で共有すること，④得られたデータの公表については参加者の合意に基づくこと，⑤個人情報が流出しないよう細心の注意を払うこと，⑥予想されるリスクについては適切な対処が行われること，⑦途中段階での退出も許されること，などがあげられる．

　先に述べたように，参加者は，研究者と対等の立場で，研究活動に参加する．参加者の選定にあたっては，公平性や透明性が尊重されなければならない．参加者には，研究者による説明を理解したうえで同意するインフォームド・コンセントが必要であり，同意書を取り交わすことが望ましい（Kemmis, McTaggart & Nixon 2014, pp.160-171）．

　同意書の内容としては，以下のような項目があげられる．

① 研究の責任者と連絡先
② 研究の目的と方法
③ 参加者に求められること：内容，負担，責任の範囲など
④ 得られた情報は研究目的にのみ利用されること
⑤ 得られた情報の保管方法と場所，廃棄の予定時期
⑥ 匿名性の維持：出版物や学会報告に利用する際には
　 個人が特定されないこと
⑦ 研究への参加と退出はいつでもできること
⑧ 上記を確認のうえで，同意する場合には，日付と署名をする

　同意書の一例として，RISTEXの「社会資本の活性化を先導する歩行圏コミュニティづくり」[11]（平成23年度採択，代表 中林美奈子・富山大学准教授）において，歩行補助車のモニターを務めた高齢者との間に交わされた同意書（表2-1）とその説明書（表2-2）を掲載する．

　共同研究者間の意思疎通を図り，チームとしてのまとまりを作り上げることが研究の成否を左右する．最近ではメールを使って連絡したり，情報交換することが多いが，直接，会って話をすることの効用は無視できない．上記の「社会資本を先導する歩行圏コミュニティづくり」の代表である中林美奈子・富山大学准教授は，「歩行補助車を利用して高齢

11)
「社会資本の活性化を先導する歩行圏コミュニティづくり」
「COLUMN8 「歩行補助車」を活用した歩きたくなるまちづくり」，および「付録1」2節**3**を参照

者が歩いて移動できるコミュニティを創出する」というアクションリサーチを実施するうえで，共同研究者にはメールではなく，できるだけ足を運ぶという．「直接，会いに来たのに断る人はほとんどいません．行政担当者でも，ことは同じです．これは，私の保健師としての経験によるものです」と語っていた（2013年9月14日インタビュー）．

5 どこから，どのように資金を調達するのか

　長期にわたって多数の人の参加を必要とするアクションリサーチは，かなりの資金を必要とする．近年，国，自治体，都市再生機構などによるまちづくりや地域再生を狙った事業が増加しており，参加型のアクションリサーチを展開するチャンスでもある．国や自治体の委託事業では，一定の資金が約束されているという安心感がある半面，達成目標があらかじめ決められているために状況に応じて変更することが難しい．行政委託事業によくあることだが，たくさんの書類作成に時間をとられたり，官僚制の非効率に振り回されるという例も少なくない．

　日本学術振興会の科学研究費は，以前に比べてかなり使いやすくなったことに加え，研究者による裁量の幅がかなり広い．厚生労働科学研究費[12]，国立研究開発法人科学技術振興機構（JST）や独立行政法人福祉医療機構（WAM）[13]の提供する研究助成金は，特定の目標を掲げてひろく応募者を募っており，研究目標に合致すれば応募する価値があるだろう．民間の研究助成団体の提供する資金には，多額のものから少額のものまでさまざまである．

　研究費の助成については，公益財団法人助成財団センター[14]のホームページに情報が提供されているので，研究領域や研究目標にふさわしい助成金を見つけてほしい．

12）厚生労働科学研究費
国民生活にかかわりの深い保健，医療，福祉，労働の分野における課題に対して，科学的根拠に基づいた行政施策を行うための研究活動への助成であり，原則として公募により研究課題および研究班を募集する．

13）独立行政法人福祉医療機構（WAM）
福祉医療の基盤整備を進めるため，社会福祉施設や医療施設への貸付事業，施設の経営診断・指導，社会福祉施設職員のための退職手当事業，心身障害者扶養保険事業，福祉保健医療情報の提供など多彩な事業を展開する厚生労働省所管の独立行政法人．社会福祉振興助成事業として，高齢者の孤立防止・認知症対策，児童虐待防止，貧困・格差対策，東日本大震災の被災者への支援などをテーマに研究や活動への助成を行っている．

14）公益財団法人助成財団センター
助成・表彰・奨学等を行う助成財団等の資料を収集・整理し，社会に提供し，助成財団への社会的理解を深めるための発信をする一方，助成財団の活動を発展させるために，助成財団に対して情報を提供する．財団センターのホームページからどのような財団がどのような研究助成をしているのかを知ることができる．
www.jfc.or.jp

表2-1 「歩いて暮らせるまちづくり推進プロジェクト社会実験」への参加同意書

××大学××部長　殿

　私は,「歩いて暮らせるまちづくり推進プロジェクト社会実験」への参加にあたり,研究代表者またはチームリーダーから,本研究の目的,内容,方法などについて十分に説明を受け,別紙の説明書も読みました.また,歩行補助車の操作方法についても説明を受けました.

　私は,以下の項目について,その内容を理解しましたので,本研究に参加することに同意します.なお,本研究への参加は自分の自由意思に基づくものです.説明を受けて理解した項目は,□の中に✓を付けた項目です.

- □　本社会実験の目的
- □　モニターの条件
- □　通院中の場合,主治医の承諾を得ること
- □　モニターの内容
- □　使用機器の操作方法と不具合が生じた場合の対処と連絡先
- □　モニター期間
- □　健康測定に参加協力すること
- □　使用機器を無料で借り受け,汚染や破損等に関する賠償責任はないこと
- □　モニター期間終了時に規定の謝礼の支払いを受けること
- □　予測されるリスクとその対処について
- □　社会実験参加は自由意思であること
- □　参加に同意しない場合でも不利益は受けないこと
- □　参加に同意した後でも随時これを撤回できること
- □　個人情報の保護に関すること
- □　成果の公表と活用に関すること
- □　本書面は2通作成し研究代表者と参加者が各1通を保有する

説明日：平成　　　年　　　月　　　日

説明者：氏名(自署)
_____

説明者所属：
_____

同意年月日：平成　　　年　　　月　　　日

参加者：氏名(自署)
_____

家族：氏名(自署)　　　　　　　　　　　　　　　　　(続柄　　　　　　)
_____

3節　研究体制の構築

表2-2 「歩いて暮らせるまちづくり推進プロジェクト社会実験」の説明書

本社会実験は，国立研究開発法人科学技術振興機構(JST)受託研究「社会資本の活性化を先導する歩行圏コミュニティづくり」(研究代表者：富山大学医学薬学研究部地域看護学講座　准教授　中林美奈子)の一環として行うもので，高齢者が元気な時はもちろん，足腰が弱くなっても積極的に街に出て，活発に交流をし，生活を楽しむことのできるコミュニティづくりに役立てるために実施するものです．以下の内容を御理解の上ご参加ください．

1．社会実験の名称及び目的

- 名称 …… 歩いて暮らせるまちづくり推進プロジェクト社会実験
- 目的 …… 歩行補助車の活用と定着

2．モニターの条件

- 下記の(1)～(12)の全てに該当する方

(1) ××市××町地区あるいはその周辺に在住の方
(2) 貸し出し実施期間において65歳以上の方
(3) 独歩，または歩行補助具(杖，シルバーカーなど)を使用して歩行が可能である方
(4) 難聴，視力障害，認知症ではない方
(5) 主治医がいる場合は主治医の承諾が得られる方
　※現在，通院治療中の方は申し出て下さい．
　主治医様あての説明文書と同意書(別紙)をお渡ししますので，
　主治医様より同意書をもらってきて下さい．
(6) 本説明文を理解し，内容に同意できる方
(7) 歩行補助車使用前後に行う健康測定とアンケート調査に参加できる方
(8) 家族及び同居人等の了承が得られる方
(9) 歩行補助車の使い方指導を受けられる方
(10) 善良なる管理者の責任をもって歩行補助車を使用，保管してくださる方
(11) 歩行補助車を使用しての歩行について道路交通法等の諸法規を順守することを誓約してくださる方
(12) 収集したデータにつき，個人が特定されない形での公表に同意してくださる方

3．モニター内容

- 2か月間歩行補助車を生活の中で自由に使っていただく．

4．使用機器

・歩行補助車（富山大学歩行圏コミュニティ研究会開発）

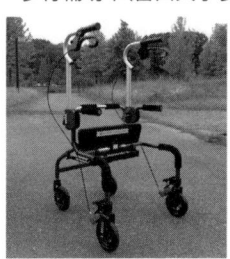

5．モニター期間・募集人数

・モニター期間‥‥‥平成××年×月～×月の×か月間
・募集人数‥‥‥‥‥40人

6．歩行補助車の借り方・返し方

・借り方・返し方‥‥指定された日時に××市××介護予防センターにお越し下さい．
・指定の日時に来られない方はご相談ください．

7．健康測定について

・歩行補助車利用前後に2回，健康や生活の変化を確認するための健康測定を行います．ご参加下さい．
・健康測定の内容
　→生活体力測定（握力，ファンクショナルリーチ，最大歩行速度，開眼片足立ち時間，長座身体前屈，
　　重心動揺，歩行距離など）
　→健康と生活に関するアンケート調査
・健康測定の結果はその場で医療や運動の専門家が説明し，ご希望に応じて健康相談・保健指導を行います．

8．謝礼および費用について

・モニターの方には謝礼として×円（図書券）お支払します．
　お支払日は×月×日です．お支払日以前にモニターを止めた方にはお支払できませんのでご了承願います．
・モニターの方が負担する付加的な費用はありません．
　たとえ，盗難・汚染・破損などが発生しても，あなたに一切の弁償責任はありません．
　ご連絡のみお願いします．

9．予測されるリスクについて

- 今回ご使用いただく歩行補助車は，SGマーク（一般財団法人製品安全協会が安全基準を満たした製品を認証するマーク）は取得しておりませんが，SG基準に従った安全性試験を行い，安全性を確認した製品です．しかしながら，通常の歩行補助車やシルバーカーを利用して歩くのと同じ程度に，転倒や交通事故，疲労感や体調不良をおこすリスクがあります．くれぐれも，事故がないように安全に留意してご利用ください．
- モニター期間中，万一，転倒や交通事故など，不測の事故にあわれた場合，体調に異変があった場合，すぐにご連絡ください．
- 本社会実験では，モニターの方を被保険者とした「普通傷害保険」に加入しています．保険料は当方で負担します．本実験中におこった損害については，この保険の範囲に限ってのみ補償します．補償内容は以下の通りです．

【補償内容】
××××保険「普通傷害保険」　保険期間：平成×年×月×日～×月×日
死亡・後遺障害　400万円
入院日額　3000円(限度日数180日)，通院日額　2000円(限度日数90日)

10．参加の任意性と撤回の自由について

- 本社会実験に参加するかどうかはあなたの自由です．たとえ参加を断っても一向に差し支えありません．参加を断ったことで，あなたが不利益を受けることは全くありません．
- 本社会実験に参加することを決めた後でも，また，その途中であっても止めたくなったらいつでも止めることができます．途中で止めることで，あなたが不利益を受けることは全くありません．ただし，それまでに得られたデータは利用させていただきますが，それを断ることもできますので，その際は，研究代表者かチームリーダーに申し出て下さい．本社会実験について分からないことがあったらいつでも自由に質問してください．

11．個人情報の保護について

- 本社会実験に付随して記録されるあなたのお名前や住所は「匿名化」するので，あなたの個人情報は一切外部に漏れることはありません．また，歩行記録ログは電子ロックで第三者が取り出せないよう保護し，記録票や調査票は鍵のかかるキャビネットで保管します．

12．成果の公表について

- 本社会実験の成果は，健康，介護，まちづくり等関連の学会，専門委員会，国際会議並びに内外の専門雑誌に研究成果を公表することがあります．この場合にもご協力いただいた方を特定できる情報は一切公表いたしません．
- この研究は，国立研究開発法人科学技術振興機構（JST）の助成金により実施します．発表する成果は，全国の中心市街地での新しい高齢社会のデザインのモデルとして活用されます．

13. 免責事項

- 理由の如何に関わらず，本社会実験の変更及び中止により生じるモニターの直接的または間接的な損失に対して，一切責任を負いません．
- 本社会実験中におこった損害については，「9．予測されるリスクについて」に示した普通傷害保険によって補填されない部分について一切責任を負いません．

14. その他

- 社会実験期間中（×月×日〜×月×日）の×時〜×時は，××市中央保健福祉センター・××介護予防センターに担当者が常駐し，健康相談，その他の相談に対応します．この時に，歩行補助車の点検や修理も無料で行います．

以上の内容をご理解の上，本社会実験に参加していただきたいと考えております．ご質問，ご不明な点がございましたら，下記へご連絡ください．

研究代表者：
中林美奈子（なかばやしみなこ：富山大学医学部看護学科准教授）
〒×××-××××　××市××町
TEL ××-××××-××××，FAX ××-××××-××××
E-mail ××＠×××

本社会実験チームリーダー：××××
〒×××-××××　××市××町
TEL ××-××××-××××，FAX ××-××××-××××
E-mail ××＠×××

4節 研究計画を立てる

　どのような調査研究においても，実際に調査にとりかかる前には，研究計画を立てなければならない．研究計画書なしには，所属機関の上司や倫理審査委員会から研究許可を得ることも，共同研究者を集めることも，研究助成金を得ることも不可能である．とりわけ，かなり長期にわたり，多くの人を巻き込み，多大な時間と労力の提供を必要とするコミュニティにおける参加型のアクションリサーチにおいては，より慎重に計画を立てなければならない．

　一般に，実証的な研究では，途中で計画を変更することは，（皆無ではないが）あまり好ましいことではない．途中で計画変更をすることは，そもそもの計画自体が準備不足だったことを意味する．しかし，コミュニティにおけるアクションリサーチにおいては，研究参加者が多数であることに加えて，コミュニティの置かれた状況が流動的であるため，必ずしも当初の計画通りにはことが運ばないのが普通であり，途中段階で見直し，必要に応じて計画を変更することが必要である．

　表2-3は，研究をスタートさせるために作成する第1次計画書とでも言うべきものである．この計画書に記載すべき事項について説明する．

表2-3）
出典：筒井真優美編『研究と実践をつなぐアクションリサーチ入門——看護研究の新たなステージへ』ライフサポート社，2010，75頁，表3より

表2-3　研究計画書に記載する事項

1	研究タイトル（仮のもの）	・研究が進むにつれて，より具体的なテーマへ変化する可能性がある
2	研究の背景	・初期の文献検討をあげ，現時点で，このテーマで研究することの必要性
3	研究の目的	・コミュニティが直面するどのような課題の解決を目指すのか ・現時点で，到達したいと考えている目標
4	研究方法	・アクションリサーチという研究方法を用いることの妥当性
5	研究参加者	・どのような人が参加者となるのか ・研究参加に対する同意の取り方を明示
6	研究進行予定（概略）	・おおまかなタイムテーブルを作成
7	倫理的配慮	・アクションリサーチにおける倫理的配慮 ・生じる可能性がある倫理的問題への対処方法
8	評価方法	・現時点で考えている評価の方法と時期
9	研究の報告と研究結果の発表の予定	・学会名と開催予定時期 ・学会誌名と投稿予定時期

1 研究タイトル

アクションリサーチにおける計画書は，固定的なものではなく，状況の変化や予期せぬ出来事によって中途段階での変更を迫られることが珍しくはない．コミュニティにおける参加型のアクションリサーチでは，まず住民のニーズ把握が必要だが，住民のニーズは多様であり，そのうち実現可能性の高いものに絞っていくことで，テーマがより具体化される．また，コミュニティ自体，自然災害，景気変動，市町村合併，選挙による首長の交替などによって変化するため，当初の計画がそのまま継続して活用できるわけではない．

2 研究の背景

先行研究や対象となるコミュニティに関する情報（気候風土，歴史，人口変動，経済，伝統，文化，慣習，政治，行政，集団・組織など）を収集し，現時点でこのテーマで研究することの必要性およびコミュニティに変化を生じさせることの意義や予想される効果について述べる．

3 研究の目的

コミュニティが直面しているどのような課題の解決を目指すのか，現時点で，到達したいと考えている目標は何かについて述べる．

4 研究方法

課題解決のために，アクションリサーチという方法を用いることの妥当性について述べる．アクションリサーチそのものが，広く受け入れられているとは言い難い現状を考えると，課題解決のためにアクションリサーチという方法を選択することのメリットについて，できるだけ説得的に説明することが望ましい．この段階において考えられる情報収集方法（キーパーソンへの個別面接やグループインタビュー，住民対象の配票調査など）について述べる．

5 研究参加者

研究参加者としては，研究を中心になって担うコアメンバーとアクションリサーチによって影響を受けるステークホルダーとがある．コアメンバーや中心となる団体については，研究業績や活動履歴など，研究者

として，また実践者として，プロジェクトの推進に欠かせない存在であることを明記する．研究参加者たちからどのように同意を取り付けるのかを明らかにし，同意書に盛り込む内容を明示する．

6 研究進行予定

誰が，あるいはどの集団が，いつ頃，どのような活動を行うかについて，おおまかなタイムテーブルを作成する．これは，研究費の助成期間に左右される面が大きい．

7 倫理的配慮

アクションリサーチにおける倫理的配慮について述べ，生じる可能性がある倫理的問題への対処方法を述べる．アクションリサーチにおける倫理的配慮についてBrydon-Miller（2008, pp. 197-210）は，インフォームド・コンセント，リスクとベネフィット，公平性の三つをあげている．第1に，研究参加者は，研究の本質について知らされ，理解し，理解に基づいて，強制や不当な影響を受けることなく，研究に参加することを選択する．第2に，研究によって参加者が受けるリスクとベネフィットを明らかにし，ベネフィットがリスクを上回るよう努める．第3に，いかなる個人または団体も，不当に研究に参加させられたり，排除させられてはならない．何らかの理由で不利な立場に置かれがちな個人や集団に対しては特別な保護が与えられなければならない．

8 評価方法

現段階で考えている評価の方法について記述する．第4章で述べられているように，アクションリサーチの成果を評価する方法は未だ確立しているとは言い難い．アクションリサーチによって，コミュニティが直面する課題をどこまで解決できるのか，住民の心身機能や行動パターンはどのように変化するのか，ステークホルダー間の関係性や力関係はどのように変化するのか，そうした変化が行政の施策にどのような効果を及ぼすのかを予測し，それを評価する方法について述べる．個人レベルでは，住民を対象とした社会実験（アクション）の結果，運動機能，認知機能，行動パターンなどの変化が捉えられる．ステークホルダー間の関係性を捉えるにはフォーカスグループ・インタビュー[15]が有効である．しかし，いずれの場合にも，短期間でその効果を測定することは難しく，少なくとも数年ないし十数年たたなければ，真の効果測定はでき

---

15) フォーカスグループ・インタビュー
第1章の注11（30頁）を参照

ないだろう．アクションリサーチの評価については，短期的な評価に加え，長期にわたる継続的な評価が望まれる．

9 研究の報告など

研究成果の報告については，予定している学会報告や学会誌への投稿について，名称や予定時期などを記す．研究の経過報告をするニューズレターの発行，報告書，ガイドブック，マニュアルの刊行などを予定している場合には，それを明記する．

なお，研究機関や研究費助成機関に提出する計画書と住民に提示する計画書とは，必ずしも同一である必要はない．もちろん，内容をゆがめたり，故意に必要な事項を落としたりすることは許されないが，専門用語や学問的記述になじみの薄い人びとに説明するために，わかりやすい平易な表現を用いた文書を示すことも必要だろう．

先にも述べたように，アクションリサーチはけっして固定的なものではなく，つねにダイナミックに変動する．したがって，途中段階で，研究参加者と何度も話し合い，振り返り，反省を繰り返すことで，より現実に適合した研究計画へと成長していくのである．

―――― ま と め ――――

1　コミュニティにおけるアクションリサーチにおいては，当該コミュニティが解決を必要としている課題の発見が，研究の出発点になる．課題の発見者は，研究者，住民，行政および三者の協働などさまざまだが，いずれの場合にも，住民のニーズを適切に把握し，住民の生活改善や住民自身のエンパワメントを図ることを最優先させなければならない．

2　課題を見出したからと言って，ただちに研究にとりかかるのは危険である．開始から終了までに長い期間を要するアクションリサーチにおいては，研究参加者に多大な時間と労力を割くことが求められる．研究参加者が得られるであろう利益と不利益，予想される危険性などを慎重に検討し，アクションリサーチを行うことの利点を明確にしなければならない．そのうえで，研究への参加を予定されている人々（ステークホルダー）に対しては，アクションリサーチに参加することによるマイナスの影響も含めて，率直に説明しなければならない．

3　アクションリサーチにおいては，研究者と住民とは対等の立場に立つ．研究者は，自身の価値観を押し付けるのではなく，ステークホルダーたちの声に耳を傾け，その意見をまとめていく役割を果たさなければならない．しかし，研究者はただ聞き役に徹するだけでなく，異なる意見を調整し，より良い方向に向けて研究を方向づけていくことが求められる．

4 　研究体制の構築にあたっては，課題の解決にもっともふさわしい能力を備えた人材を集めることが不可欠である．アクションリサーチを行うには，研究者としての実績に加えて，実践力のあることやコミュニケーション能力に長けていることなどが必要な資質と考えられる．

5 　アクションリサーチにおける研究計画は，固定的なものではなく，状況の変化や想定外の出来事のために途中段階での変更が珍しくはない．最初の計画書には，現段階での研究目的，アクションリサーチという方法を採ることの意義，研究の参加予定者，データ収集の方法，成果の報告などについて記す．

6 　住民を巻き込むアクションリサーチにおいては，倫理的な配慮が欠かせない．参加予定者には，アクションリサーチによって得られるリスクとベネフィットを知らせたうえで，参加への同意を得ることが必要である．研究への参加は，あくまでも自由意思に基づくものであり，途中での退出も可能であることを予め知らされておかねばならない．

COLUMN 4

研究計画の事例

長島洋介・小川晃子

　研究計画に関して，岩手県立大学の小川晃子による「ICTを活用した生活支援型コミュニティづくり」の事例を紹介する．このプロジェクトは，以前から開発していた情報通信技術を活用した高齢者安否確認見守りシステム（「おげんき発信」）を基盤として，地域資源を活用した生活支援に向けて互助組織化を目指していた．さらに，プロジェクト開始直後，東日本大震災により取り巻く環境が一変し，計画の修正を試みることになった．ここでは，表2-3（68頁）の項目ごとに，計画，および主な変更に関して紹介する．

研究の背景

　本プロジェクトの解決すべき課題として，「高齢者の社会的孤立」があげられていた．その際，孤立死の増加など，公表されているデータから推察される地域の状況に加え，独自の意識調査から明らかとなった対象地域に住む高齢者の「遠慮感」を取り上げ，エビデンスに基づいた地域課題を示していた．これは，本書におけるアクションリサーチの「解決を要する課題の発見と分析」に相当し，綿密な調査によって課題を発見した上で，具体的な計画へと進んだ事例といえる．「遠慮感」とは，「周囲に迷惑をかけたくない」という想い．これにより，異変を知らせることを控えるため，近隣の互助的な見守りが機能しない状況であった．

研究の目的／研究方法

　当初から「高齢者の社会的孤立」の背景として「コミュニティの支えあう関係の脆弱化」も問題として捉え，地域の互助機能の再構築を目的に掲げたため，研究者だけではなく地域の多様なステークホルダーの協働による職際的な体制の必要性に言及した．

　そこで，人的・情報ネットワークの構築に向け，プロジェクト評価のための調査・ワークショップと交互に重ねることで，評価内容をネットワーク構築にフィードバックし，生活支援体制全般の更新を狙っていた．これはアクションリサーチで想定される研究開発のサイクルに準ずるものと言える．また，地域特性に応じたモデル構築を念頭に置くなど，他地域への成果の発信・波及も計画当初から意識していた．

研究参加者

　計画当初から，多様なメンバーを想定していた．まず，社会福祉・看護・経営・ソフトウェア・総合政策・老年学と学際的な体制がとられ，行政のまちづくり研究所も参画していた．さらに，地域での活動を見据え，行政（地域福祉，高齢福祉関係部課），県・市社会福祉協議会，社会福祉法人，ボランティアセンター，民生委員，町内会，大学生から協力を得た．また，生活支援サービスの導入可能性を高めるためにも，企業やNPO等の公的・民間サービスの提供当事者も加わっていた．以上のメンバーから目的別にグループを形成し，全体の体制を構築していった（図1）．

　しかし，これらメンバー，研究体制は東日本大震災を機に大きく変更せざるをえなかった．プロジェクト対象地域は内陸部だったが，沿岸部の支援にも人員を割き，仮設住宅での高齢者安否確認見守りシステム構築も計画に盛り込んだ．そのため，震災復興における普及検討グループを追加した．一方で，被災した企業との新たな協働も始まった．加えて，実際の地域活動体制として，当初の研究者主体から，地域のステークホルダー中心へと大きく体制を組み変えた．

COLUMN 4

さらに研究開発が進むと，フィールドのある地区で高齢者支援連絡会といった地域組織が立ち上がるなど，ステークホルダーも順次広がっていった．

計画進行予定

計画時点でタイムテーブルを立てていたが，研究体制と同様，プロジェクトの進行状況や，社会状勢に合わせて，変更していった（図2）．本プロジェクトでの主要な変更ポイントとして，以下の4つがあげられる．この他にも，随時，計画を見直し続けている．

変更1「進行状況に合わせた変更」指標検討・事前調査の延期など
変更2「東日本大震災の発生による変更」研究期間の延長と，それに応じた変更
変更3「効果検証に関する評価手法の変更」
変更4「別プロジェクトとの連携の追加」他地域での実装・発展

倫理的配慮

計画書において，「社会実験を伴うアクションリサーチであるため，社会の理解と協力を得つつ，学術研究の重要性と学問の自由を踏まえ厳正に実施すること」に言及し，所属する大学・学会の研究倫理審査規定に遵守する旨を述べた．加えて，専門職として遵守すべき倫理綱領にも触れている．

フィールドでの活動と協働が主となるため，「高齢者や地域の関与者すべてに説明に基づく同意」を必須とし，目的外利用の禁止，セキュリティ体制整備にも触れている．その際，所属元の個人情報保護ポリシーを遵守するとしている．一方，本プロジェクトは当初から，専門職以外も重要な担い手として想定していたため，プロジェクトとして目指す支援活動となるよう，担い手となる一般の方への倫理や個人情報保護についての規範づくりと研修も重視していた．独自に作成した「見守りのための研修テキスト」を活用した広報・研修も計画していた．また，万一の事故も想定し，地域福祉活動として社会福祉法人全国社会福祉協議会が運用する「ボランティア行事用保険」に市町村社会福祉協議会を通じて加入するなどの配慮も取った．

評価方法

評価についても綿密に計画が練られており，定期的な量的評価，およびワークショップによる質的データから評価が計画されていた．その中で，プロジェクト開始後，質的データによる評価方法に関して議論を進め，フォーカスグループ・インタビューを導入し，地域のエンパワメントと同時にコミュニティの変化を捉える試みへと，計画を修正した．この試みが功を奏し，高齢者支援連絡会という地域住民主体の互助組織が立ち上がった．

COLUMN ❹

図1 研究体制の図

研究代表者及びその率いるグループ（統括グループ）／生活支援型コミュニティづくり

プロジェクト実施方針の提示 ↓　↑ プロジェクト進捗状況と課題の報告

- **高齢者自立支援策研究グループ**
  - 指標の検討
  - 個人変化の測定
  - 自立支援策の仮説検証

- **コミュニティ支援策研究グループ**
  - 指標の検討
  - コミュニティ変化の測定
  - コミュニティ支援策の仮説検証

- **ICTを活用した高齢者の生活支援策研究グループ**
  - コミュニティモデルごとのICT活用方策の検討
  - プロトタイプ・システムの構築及び社会実験・評価

研究結果の提示 → ／ ← 追加で検討すべきモデル等の提示

- **持続可能なサービス提供のあり方研究グループ**
  - 公的・民間サービスの継続可能性検証・制度設計

- ［2年目前半に新設］**震災復興における普及検討グループ**
  - 三陸における創造的復興支援への成果普及方針の検討

フィールドで検証すべき事例の提示 ↓　↑ フィールドの実態と検証結果のフィードバック

プロジェクト開始時・フィールドでの検証グループ（4地域）
- 過疎・高齢化進展地域
- 中核都市　都心型／ニュータウン型
- 郊外スプロール地域

→ **東日本大震災後**
- 研究グループをなくし、地域のステークホルダーを中心とした協力者グループを新設
  行政（県・市町村）、社会福祉協議会、企業、老人クラブなど
  →重点地域を絞りつつ、被災地も活動地域に追加
- 新たな企業との協働も進展

図2 研究計画の図

		初年(半年)	2年目前半	2年目後半	最終年前半	最終年後半	PJ終了予定→❷半年延長	PJ終了後
学際的体制の構築／運営		情報共有体制の構築						
職業的体制の構築／運営							研究会(月1回)	
仮説構築	指標検討		❶延長					
	事前調査		❶延期	❷延期				
実証実験	人的ネットワーク						❷延長修正	
	情報ネットワーク							
	実証実験						❷延長	活動の継続
効果検証	評価(中間・終了)	中間→中止	中間	中間	事後　❷変更→中間		延期❸事後	
	ワークショップ(WS)・住民意識調査	WS	WS	WS　❷回数／時期修正　❸手法の検討		❷回数／時期修正 ☆	☆	
	報告書作成(年次・終了)	年次		年次		終了	延期❷終了	
	シンポジウム						延期❷	
	持続可能な方策検討						❷延長	
追加❹：他プロジェクト(伊香賀PJ・佐藤PJ)との連携					見守りシステムの導入を検討・打合せ　合意			継続中(2015現在)計画から実証実験へ

計画設定当初とその後の変遷．点線内は変更事項／2年目開始直前に東日本大震災発生／
☆印(効果検証欄)：WSに関して時期・回数・内容の修正後のフォーカスグループ・インタビュー

第3章

高齢社会のコミュニティにおける課題解決に向けた実践

1節　コミュニティの課題とそれを取り巻く地域特性の明確化
2節　課題解決策と実行プログラムの検討
3節　研究経過に伴う情報収集と整理
4節　地域での具体的な実践

まとめ

芳賀　博

1節 コミュニティの課題とそれを取り巻く地域特性の明確化

1)
本章
本章の1節，2節と3節(1)は，芳賀博「第3章4節 アクションリサーチの展開」，日本保健福祉学会編『保健福祉学――当事者主体のシステム科学の構築と実践』（北大路書房，2015年，46-50頁）に加筆・修正を行ったものである．

　本章1)では，第2章で吟味した研究計画に基づいて，コミュニティの課題解決に向けての実践とその具体的な展開方法について取り上げる．アクションリサーチの展開の仕方は，「技術的アプローチ」「相互的アプローチ」「増進的アプローチ」の3つに類型化される（Holter & Schwartz-Barcott 1993）．「技術的アプローチ」は，研究者が仮説をあらかじめ設定しそれを実践の場で試す意味合いが強く，研究者と実践者の相互作用は，実践者の関心を高めることと活動を円滑に進めることが主な目的となる．「相互的アプローチ」は，研究者と実践者が一緒に問題の特定，原因の追究，解決策の検討・実施，評価を進めるものである．また，「増進的アプローチ」は研究者が実践者に対して，問題の根底にある価値や規範，葛藤に対する問いかけを積極的に行って討論を活発化し，実践者の意識を高めるアプローチである（藤田 1999）．本章における以下の記述は，主に「相互的アプローチ」の前提に基づいている．

1 ステークホルダーへの説明と協力の要請

　コミュニティにおける参加型のアクションリサーチは，研究者がその地域の関係者と協働して課題の解決に取り組む実践的な研究活動である．研究活動を開始するに当たり研究の準備段階で想定した行政，医療機関・団体，住民および住民組織等のステークホルダーに，研究の背景や地域の課題，研究の目的，進め方，実施期間などについて十分時間をかけて説明することから始まる．とりわけ，コミュニティの課題解決に向けたアクションリサーチでは，第一に行政の協力を得ることから始めるのが理想である（以下，本節で説明する重要なポイントは図3-1で示す）．

　従来の伝統的な問題解決・改善は，行政や研究者が企画した実践プログラムを住民に説明（広報）し，その計画への参加を促すことであり，住民は受動的に参加するのみであった．たとえば，介護予防事業としての転倒予防教室は，行政が開催日時から場所，内容に至るまですべてを企画し，住民は教室へ参加するだけでよかった．しかし，アクションリサーチは，計画，実践，見直しの段階すべてに協働参画を要請するものであり，このような新しい問題解決の方法そのものへの参加者の不安や疑問，参加することへのためらいは少なくない．その意味で，十分時

図3-1　コミュニティの課題と特性の明確化

○ステークホルダーへの説明と協力の要請
　・行政の協力を得る
　・ステークホルダーとの話し合い
　・研究活動への参加の同意と信頼関係の構築

○ステークホルダーが認識する地域特性と課題の共有
　・ステークホルダーの思いや認識を把握
　・個別インタビューとグループインタビュー法
　・ナラティブな情報を図や表に整理し，認識の共有を図る（暗黙知から形式知へ）

○ベースライン調査
　・ステークホルダーの意向を反映させる
　・地域の実態把握のための量的調査（アンケート調査）
　・課題を抱える当事者への質的調査（インタビュー調査）

間をかけて話し合い，その趣旨を了解してもらわなければならない．研究者とステークホルダーによる双方向の議論を通して，不安や疑問を解消しておくことは，お互いの信頼関係を構築する上での第一歩となる．

これらの話し合いを通して，準備段階で想定した一部のステークホルダーからは，参加拒否の意思が表明される場合もある．一方，是非参加してほしいステークホルダー候補が推薦されることもある．その場合には，新たに参加要請を行う．アクションリサーチへの参加は，自発的意思に基づくものであり，途中からの参加辞退や参加表明なども含めて"出入り自由"である旨を説明して活動参加への同意を得る．

また，この段階からアクションリサーチの協働的な活動は始まっているわけであるから，話し合いの内容を整理しておくことである．その際，参加者の承諾が得られれば話し合いの内容をICレコーダーに記録しておき，後日，それをもとに記録を作成することが望ましい．しかし，このような方法は参加者との信頼関係が十分構築されていない初期の段階では，参加者の本音の発言を妨げることにもなりかねないので，状況に応じた判断が求められる．さらに，研究者の感じたこと等をフィールドノートとして記録しておくことも忘れてはならない．

2 ステークホルダーが認識する地域特性と課題の共有

活動を円滑に進めるためには，取り上げるべきコミュニティの課題を研究者を含むステークホルダー間で共通理解を得ておくことが必要である．計画の立案にあたり，研究者や一部のステークホルダー（たとえば，

行政組織やNPOなど）が問題として認識していても，当該の課題に利害関係を有する他のステークホルダーが，必ずしも一致した認識を持っているとは限らない．

　研究活動への参加の同意が得られたことを確認した後に，個別インタビューやフォーカスグループ・インタビューを通じて，コミュニティが抱える課題や特徴（良いところ，強み，弱みなど）をどのように認識しているかについての情報を収集する．このことを通じて，研究者は，地域の人びとが考える課題やその地域の特性を知ることにもなる．少なくとも，研究者が想定した課題が，ステークホルダーにとってもそのコミュニティの解決すべき重要な課題の一つであると認識していると確認しておくことが大切である．研究者は，研究の準備段階でそのコミュニティの既存資料により，地域性や課題を把握[2]しているはずであるが，ステークホルダーの視点からみた地域性や課題を整理し，それを研究者が理解しておくことは，その後の課題解決策や実践プランの策定をステークホルダーとの協働においてすすめるアクションリサーチでは重要となる．

　ステークホルダーの意見やニーズを引き出すだけでなく，お互いの情報共有を図る手段としては，個別インタビューより，フォーカスグループ・インタビュー[3]が優れているといわれる．司会者が用意したガイドラインに沿って問いを投げかけ，参加者同士のダイナミックな討論を促し，その発言内容を逐語録化したものの中から，参加者の意見，考え方などのカテゴリー（要素）を抽出しようとするものである．フォーカスグループ・インタビューの実施に当たっては，その地域にとって影響力の強いキーパーソンにも声掛けし，参加してもらうことは，その後の活動を円滑に進める上で効果的であり，心がけておきたいところである．

　こうしたグループインタビュー法のメリットとしては，「個人の意見ではなく，参加メンバーすべての協働作業の結果として，さまざまな角度から検討された意見を構築できる」，「グループ・ダイナミクスが生じ，自分自身でも気付かなかった点が見えてきたり，潜在的な意見まで引き出すことができる」，「個別に面接するよりも，他のメンバーの意見や態度に刺激されて，より有効な意見や新しい考え方が出やすくなる」などが知られている（安梅 2001）．

　次に，このようにして得られたナラティブな情報を図や表に整理し，分かりやすくまとめることである．参加者それぞれが抱いていた「暗黙知」を「形式知」[4]に変換（新井 1999）する作業でもある．堀井秀之（2012）も，ワークショップにおけるプロセスの記述において，「形式知」にすることの重要性を指摘している．目に見える形で，参加者に提示することは，コミュニティが抱える課題を参加者間で具体的に共有す

---

2) 地域性や課題を把握
第2章1節 2 参照

3) フォーカスグループ・インタビュー
第1章の注11（30頁）を参照

4) 「暗黙知」「形式知」
野中郁次郎，竹内弘高による『知識創造企業』（東洋経済新報社，1996年）によれば，経験や勘，直観，技能のような主観的な知識のことを暗黙知（tacit knowledge）と呼び，文章化，数式化された客観的知識のことを形式知（explicit knowledge）と呼んでいる．

ることにつながる．このように時間をかけて，参加者間でコミュニティの課題を共有していくプロセスは，協働で取り組むアクションリサーチの方向性を明確に位置づけることにもなる．

　ここで問題となるのが，誰が司会をし，誰が質的データを分析するかである．アクションリサーチ全体のファシリテーター[5]役を担う研究者が直接担当できれば，それが望ましい．しかし，フォーカスグループ・インタビューにおける司会やデータ処理は，かなりの経験と熟練を要することから，研究者グループに適任者がいない場合は，その役割を他に委ねサポートしてもらうことも考えられる．

3 ベースライン調査

1）ベースライン調査の意味

　この段階で研究者は，研究対象地区に関する既存資料等の分析から，そのコミュニティが抱える課題やそれを取り巻く背景要因については検討済みである場合が多い．しかし，その検討に用いた資料は必ずしも，研究目的に焦点を当てて収集されたものではない．アクションリサーチの最終目的は，地域レベルでの課題解決であり，ステークホルダーとの協働による取り組みの輪を地域全体に広げることである．その意味で，具体的な課題解決策の検討に入る前に，これから取り組もうとする課題に関して，改めて地域住民や課題を抱えている当事者自身に視点をあてて，その実態を把握しておくことが望ましい．

　これまでのアクションリサーチによる研究では，その研究に直接かかわった個人（研究参加者）の問題解決に焦点をあてたものが多く，地域レベルへの影響を検証しようとしたものは少ない．実態把握のためのベースライン調査は，研究期間終了時の追跡調査と組み合わせることで，地域への影響や効果評価を科学的に行うことにつながる．また，効果評価におけるエビデンスの確からしさを増すために，対象地区と地域特性の類似している対照（コントロール）地区を設定し，併せてベースライン調査と追跡調査を行う場合もある．しかし，問題解決に至る経過評価に力点が置かれるアクションリサーチでは，対照地区の設定は必須ではない．

2）地域の実態把握のための量的調査

　調査の準備は，研究者が中心的な役割を担うことになるが，調査内容の決定に当たっては，ステークホルダーにもその原案を提示するとともに，ステークホルダーの意見も取り入れてアンケート調査票を完成させることが大切である．当然のこととして，調査内容の原案作成には事前

[5) ファシリテーター
第2章の注10（59頁）を参照]

に行ったインタビュー調査の結果が大いに参考となる．

地域を対象とした実態調査にあたり，その回収率が低くては把握された実態に偏りが生じることはいうまでもない．行政の首長または担当部局からの依頼文を添えることは，調査への疑問や不信感を払拭することに繋がり，回収率を上げるうえで効果的である．その意味で，準備段階で行政との協働体制を確立しておくことが望ましい．また，ステークホルダーの力を借りながら，回収率を上げるための工夫をすることも重要である．ステークホルダーは，地域のオピニオンリーダーであることが多く，これらの人びとによる口コミの広報活動はかなり効果的である．この場合，ステークホルダーは，単なる調査の協力者・支援者ではなく，協働実施者であることが強みである．

3）課題を抱える当事者に対する質的調査

研究プロジェクトが取り上げる解決すべき課題を抱えて地域で暮らしている住民やその家族などの当事者（たとえば，認知症者，要支援・要介護高齢者，閉じこもり・孤立高齢者およびその家族や介護者など）を対象とした質的調査（インタビュー調査）をベースライン調査として設定することもある．当事者の視点で捉えた地域性，問題の大きさ，問題に対する思いや理想の姿などを整理しておくことも重要である．当事者の思いを図や表に整理して「暗黙知」から「形式知」に変換しておくことは，研究者はじめプロジェクトのステークホルダー間で問題意識を共有することにつながり，その後の計画策定や効果評価の際に有効な資料となりうる．

なお，以上の1節の記述は，第1章の図1-2[6]「コミュニティにおけるアクションリサーチの研究プロセスと波及要件の設定」の「①特定コミュニティで解決を要する課題の発見と分析」に対応している．

---

6)
図1-2
第1章4節■（32頁）を参照

COLUMN 5

大学や専門研究機関が行政と協働するためのポイント

木村清一

　地域コミュニティを対象とした研究開発を進めるうえで，市町村などの地方自治体とどのように協働した取り組み体制を整えていくのかが重要な要素となる．そこで，これまでの行政と市民との協働事業を進めてきた経験から，参考となるよういくつかのポイントを提示する（図1も参照）．

ポイント1　自治体のめざす施策の方向を捉える

　まず当該自治体が，どのような"まちづくり"を進めようとしているのかを知るため，その自治体のホームページで「第○次○○市総合計画」と称される計画を見るとよい．多くの自治体は，10年程の期間を設けて策定しており，大まかな行政運営の考え方を規定している．計画には，基本構想を定め目指すべきまちづくりの方向性，つまり"理想とする都市像"が描かれる．その実現を図るため，様々な基本方針を掲げて主要な重点やリーディング事業を提示する一方，具体的な政策・施策・事業については，基本方針に沿った福祉・教育・環境・都市計画等の各分野別計画を策定している．このように総合計画や各分野別計画に定められる方針や施策は，最重点事項として年次別に予算が付き，行政組織として職員が配置され，具体的に取り組まれることとなる．

　したがって，総合計画をみると，その自治体がどのような"まちづくりの方針"を掲げ，どのように施策を展開しようとしているのかを知ることができるのである．

ポイント2　保健福祉の分野別計画を理解する

　総合計画の基本方針に基づき，行政各分野別の事業計画が策定されることになるが，ここでは，保健福祉分野の個別計画を千葉県柏市の場合を例示して見てみよう．柏市は，社会福祉法に規定する「地域福祉計画」と健康増進法に基づく「健康増進計画」を一体的に捉え「地域健康福祉計画」として，平成26年3月に第3期計画を改定している．この計画に子育て・高齢者・障害者のほか，特定健診・保健所運営・市立病院構想も包含したうえで，その理念を「誰もが，その人らしく，住み慣れた地域で，共に，いきいきと暮らせるまち　柏」としている．注目したいのは，地域健康福祉計画を「行政計画」と位置づけ，社会福祉協議会を中心母体とする民間計画「地域健康福祉活動計画」を策定していることである．しかもこの計画は，長寿社会のまちづくりの重要な一翼を担う"地域包括ケアシステム構築"を実現するために，地域で支え合うインフォーマル活動を基軸に，市民が主体となった活動計画としているところに特徴がある．

ポイント3　自治体にアポイントする方法を工夫する

　研究課題に沿って，当該自治体の行政と協働体制を形成するために，これまで何らかの協働した実績がある場合は別として，初期のアポイント手段は，研究課題に関する学習会や勉強会，研修会などに，当該の行政部門から講師を招請することが比較的有効である．このとき研究課題に関わる一定の知識や技術，経験を持った職員が応対することが多いので，その後の取組みに対する協力や支援が得られやすくなる．とくに講師となってくる職員の役職が課長や部長などの管理職であれば，協働を進めるためのビッグチャンスともなる．また同時に，講義テーマに関わる市民ニーズや関連データの詳細な提示・提供をできる限り要望することも忘れてはならない．そして，研究課題に沿って学習や研修を繰り返しながら，相互に人

COLUMN 5

的交流や交歓をする具体的な事業を順次取組み，職員との信頼や協働関係の意識醸成に心がけることも重要である．

ポイント4　研究に関わる経費等の確保に努める

現在，自治体を取り巻く財政事情は，行財政見直しや事業仕分けなどの改革に加えて，経済の低成長・デフレなどの要因が重なり，職員の削減や財源の逼迫など厳しさが増している．こうした中で，地域コミュニティの新たな創造に向けて，多くの自治体では，その重要性は理解できても，将来に向かって取り組む余裕が持てないでいる．とくに，職員定数や事業経費の削減は，より深刻な状況にある．そこで，研究課題に取り組む場合，自治体の協働と参画を促すには，第1に研究課題に関わる経費の確保が重要となる．研究者側で各種の助成や補助金，交付金や民間資金などの方策を見通したうえで，事業の協働を呼び掛ける．第2にプロジェクト遂行に関わる職員の意識変容を促すことである．「行政データや市民ニーズに基づく学習会や検討会の機会」と「あらゆる場面を通じた相互の信頼関係づくりへの粘り強い努力」が大切となる．柏市では，当初既存の担当課を中心に庁内連携で対応していたが，2年目以降プロジェクト専門の部署「福祉政策室」を自治体自ら設置して，本格的な取り組み体制に発展させている．つまり，研究者側の粘り強い働きかけと協働に対する先駆的な職員の存在が，意識変革を生み出し行政を本気にさせたものといえる．

ポイント5　担当職員と研究者との信頼関係を醸成する

最後に，協働・連携の研究開発体制を構築するため自治体職員と研究者との信頼関係づくりについて，取り組みの教訓からいくつか記しておきたい．

- 常に相互の「信頼関係」を醸成するよう努力すること
「やってくれない」「動かない」は禁句．「どうしたらよいと思うか」「一緒にやれないか」「協力してほしい（する）」等，協働喚起姿勢が最も大切．
- 何度でも「繰り返し」一貫して呼びかけ（訴え）ること
一度話してよい返事がなくても「あきらめない」で手を変え品を変えて，繰り返し訴えることが，人を動かすことに繋がることを心したい．
- 機関団体の「間柄」を十分に捉えた対応を行うこと
団体によって特徴があり相互の関係にも違いがあることをしっかりと捉え，臨機応変に対応することが「より効果」を生みだすという点を忘れない．
- あらゆる場面を利用して「親交」を深めること
公式な会議や打ち合わせの場面ばかりではなく，懇親会や飲み会の時なども重視したい．意外と「根回し」効果も狙える有効手段となることが多い．
- とくに，自治体職員は，取り組みを「陰で支える真のコーディネーター」になること
研究者側からも言えることであるが，新たなコミュニティを創りだす視点から，今日における自治体職員の果たす役割は大きいことを認識したい．

COLUMN ❺

図1 行政は協働相手を選ぶとき，どのような点を見ているか

1　業務遂行能力を持っているか
①業務執行体制（人的資源・代表とメンバーの特質）
②財務状況（資金計画を重視・予算と決算の内容）
③事務処理及び実務能力（契約実績・報告書作成）
④専門性とネットワークする能力
⑤これまでの取組み（研究開発）の実績と成果

2　活動内容及び実績はどうか
①社会的使命と協働事業の目的とが一致しているか
②活動実績などから，事業の継続性が担保できるか

3　組織や団体の情報公開性はあるか
①組織運営の透明性（組織運営や財務状況など）
②個別事業の実施状況・成果（独自，収益事業など）

政策や計画の策定を協働で行う
①市民ニーズを把握しているか
②活動や取り組みの内容はどうか
③事業の企画と計画力はどうか

総合的に検討

事業の実施を協働で行う
①事業・業務遂行能力が高いか
②質の高いサービスを開発できるか
③取り組みに汎用性が期待できるか

2節 課題解決策と実行プログラムの検討

1 課題解決策の探索

1）住民への参加呼びかけ

　地域の課題解決策の検討に入る前に，まず課題解決に向けたもっとも身近な実践者である住民との間で情報を共有することが大切である．そのためには，すでに実施済みのベースライン調査の協力に対するお礼を兼ねた結果報告会を開催し，地域が抱える課題を具体的に提示していくことから始めるのが理想である（以下，本節で説明する重要なポイントは図3-2で示す）．その機会に，課題解決策の具体的な検討会等への参加を広く呼びかけると効果的である．結果報告会をしないで，検討会等への参加者を募ることも可能であるが，このように時間をかけて手続きを踏むことで，研究者に対する住民の信頼感を増すことにもなり，その後の活動がより進めやすくなるメリットがある．

　報告会や課題解決策の検討会等への参加の呼びかけは，行政の広報紙や自治会の回覧板などで行うだけではなく，ステークホルダーの口コミに期待するところが大きい．紙ベースの情報は，広報誌や回覧板だけでなく新聞の折り込みチラシや，さまざまなダイレクトメールなど身の回りに溢れており，情報が氾濫している．とくに視覚機能が低下傾向にある高齢者に必要な情報がどの程度届いているのかは不明であり，対象に即して分かり易く伝える工夫が求められる．

2）住民の思いの抽出とワークショップ

　このようにして住民の参加協力が得られた後に，いよいよ研究者を含むステークホルダーと住民が協働して，課題の解決策を検討する段階となる．住民の思いを広く抽出し，方向づけしていくための手段としてワークショップが適しているといわれている．ワークショップはこれまでにも住民主体のまちづくりの方法論としてもしばしば用いられている（木下 2007）．

　このワークショップは，参加者の民主的発言や参加者同士の双方向の議論を基本とした，「体験学習」「参加型学習」「合意形成」の手法として知られており，その起源は，グループ・ダイナミクスの創始者であるクルト・レヴィンに遡るといわれている（中野 2012）．ワークショップ

図3-2 課題解決策と実行プログラムの検討

○**課題解決策の探索**
住民への参加呼びかけ
・ベースライン調査の結果報告会の開催
・行政の広報誌,自治会の回覧板,口コミ
住民の思いの抽出
・ワークショップ　・ファシリテーターの役割　・意見の視覚情報(図解)化

○**課題解決策と実行プログラムの決定〜実践**
課題解決策の決定
・ワークショップの繰り返し　・解決策の絞り込み
実行プログラムの決定
・コアメンバー会議　・地域の社会資源への参加要請,予算の計画
・プログラム決定後の実践〜振り返り〜修正

○**コミュニティへの広報活動**
・チラシを各戸配布
・情報の周知度を定期的に確認

○**コミュニティ・エンパワメント**
・住民,組織,地域の力を引き出す
・エンパワメントを促す原則

は,ファシリテーターと呼ばれる司会進行役を中心に展開され,参加者同士の意見・思いを広く抽出するためにブレーンストーミングの原則に則って進めることが望ましいとされる.ブレーンストーミング方式の会議は問題解決のために新しい発想,アイデアを作りだすために考えられたものであり,守るべき4つの注意が知られている.①同席する他人の意見を批判しないこと,②自由奔放に意見を述べること,③できるだけ多量のアイデアを出すこと,④他人の意見を受けてさらにそれを発展させること(アイデアを結合し発展させる)の4条件から成る(川喜田1967).とくに,ワークショップの最初の段階では,課題の解決に向けてどんどんアイデアを広げていく,そして,質より量,互いに批判し合ったりしないで,のびのびと発想することが大切であるとされ(中野2012),このような状況をつくりだすことがファシリテーターの役割でもある.

　ファシリテーターは,取り上げた課題やそれまでの経過に精通しており,なるべく利害関係の少ない人が望ましいとされ,アクションリサーチにおいては,研究者グループがその役割を担うことが多い.その場合,ファシリテーターとしての研究者は,議論の公平性を保つ観点から,中立的な立場を貫くようにすることが大切である.このことは参加者との

写真3-1
意見を視覚情報（図解）
にする作業

信頼関係を深める意味でも重要である．1節の2ですでに述べたことであるが，司会進行役はかなりの経験と熟練を必要とすることから，研究者グループに適任者がいない場合は，その役割を他に委ねサポートしてもらうことも考えられる．

ワークショップで出てきた膨大な意見は，そのままでは収拾がつかなくなるので，ある段階で意見をまとめることが必要となってくる．ファシリテーターが中心となり参加者との協働により，意見を視覚情報（図解）に落とし込んでいく作業である．その方法として，ホワイトボードや模造紙に意見を直接書き込み，類似の意見をまとめ，グループ化したり，あるいは少し大きめの付箋紙を用意し，それに意見を記入してもらい模造紙に貼りながらグループ化していく方法などがある（写真3-1）．こうすることで，情報が共有化されやすくなる．アクションリサーチにおいては，情報の共有化のプロセスが重要となってくる．最後のまとめの図解を，デジタルカメラなどで撮影し記録として残しておくと便利である．

2 課題解決策と実行プログラムの決定～実践

1）解決策の決定の仕方

課題解決に向けた住民の思いの抽出のためのワークショップは，1回で終わることは稀である．また，立場の違った多くの参加者を得ようとすれば，必要に応じて開催の曜日や時間を変えて何回かに分けて繰り返し行うこともある．このような手続きを経て抽出された多くの課題解決策の全てを実践に結びつけることは到底不可能である．そこで，次の段階として，解決策に優先順位をつけ，取り組むべき解決策を決定する（絞り込む）とともに，その具体化に向けて参加者と協働してプログラム化していくためのワークショップが必要となる．このように何回かのワークショップが繰り返されると，参加しなくなるメンバーも出てくる一方で，新たに加わるメンバーも出てくる．ワークショップへの出入りは常に自由であることを保障しながら，研究者は毎回の参加者名簿と討

論の結果をデータとして残しておくようにしたい．

参加者による意思決定の手段として以下のような方法が知られている（堀 2004）．

①メリット・デメリット法　解決策のそれぞれにメリットとデメリットを列挙し，メリットが一番大きくて，デメリットが一番小さい案を選ぶ．
②ペイオフマトリックス　実現性（遂行が簡単，難しい）と収益性（収益が大きい，小さい）の2×2のマトリックスで分類する．遂行が簡単で効果が大きいものを，最良のアイデアとして選ぶ．
③意思決定マトリックス　最初に，収益性，実現性，成長性など，いくつかの評価項目を設定し，それぞれの重要度に応じて重みづけし，次に，評価項目に沿ってひとつひとつの解決策ごとに採点していき，重みと掛け合わせて，その総和が大きいものを選ぶ．

②のタイプの応用として，実行可能性（できそう）と実行意欲（やってみたい）または，実行可能性と重要性のマトリックスで分類する方法も考えられる．たとえば，実行可能性と重要性の場合，実行可能性（ⅰできそう，ⅱ 何とかできそう，ⅲ できそうにない）と重要性（ⅰ重要，ⅱ まあ重要，ⅲ 重要でない）の3×3の分割表をホワイトボードまたは模造紙上に用意し，参加者に投票してもらう方法である．参加者全員に解決策を記入した付箋紙（1つの解決策を1枚の付箋紙に記入）を配り，各自の判断で分割表の適当なセルの中にカードを振り分けてもらい，（ⅰできそう）×（ⅰ重要）のセルに分類された付箋紙で投票数の多い順に優先度が高いと判断する．

具体的な実行プログラムを策定するにあたり，最も優先度の高い解決策1つのみに焦点化するか，場合によっては複数の解決策を同時に実践するかの判断は，参加メンバーの話し合いによって決めることになる．

2）コアメンバー会議による実行プログラムの決定と振り返り

この段階になると当然のこととして，これまでの総論から各論へのシフトチェンジを余儀なくされ，集会の雰囲気はトーンダウンすることが常である．たとえば，誰がどのような役割を担うかを具体的に決めるとなると，初めから主体的に参加表明をする人はそれほど多くはない．

したがって，実行プログラムを決定するための会議は，それまでの住民を交えたワークショップから規模を縮小した会議にならざるを得ないことが多い．準備段階で想定した核となる行政，関係団体および住民組織等の関係者への参加要請はもちろんのこと，ワークショップに参加し

た発信力のあるキーパーソンにも声掛けし，参加してもらうようにすることが大切である．誰に声掛けするかは，研究者の一存で決めるのではなく，ステークホルダーとの議論を経て決める．ただし，行政が中心となって課題解決のための事業を立ち上げたような場合は，当初から協力的なコアメンバーの内諾を得ていることが多く，会議の招集・開催はスムーズに行くことが多い．

役割は，会議の参加メンバーだけで担うのではなく，広く地域の人的・組織的な社会資源をリストアップしながら参加要請していくことが必要である．また，予算がどの程度あるかも具体的な計画に大きく影響する．研究者が関わっている場合は，研究費の一部を活動費に割くことは可能であるが，研究期間が終了した時点でその活動が途絶えることのないように吟味を加えることが大切である．近年，行政の予算は削減され，コミュニティの課題解決に向けた新たな事業への当該年度での予算化は困難な場合が多い．アクションリサーチの特徴でもある，活動のプロセス評価の一環として，活動への参加者の推移，参加者の意見や満足度の推移などコミュニティへの影響度を表す根拠を提示しながら，将来に向けた行政としての予算化の努力は必須である．もちろん活動に参加する住民が費用を一部負担するような計画があってもよい．たとえば，地域のつながりづくりと健康づくりを兼ねたイベントとして，ウォーキング大会を開催するような場合に，途中での事故に遭遇した時の備えとしてボランティア保険に各自で加入してもらうなどである．

いずれにしても，具体的なプログラムが決まるまでには何回かのコアメンバー会議を重ねることになるが，決定に至るまでの行きつ戻りつのプロセスが，後で描けるように会議での発言をICレコーダー等（ビデオに記録すれば雰囲気も同時に資料として残るのでなおよい）に記録しておくことはもちろんのこと，研究メンバー個々が感じたことをフィールドノートに書き留めておくことも大切である．

また，このコアメンバー会議は，プログラムが実行に移行した後も，定期的に開催され，振り返りと修正が繰り返し行われることになり，これらの循環がアクションリサーチのプロセス評価の対象となる．

3 コミュニティへの広報活動

コミュニティの課題解決策やその実践プログラムの決定に関わるのは，一部の住民である．ワークショップの開催案内やその様子をタイムリーに地域の人びとに情報提供することも同時進行的に行う必要がある．一度に多くの情報を提供するより，その都度，ワークショップの様子を伝える写真や話し合った内容，さらには，次回のワークショップやコアメ

ンバー会議でどんなことを話し合うのかなども盛り込んだ1枚もののチラシとして，各戸配布することは，コミュニティの課題解決に向けての情報を地域の人びとと共有するためには有効である．決定した実行プログラムについても同様の方法で広報活動を進めることは多くの人の意識変革やプログラムへの参加を促す意味で重要である．

　コミュニティの課題解決に向けた取り組みは，半年や1年の短期で成果があがることは稀であり，継続的な実践が求められる場合が多い．コミュニティへの広報活動においても，時には情報がどの程度周知されているかなどの振り返りをアンケート調査などでチェック・確認しながら進めることも必要である．

　ここで問題となるのは，このような作業をだれが担うかである．研究者が参加するアクションリサーチでは，研究者自身や研究費で雇上げた事務局員が主たる役割を担うことは可能であるが，当初はそれでよいとしても地域に根ざした活動となるためには，その役割を地域のキーパーソンあるいは，行政やNPO組織等が恒常的に担えるような仕組みづくりも同時並行的に進めたいところである．

4 コミュニティ・エンパワメント

　上述の地域の課題解決に向けたステークホルダーや住民との協働的な取り組み（アクションリサーチ）は，個人や組織，地域などコミュニティの持っている力を引き出し，課題解決へと結びつけるための実践活動にほかならない．このことは，コミュニティを構成する個人，組織，集団の力量形成，すなわちコミュニティ・エンパワメントを引き出すための取り組みと言い換えることもできる．中山貴美子ら（2006）は，こうしたコミュニティ・エンパワメントについて住民や組織，地域が，集団としておかれた状況を批判的に分析し，共通の保健上の課題に気づき，その改善やウェルビーイング（well-being）の実現に向けて，その原因となる社会のあり方（人との関係や社会資源，政策等）を変えるために行動を起こしていくプロセスであり，アウトカムを含むものであると定義している．

　また，このコミュニティ・エンパワメントの過程には，「参加」－「対話」－「問題意識と仲間意識の高揚」－「行動」の段階がほぼ共通してみられるという（中山 2007）．これらのプロセスは，まさに参加型アクションリサーチの経過そのものでもある．活動への主体的参加のもとで対話による相互作用により参加者の意識の変革と仲間との連帯感が高まり，地域の課題解決に向かうとするプロセスである．しかし，プロジェクト開始当初は，協働的取り組みへの参加者は必ずしも多くないの

が常である．最初は少数であっても，このようなコアメンバーを中心として，コミュニティ・エンパワメントの輪を機会あるごとに他の人びとへも少しずつ拡げていくことで地域全体の課題解決へとつながっていくのである．コミュニティにおけるアクションリサーチに携わる研究者は，このようなエンパワメントの拡大が起こるように，住民，組織，地域を支援することはもちろんであるが，同時にその経過を多面的に描けるようにデータを蓄積し分析することが求められている．

安梅勅江（2005）は，エンパワメントを元気にすること，力を引き出すこと，そして共感に基づいた人間同士のネットワーク化であると定義し，エンパワメントを促す8つの原則を提示している．

- 目標を当事者が選択する
- 主導権と決定権を当事者が持つ
- 問題点と解決策を当事者が考える
- 新たな学びと，より力をつける機会として当事者が失敗や成功を分析する
- 行動変容のために内的な強化因子を当事者と専門職の両者で発見し，それを増強する
- 問題解決の過程に当事者の参加を促し，個人の責任を高める
- 問題解決の過程を支えるネットワークと資源を充実させる
- 当事者のウェルビーイングに対する意欲を高める

すでに述べたフォーカスグループ・インタビューやワークショップは，参加者のエンパワメントを引き出すための有効な技法と位置づけることができるが，その進め方において安梅の提示したエンパワメントを促す8つの原則は大いに参考となる．

以上述べた2節は，主に第1章の図1-2「コミュニティにおけるアクションリサーチの研究プロセス」の「②解決のための方策の計画と体制づくり」および「③計画に即した解決策の実行」に対応している．

3節 研究経過に伴う情報収集と整理

1 多様な情報源

　地域における参加型のアクションリサーチは，研究者がその地域のステークホルダーと協働して問題の解決に取り組む実践的・継続的な研究活動である．研究計画で収集すべきデータや分析方法があらかじめ決められている実証研究とは異なり，アクションリサーチにおいては，当初の計画では予想できない活動に発展したり，活動経過に伴ってさまざまな人との出会いや出来事に遭遇する．そして，課題解決に当たる関与者間の関係性にも常に変化が生じている．課題解決に至ったプロセスやその成果を記述・分析するにあたり，その解釈の質を高めるために，研究経過に伴った多様な情報源からのデータ収集を心がけることが必要である（以下，本節で説明する重要なポイントは図3-3で示す）．

　さまざまな方法によって，または，さまざまなステークホルダーに対して検討を重ねることによって，結果の確からしさを高める方法をトライアンギュレーション[7]と呼んでいる．つまり，アクションリサーチはさまざまな角度から複眼的に現象をとらえることによって，視点の偏りを避けようとするアプローチに立脚している．また，トライアンギュレーションは，単に妥当性を評価するのに役立つだけでなく，調査をより包括的にし，そしてデータを内省的に検討する（reflexive analysis）ための手段にもなり得る（Pope & Mays 2006）．アクションリサーチの

[7]
トライアンギュレーション
第1章の注16（37頁）を参照

図3-3　情報収集と整理

○多様な情報源
　・トライアンギュレーション
　・情報源の例（質問紙調査，エスノグラフィーなど）

○情報の蓄積と整理・分析
　・活動経過表の作成
　・詳細な記録の作成
　・活動記録の分析（プロジェクト評価表）

○情報の管理
　・質問紙調査データと名簿（個人情報の保護）
　・会議，ワークショップなどの情報（個人情報の非特定）

本質は，Plan-Do-Checkサイクルのスパイラルな循環にあるが，トライアンギュレーションによる内省的な検討は，「Check（解決策実行の過程と結果の評価）」の重要な構成要素でもある．

　また，アクションリサーチでは結果の他のコミュニティへの波及可能性を高めることが期待されているが，そのためにもトライアンギュレーションによる結果の多面的，複眼的な理解が必須である．

　アクションリサーチで用いられる情報源としては，以下のようなものが考えられる．

　　質問紙調査，エスノグラフィー，個別インタビュー，フォーカスグループ・インタビュー，ワークショップ，文書（覚書，依頼文，実践計画など），チラシ（広報活動用），活動の様子を記録した写真（ビデオ），計画の実践と振り返りの記録，打合せ・プロジェクト会議等の議事録，電子メールの記録，フィールドノート
　　※インタビューやワークショップの様子は，ICレコーダーに記録し，保管することを原則とする

　このうち，エスノグラフィーは，現地調査（フィールドワーク）により集められた結果をまとめたものであり，人類学における研究手法として知られている．箕浦康子（1999）は，エスノグラフィーとは，他者の生活世界がどのようなものか，他者がどのような意味世界に生きているかを描くことである．その人たちが世界をどのように見て，何を喜び，どのような行動をとるのか，その背後にあるその人の文化を描くことであると定義し，人の行動の背後にある文化は，当人にさえ感知されないくらいにその人の一部分となっていることが多く，質問紙調査や面接などの人の意識に頼るような研究方法では取り出せないことも多いと指摘している．アクションリサーチにおいても外部者である研究者がエスノグラフィー的な手法による地域把握を試みることは，トライアンギュレーションの観点からも意味のあることである．

　また，ここでのフィールドノートは，インタビューにおける逐語録や議事録等の記録ではなく，研究者が調査・研究に関わる中で見聞したり，体験したことのメモ書き的な記録を指す．記録は，必ずしも文章とは限らず，図や絵で描いてもよく，活動の様子を写真に撮り，それに説明書きを添えることもある．研究者がその場で感じたことや思ったことを簡単に書き記しておくことも有効である．フィールドノートには，このようなメモ書き的な記録に加えて，メモをもとにフィールドの状況をできるだけ正確に復元した記録も含まれる．アクションリサーチでは，複数の研究者が，協働で取り組むことが多いが，立場や専門性の異なる研究

者が同じ現場に立ち会ったとしても感じ方や視点は必ずしも一致するとは限らない．これらの感じ方の違いは，他のデータの分析とつきあわせてみることで結果の多面的な理解を助けることにつながる．

2 情報の蓄積および整理・分析

1）活動経過表の作成

アクションリサーチにおいては，上述したような情報を分かりやすく整理しておき，プロセス評価や効果評価の分析を行う際に必要に応じて取り出せるようにしておくことが大切である．その方法として，研究経過に伴う活動の様子を表3-1のような活動経過表を用いて整理するとよい．この例は，具体的な課題解決策や実施計画の検討に入る前の活動の初期段階の経過を示したものであり，研究プロジェクトへのステークホルダー（住民，行政，地域包括支援センター[8]など）の視点から見た「キーパーソン探し，地区特性の把握」そして，「キーパーソンに対するグループインタビュー」までの活動の様子を示している．

表3-1は，左から右に活動が生じた「年月日」，「研究者と住民・関係機関の関わり」とそれ以外の「その他の動き」，「特記事項(反応や決定事項など)」，活動に関わった「組織と参加人数」が記載できるようにしてある．たとえば，3月7日は，研究者による"研究者打ち合わせ"が行

[8]
地域包括支援センター
第1章の注3（19頁）を参照

表3-1 活動経過表

年月日	研究者と住民・関係機関の関わり		その他の動き	特記事項 （反応や決定事項など）	組織／参加人数
	住民との関わり	関係機関との関わり			
2011年 3月7日			研究者打合せ	介入地区は自治会が機能していない ⇒介入時に研究者と地域の媒介役となるキーパーソン・組織を探す必要がある．	研究者／3
3月24日		行政との打ち合わせ ・介入地区の様子について ・介入地区の特性を把握する方法		地区特性の把握のため，介入地区担当の地域包括支援センター職員にインタビューすることとなる．	行政／3 研究者／3
4月5日		介入地区担当地域包括支援センター職員へのインタビュー ・地区の様子・活動状況 ・利用可能なネットワークなど		職員は地域づくり活動への関心も高く，研究者と地域との媒介役として，また積極的に研究事業に関与してくれることが期待された．	行政／2 地域包括支援センター／1 研究者／3
5月20日			行政が介入地区在住の有力者A氏と面談 ・地域特性の把握 ・役割設定に関係する社会資源の情報収集 ・キーパーソンの紹介	介入地区で主体的に活動しているまちづくりの団体(B会)とメンバーを紹介してもらう．	住民（地区の有力者）／1 行政／4
5月22日	介入地区への調査結果報告会 ・高齢者の健康づくりにおける社会活動の重要性 ・調査結果報告 ・意見交換			B会のメンバーから地区把握の必要性について発言がある．	住民／29 行政／10 地域包括支援センター／1 研究者／3
5月29日	介入地区キーパーソン3人へのフォーカスグループ・インタビュー（B会） ・地区の様子・活動状況 ・利用可能なネットワークなど			B会は様々な団体と連携しながら積極的に活動している． ⇒この3人が介入時のキーパーソン・組織となり得ると思われた．	住民／3（1団体） 行政／2 研究者／4

われ，地域の媒介役となるキーパーソンや組織を探す必要があることが「特記事項欄」に記載されている．参加者は，研究者3名であった．次の3月24日は，介入地区の様子を把握するための方法について"行政との打ち合わせ"を行ったことが記されており，介入地区担当の地域包括支援センターの職員に地区の様子，活動状況等についてインタビューすることになった旨の記載が「特記事項欄」にある．参加したメンバーは，研究者，行政とも3名であったことが記されている．

このように活動経過表は研究活動の流れを時間軸にそって追えるようにしたものであり，研究期間内に生じたすべてのイベントを記載することになる．記入漏れを防ぐためには，多少面倒でも活動が終了した後にできるだけ速やかに記録しておくことがポイントとなる．

2）活動経過表に記載された事項の詳細な記録

活動経過表は，活動内容についてのメモ程度の情報しか記載されていない．実際には，1つの活動にはさまざまな情報が付随するものであり，活動経過表のイベントにあわせて詳細な資料を情報としてファイルしておくことが必要となる．活動経過表のイベントとその詳細なファイルを対応させるための工夫として，活動が生じた年月日を付したフォルダを作成し，その中に，関連した情報ファイルを保存しておくのも一つの方法である．たとえば，3月7日の「研究者打ち合わせ」であれば，フォルダー名は「20110307」のようになる．この中には，議事録（参加者名含む），配布資料（打ち合わせで配った資料）が登録される．また，5月29日の「介入地区キーパーソンへのフォーカスグループ・インタビュー」であれば，フォルダー名は「20110529」となり，その中には，インタビューの計画書（研究者・行政の役割分担，リサーチクエスチョン，開催場所や時間），配布資料，インタビュー内容の逐語録，逐語録の分析結果，写真，参加した研究者のフィールドノート（研究者の気づき，参加者の反応，場の雰囲気等）などがファイルされる．

3）活動記録の分析

このように整理・蓄積された情報にもとづいて活動のプロセスを分析することになるが，以下に本章4節で取り上げる研究事例「高齢者の地域での社会的ネットワーク形成に関する介入研究」9）に基づいて，その分析例をプロジェクト評価表（表3-2）として示す．表には，「時間経過（年月日）」に沿った「会議・プロジェクト事業」，「プロジェクトメンバー（住民）の反応」，「研究者からみたプロジェクトの動きや研究者の働きかけ」，そして，「ステークホルダー（プロジェクトメンバー）」である住民と住民以外の「その他のステークホルダー」のプロジェクト事業

9）
「高齢者の地域での社会的ネットワーク形成に関する介入研究」
本研究は，科学研究費補助金（研究課題名：「高齢者の役割づくりに基づく社会的ネットワークの形成に関する地域介入研究」，研究代表者：芳賀 博，研究期間：2010年度〜2012年度，課題番号：22300232）により実施されたものである．

表3-2）
出典：安斎紗保理，佐藤美由紀，斉藤恭平，芳賀博「地域在住高齢者・行政・研究者の協働により創出された地域活動が自主化に至るまでのプロセスとその効果──アクションリサーチを用いた取り組み」『応用老年学』9, 2015.

表3-2 プロジェクト評価表

	年月日	会議・プロジェクト事業	プロジェクトメンバー（住民）の反応	研究者からみたプロジェクトの動きや研究者の働きかけ	ステークホルダー（プロジェクトメンバー）／その他のステークホルダー
①無関心〜興味期	2011年10月初旬			2回のワークショップの結果と自治会長の意見からウォーキング事業に取り組むことを決定．	行政から包括へプロジェクトへの参加要請
	11月初旬	第1回プロジェクト会議	プロジェクトメンバーはウォーキングに関心を示したが，全般的に表情が固い．ウォーキングコースの作成を2人のプロジェクトメンバー（Aさん，Bさん）が担当することが決定．	研究者よりウォーキング事業を地域活動として実施することを提案．また，ウォーキングコースの作成を依頼．市社協職員が研究事業に関心を持ち，自主的に参加．市職員の要請により，包括職員が会議に参加．	ウォーキングコースの作成／ウォーキングイベントの開催が具体化
	11月中旬	第2回プロジェクト会議	ウォーキング事業の具体的内容について活発に意見交換．特にウォーキングコースを作成したAさんとBさんが積極的であった．Cさんより，参加促進グッズとして，コサージュが提案された．	地域包括職員からプロジェクトメンバーによるコースの下見に一緒に参加したいという意向が示される．地域包括職員の関わりに積極性がみられてきた．	
②モチベーションアップ期	12月初旬	第3回プロジェクト会議	Aさん，Bさんを中心に打合わせ．Cさんよりコサージュの見本が示された．打ち合わせ終了後，プロジェクトメンバーのみで話し合いを実施．	これまでの会議におけるプロジェクトメンバーの意見を反映させたウォーキングマップなど参加促進グッズの見本を提示．	会議欠席／参加促進グッズの見本の提示
	2012年1月中旬	第4回プロジェクト会議	ウォーク事業の中心であるAさんとBさんが欠席．これまで発言者が固定していたが，他のメンバーからの発言もみられた．		
	1月下旬	第1回イベントウォーク⇒約100名の住民が参加	Aさんが進行を担当し，あいさつに「健康ばんざい」と声をかけ，参加者も交えばんざいをした．		ウォーキングイベントの成功／会議への参加がなくなる
③協力・創意工夫期	1月下旬	木曜ウォークスタート	各プロジェクトメンバーが受付や準備などそれぞれ役割を担い，事業を進める．Aさんが作製した先導の旗が，定期ウォークに導入された．	木曜ウォークへの定期的な参加．また，ウォーク内で中心的な役割を担う．包括職員が定期的に木曜ウォークに参加．	プロジェクトへの参加がなくなる／ウォーク参加などのプロジェクト内の役割を移譲
	2月中旬	第5回プロジェクト会議	プロジェクトメンバーからも活発にアイディアが出ていた．普段発言の多いプロジェクトメンバーが欠席であったため，普段控えめなプロジェクトメンバーからも積極的な発言が見られた．	プロジェクトメンバー・包括職員・研究チームが対等の立場で活発にアイディアを出し合っていた．	
	3月	木曜ウォークの様子	Bさんからウォーク中に小中学生の下校の見守りを行うことが提案され，ウォークには地域の防犯活動としての意味もあるとウォーク参加者に向けて発言された．Aさんの提案により，ウォーキング中に清掃活動が実施された．		
	3月初旬	第2回イベントウォーク〜ひなまつりウォーク〜		プロジェクト関係団体が協力して実施したひな祭りイベントとタイアップする形で実施された．	

3節　研究経過に伴う情報収集と整理

第3章 高齢社会のコミュニティにおける課題解決に向けた実践

段階	年月日	会議・プロジェクト事業	プロジェクトメンバー（住民）の反応	研究者からみたプロジェクトの動きや研究者の働きかけ
④葛藤期	3月初旬	第6回プロジェクト会議	研究者の参加終了をプロジェクトメンバー（Cさん，Dさん）が強く引き止めた．木曜ウォークの主体的実施者が研究者側と考えている様子が見られた．	ウォーキング計画当初からの予定であった木曜ウォークへの研究者の参加終了を伝えた．プロジェクトメンバーの希望を受け，5月まで参加を延長することを決定．
④葛藤期	4月〜5月	木曜ウォークの様子	ウォーク終了後のプロジェクトメンバーの雑談のなかで，自主的な活動の必要性を認識する発言が見られる．同時に，研究者を引き留める発言も見られる．研究者が担当していた業務に不安があるようである．	研究者から，最終的には自分たちでやることに意味があることを説明．ウォークへの参加頻度を減らし，研究者スタッフが行っていた業務をプロジェクトメンバーに行ってもらう．
④葛藤期	4月初旬	第7回プロジェクト会議 "子どもに教える塾"の計画説明	子ども会の会長より，こども会のイベントに高齢者が参加する形での交流イベントは可能だが，"教える"となると難しいといった意見が述べられた．	子ども会の会長を交え，プロジェクトの別事業である"子どもに教える塾"について検討した．
④葛藤期	4月下旬	第3回イベントウォーク〜若葉ウォーク〜		木曜ウォークに多く出席した住民参加者の表彰式を行った．ウォーキングは雨のため中止．
④葛藤期	5月中旬	第8回プロジェクト会議 "サロン"の計画説明	次回の第4回イベントウォークの企画をプロジェクトメンバーが実施することを決定．ウォーキングと比べサロンに対して積極的な様子が見られない．	第4回イベントウォークの企画をプロジェクトメンバーで行うことを提案．サロンは研究者側が運営，プロジェクトメンバーが運営の手伝いという形で開始し，徐々に運営役割を移譲していく計画となった．
④葛藤期	5月末	木曜ウォーク研究者スタッフ最終日	3月のように引き止める様子は見られない．	包括職員が定期的に顔出しすることを伝える．
⑤自主活動開始期	6月初旬	ウォーク開始時刻変更	参加者減少を受け研究者スタッフが来なくなったのが原因でないかとDさんが市役所を訪れ市職員に不満をもらす．	市職員より元々住民だけで進めていく計画で進んでいることを伝え，納得してもらう．
⑤自主活動開始期	6月中旬	第9回プロジェクト会議	"子どもに教える塾"が保留となり，こども会との協力に対し消極的な意見．子ども会以外のターゲットの可能性について述べられた．	プロジェクトの別事業として企画していた"子どもに教える塾"の計画が進まず保留となる．
⑤自主活動開始期	6月下旬	木曜ウォークスイカ割りの企画	ウォーク参加者を中心とした世代間交流イベントの開催がAさんより提案された．Bさんが児童保育所にイベント開催の声掛け．木曜ウォーク終了後の「スイカ割り」に子ども会を招待．	
⑤自主活動開始期	7月初旬	第10回プロジェクト会議 サロン開始（〜12月まで5回実施）	プロジェクトメンバーの参加が1名のみ（Dさん）．他のメンバーは用事，来客等で参加できず．	会議の開催日をプロジェクトメンバーが集まりやすい日（ウォーク事業開催日）に変更．研究者が運営，プロジェクトメンバーが手伝いという形で全5回が実施された．

ステークホルダー（プロジェクトメンバー）：Aさん，Bさん，Cさん，Dさん，Eさん，Fさん，Gさん，Hさん，Iさん
その他のステークホルダー：行政，包括，研究者

研究者が行っていたウォーク業務を住民メンバーへ移譲提案

ウォーク事業への参加終了

	年月日	会議・プロジェクト事業	プロジェクトメンバー（住民）の反応	研究者からみたプロジェクトの動きや研究者の働きかけ	ステークホルダー（プロジェクトメンバー） Aさん Bさん Cさん Dさん Eさん Fさん Gさん Hさん Iさん	その他のステークホルダー 行政 包括 研究者
⑤自主活動開始期	7月下旬	第11回プロジェクト会議	Cさんの紹介で自治会より，Gさん，Hさんが出席．Gさんが積極的に発言する様子が見られた．Bさんが第4回イベントウォークの予定地に足を運ぶなど積極的な姿勢が見られた．		Cさんの紹介でGさん，Hさんが会議に参加	
	9月初旬	第12回プロジェクト会議	ウォークの議題について，活発な意見交換が行われていた．		イベント開催が具体化	
	10月中旬	第13回プロジェクト会議	イベントウォーク当日の内容について活発な議論．プロジェクトメンバーがほぼ全員参加，イベントに対する意欲が感じられた．	イベントウォークに必要なチラシや地図などの資料作成，保険を大学が担当．		
	11月初旬	第4回イベントウォーク～秋の遠足ウォーク～	プロジェクトメンバーで主体的に役割分担をしながら，スムーズに運営．			
⑥自主活動期	11月初旬	第14回プロジェクト会議	イベントウォークの成功に満足している様子が見られた．今後も不定期ではあるが，イベントウォークを継続することが決定．子ども会主催のクリスマス会で紙芝居，手品を披露することが決定．			
	12月	木曜ウォークの様子	Aさんの声かけからIさんがプロジェクトメンバーとして参加開始．全ての役割をプロジェクトメンバーで分担し実施．参加者が減ったことを話し合う様子が見られた．	定期的ではないが，包括職員が顔を出す．	Aさんの紹介でIさんがウォークにスタッフとして参加	
	12月中旬	第15回プロジェクト会議 子ども会主催のクリスマス会で紙芝居と手品を披露	サポート終了をとがめる様子もなかった．しかし，積極的な発言も見られなかった．子どもとの交流だけでなく，母親世代との交流にもつながった．	介入期間が終わるため，これまでと同様のサポートができなくなることを伝える．	プロジェクト会議の終了	
	2013年3月	研究期間終了	Cさんより，新年度以降も木曜ウォークを継続することが自治会の会議において決定されたと報告．	研究者からは，これまでと同じようなサポートは難しいが，サポートをすることを伝える．		

3節　研究経過に伴う情報収集と整理

への関わりの"強弱"と"動き"が示されている．プロジェクト事業への関わりの強弱は線の太さ，メンバー間の関わりの動きは矢印で表している．このようなデータの整理を通じて，活動の展開過程を描こうとしている．この例では，「プロジェクトメンバー（住民）の反応」「研究者からみたプロジェクトの動きや研究者の働きかけ」および関わりの"強弱"と"動き"の記載内容から，時間経過に沿って6つのステージ，①無関心〜興味期，②モチベーションアップ期，③協力・創意工夫期，④葛藤期，⑤自主活動開始，⑥自主活動期に分類された．この流れをみると必ずしも活動は順調に発展しているわけではない．「葛藤期」においては，研究者からウォーク事業の住民メンバーへの役割委譲（受付の準備，準備体操，ポイントカードの管理など）が研究開始当初の住民との合意に基づいて提案されたものの，実際に住民メンバーが役割委譲を受け入れるまでに2カ月余り（3月初旬の委譲提案から5月中旬の研究者のウォーク事業への参加終了まで）を要したこと，「自主活動期」に至っても，ウォーク事業への「参加者が減ったことを話し合う様子が見られた」などの記述にみられるように（12月，プロジェクトメンバー（住民）の反応），さらなる地域への浸透のためには課題も多いことが見て取れる．また，時間経過に伴ってステークホルダーのプロジェクトへの関わりの強弱（程度）の変化やプロジェクトメンバーとして新たなメンバーが加わった"きっかけ"や時期も見て取れるようになっている．たとえば，2012年7月下旬にCさんの紹介でGさんとHさんがプロジェクトメンバーに加わり，その後，イベント・ウォークをきっかけにGさん，Hさんの関わりが強くなったことが示されている（安斎ほか 2015）．このようなプロジェクト評価表の作成は，アクションリサーチにおけるPlan-Do-Checkのプロセスを「見える化」し，評価するためのツールとして有用であると考えられる．

3 情報の管理

1）質問紙調査データと名簿

アクションリサーチにおいては多くの情報を取り扱うが，コミュニティの課題解決に関わった組織や人々の個人情報の保護は絶対の条件であり，何よりも優先されなければならない．

質問紙調査における対象者の氏名，性別，年齢，住所などの記載された一覧名簿はもちろんのこと，調査票自体にこれらの個人情報が記載されている場合には，調査票そのものも鍵付きのロッカーなどに保管することが大切である．また，データの電子化に当たり，対象者個々人の変化を追跡したい場合には個人を特定する情報が必要となってくるが，そ

の場合にはID番号化（連結可能匿名化）するなどして入力処理することである．さらに，電子データ化された保存ファイルとIDや個人情報の記載された名簿などは，それぞれ別の場所に保管することが原則である．しかし，個人を特定する必要がない調査においては，調査への回答そのものを無記名で行うことが望ましい．

　行政との協働で行う質問紙調査の場合，対象者の抽出から宛名ラベルの印字，発送そして名簿の管理までを行政組織内で行い，部外者である研究者は個人情報にまったく関与しない方法も有効である．

2) 会議，ワークショップなどで得られた情報

　会議録やワークショップなどの逐語録を整理・保存するに当たり，参加者や発言者の個人情報が特定されないような配慮が必要である．個人名をそのまま実名では記録に残さないことはもちろんのこと，実名をＭＳさんやＫＡさんのようにイニシャル化しての記録も避けたいところである．たとえば，Ａさん，Ｂさんなどのようにアルファベット順に示すなどの工夫が大切である．このようにしておくことで，学会や紙上発表だけでなく，データを公開してのピアレビューや意見交換をするような場合でも個人情報の保護につながる．さらに，前述した質問紙調査等の場合と同様に，電子化された質的データおよびそこに記録された個人を特定する記号と個人名等の対応表は別の場所に保管しておくことはもちろんのことである．

　また，研究者によるフィールドノートの記録の中で，コミュニティの課題解決に協働して取り組んでいる参加者間の微妙な人間関係について触れる場合もありうるが，これらの部分についてはデータ分析の際に参考にするとしても，公開可能なデータファイルからは削除しておくべきである．

　以上の3節は，主に第1章の図1-2「コミュニティにおけるアクションリサーチの研究プロセス」の「④解決策実行の過程と結果の評価」に対応しており，評価を進めるための情報源・情報の整理・管理と分析例について紹介した．

COLUMN 6

行政が大学や専門研究機関と協働するためのポイント

木村清一

市町村を中心とした地方自治体が，大学や専門研究機関等と協働して，地域課題の解決や行政施策の充実を先駆的に進めることのメリットと重要性について，これまでの行政と市民の協働事業に取り組んできた経験からいくつかのポイントを提示する（図1も参照）．

ポイント1　地域課題の解決に先駆的に取り組める

高齢期の生活を支えるうえで，より身近な存在である介護や地域医療などの在り方は，市民からの緊迫したニーズに応えるために，自治体行政としても優先的かつ積極的に取り組まざるを得ない状況下にある．例えば，介護サービスや生活支援サービスの提供，救急医療や在宅医療の実施体制はもとより，生活習慣病予防や健康づくり事業，虚弱化予防や介護予防など喫緊な課題も多く存在している．行政としてこのような地域課題に取り組んでいくときに，関連する大学や専門研究機関から「協働して取り組みたい」とする申し入れがあったならビッグチャンスと捉え，積極的に参画して欲しいところである．なぜなら，長寿社会のまちづくりの先駆的な事例ともなっている「柏プロジェクト」（柏市，東京大学高齢社会総合研究機構，独立行政法人都市再生機構が立ち上げた，地域包括ケアと高齢者の生きがい就労の実現を目指したモデル事業）は，こうした状況から出発して取り組まれてきた経過があるからである．

今日の社会情勢からみると，高齢社会に関する課題ばかりではなく，育児や保育，学童や青少年教育などの子育て支援施策や障害者施策の課題も少なくない．市民活動や地域活動，さらには，まちづくりの視点まで広げると，枚挙にいとまがないほど地域課題は多種多様になっている．

これらに取り組む際には，大学や専門研究機関等の持つ客観的な情報や優れた知見と判断，人材や資金などを活用すると，これまでとは違った積極的な取り組みを推進することが可能となる．また，必要に応じて市内全体を対象エリアとして取り組むだけではなく，一定の地域（コミュニティ）を対象としてモデル的にヒト・もの・カネを集中的につぎ込んで典型事例を形成しながら得られた成果と教訓を広く普及させるという手法も重視したいところである．

ポイント2　補助金や助成金等の財源を確保できる

大学や専門研究機関と協働した取り組みの多くは，国・県の補助金や助成金をはじめ，民間資金などの研究助成費を活用して取り組まれる場合が少なくない．このことは見方を変えて言うならば，自治体における地域（行政）課題の解決を，外部資金を使って取り組むことができるということになる．

今日の自治体を取り巻く財政状況は，逼迫の一途を辿り極めて厳しいものと言ってよく，有効な財源確保に奔走するなど大変な労苦を強いられている現状にある．ましてや地域課題に沿って新たな取り組みを画策するなどは，財源問題を解決しない限り論外のこととなってしまう傾向さえある．こうしたことから，外部資金の活用を基本とした協働事業の取り組みは，今日の地方自治体が取り巻く環境から見てビッグチャンスといえるのではないだろうか．

ポイント3　取組みに有能な人材が活用できる

さらに，モデル的な研究目的を持った取り組みは，協働する相手によって，大学教授・教員や研究者を

はじめ，当該の学部生や大学院生，ときには多くの専門家集団などを投入した活動が行われるため，事業の進捗や課題解決にかかわる有能な人材の活用と確保が図れる点も見逃せない．「柏プロジェクト」を例に挙げると，自治体としての柏市に東京大学のほかUR都市再生機構も加わった三者による「研究会組織」を母体に，各種市民団体や機関が結集し協働事業として取り組まれたことから，大学関係者はもとより，都市計画や建築・土木技術者などの専門家集団，さらに介護・医療などの多職種有資格者，町会・自治会・NPOなど各年齢層の市民が挙って"長寿社会のまちづくり"の旗のもとテーマごとに結集・参画してダイナミックな取り組みとなっている．つまり，事業目的のあるべき姿に沿って，様々な関係機関団体に粘り強く呼びかけを行った結果，多種多様な人材が集まりはじめ，情報共有と役割分担を何度も繰り返しながら活動してきたことになる．

ポイント4　行政内部に連携・協働の意識が高まる

今日の行政施策の推進と実施は，市民との協働や参画が求められる一方，必要に応じて行政自身が内部の連携や協働体制を結成して取り組まざるを得ない場合が少なくない．そこで，市民との協働体験を持つ職員の存在が重要なポイントとなってくる．とくに，これからの行政幹部職員の資質の一つとして「市民との協働や連携活動の豊かな経験を持つ」人材が必要とされてきており，常にそうした幹部職員が先頭に立って動いている状況を，行政内部にこそ創り出していくことが望まれているのである．先駆的な協働研究事業の多くは，行政職員による各種分野や事業を超えた実践的な研究会や打ち合わせ会議，研修会や学習会，ワーキンググループなど多様に取り組まれており，必然的に連携や協働体制の確立へとつながり，関わった職員の意識を醸成し，高めているのである．このように具体的な課題解決や事例を通じて，主体的な意識の高揚とともに連携や協働は推進されていくものであることを肝に銘じたいところである．

ポイント5　市民が主体となったまちづくりが進む

コミュニティを対象とした地域課題解決型の取り組みは，当該の地域がもつ特性に応じた事業展開となるため，必然的に市民主体の連携・協働体制を形成して進めることとなる．そこで行政や大学，専門研究機関等は，市民を取り組みのパートナーとして位置づけ，効果的な活動や事業運営のための様々な支援と互恵対等な取り組みのスタンスを通じて「地域課題の解決」に関わっていくことが大切である．このような活動のプロセスこそ「市民との協働」を促進し，相互の信頼関係を強固に築いていくことになり，市民主体の地域活動の活性化，つまり"コミュニティによるまちづくり"になると言えるのではないだろうか．

図1 行政は協働事業を進めるために，どのようなことに留意しているか

計画立案段階から協働を進める	・課題にどう取り組むか計画の立案段階から進める ・相互に知恵を出し合い，取り組み，課題解決する
さまざまな段階で透明性を確保する	・行政が情報公開し，協働相手と情報の共有をする ・取り組みの節目毎の進行状況や取り組みを公開する
参加機会の拡大と競争原理の確保する	・行政が所管する公共分野への参入機会を確保する ・選定時は公募型プロポーザル方式等の競争原理を働かせながら，企画・運営力やコスト面から選定する
常に行政内部の意識改革を進める	・日ごろ市民と意見や情報交換し協働の体験をする ・相互に知恵を出し合い，取り組み，課題解決する

4節 地域での具体的な実践

本節では，筆者が関わったアクションリサーチによる地域の課題解決に向けた取り組みの一事例を示し，その問題点や留意点等について紹介する．なお，「2 具体的取り組みの事例」においては，経過および効果評価に触れているが，ここでは事例における評価結果を示したものであり，アクションリサーチにおける評価に関わる体系的な理解については，第4章を参照されたい．

1 高齢者の地域での社会的ネットワーク形成に関する介入研究

社会的ネットワークは，高齢者の健康やQOLと密接に関連することが知られているが，社会的ネットワークの維持・構築に関する問題解決型の実践的研究はほとんどなされていない．また，地域のネットワークの強化は，共に支える地域づくりの視点においても重要である．そこで本研究では，高齢者の家庭外での役割の見直しと発掘に基づく「役割実践プログラム」[10]を開発し，その地域への応用が社会的ネットワークの構築と促進にどの程度影響するのかを明らかにすることを目的としたアクションリサーチを展開することとなった（芳賀 2013）．この研究は，地域特性の異なる3つのフィールドで同時に行うことになったため，役割実践プログラム開発のためのおおよその流れとして，図3-4のような展開例を作成した（分担研究者，斉藤恭平による原案を筆者が改変）．なお，この段階では，ベースライン調査はすでに終了している（対象地区のステークホルダーが認識する地域性や課題の共有については，ベースライン調査の前に行うことが望ましいが，本研究では調査対象地区の選定や行政からの協力の合意を得るのに時間がかかり，ベースライン調査の後になった事例である）．

図3-4の詳しい内容は次の通りである．

①②――行政担当者を含むステークホルダーの認識する地域の実態や課題を整理し，共有するために行うもので，ワークショップ実施のための事前準備として設定する．

③――地区住民を対象とした2回の住民参加型ワークショップを実施し，参加者の意識の変革と仲間との連帯感を高める．

10）「役割実践プログラム」
高齢者の地域社会での役割の見直しと発掘を住民参加型のワークショップにより行い，抽出された役割の実践を通して地域活動を促進し，高齢者の社会的ネットワークや健康に及ぼす影響の程度を明らかにしようとしたものである．

図3-4 住民参加型によるプログラム開発のための展開例

① 行政担当者との打ち合わせ

② ステークホルダーへのインタビュー(個別・グループ)による地域把握とキーパーソンの発掘

③ 地区住民参加型ワークショップによる役割抽出とエンパワメント

④ 行政,研究者,キーパーソンを含むステークホルダーによる役割実践プログラム設定の検討会議

⑤ 役割実践プログラム実行と主体組織への支援

⑦ 自主運営化の支援

⑥ コミュニティへの情報提供による活動の強化と支援(広報・チラシ・掲示板・回覧板・口コミ等)

(内容)
- 地区の高齢者の生活上の困りごとの抽出と共有
- 理想とする健康的な高齢者の生活イメージの抽出と共有
- 住民が高齢者に期待する役割および高齢者が実施したい役割の抽出と共有
- 実施可能な役割案の抽出と共有

(対象)
- キーパーソンを通じ参加対象者を募集するが,必要に応じて地区の可能な広報媒体を使い参加者を募集する
- 対象は高齢者に限らず地区の一般住民とする.自治会関係者,高齢者団体の関係者,行政,地区の議員等も含める
- 1回のワークショップは,20〜30人が適当である

(目標)
- 第1回ワークショップ
  - 最終的に高齢者に対する役割(期待)案をまとめることを目標とする
  - 第1回ワークショップの結果から第2回ワークショップまでに高齢者の役割案カードを参加人数分作成する
- 第2回ワークショップ
  - カード化された役割案に関して,「実行可能性(やれるかどうか)」と「実行意欲(やってみたいかどうか)」を基準に参加者で投票を実施する
  - 実行可能性と実行意欲が共に高いカードについて,実行のための条件として,ア)リーダー(誰が中心になってやるか),イ)組織(どこが中心になってやるか),ウ)時間場所(いつ,どこ

で，どのような機会にやるか）をグループで話し合う

④──ワークショップの結果を踏まえ，行政，研究者，地区のキーパーソンを含むステークホルダーで具体的な役割実践プログラム設定に向けた検討（プロジェクト）会議を実施する．

（内容）
- 実施可能な役割実践プログラムの決定
- 役割実践プログラムの実施主体（地域包括支援センター，NPO，社会福祉協議会[11]等）について
- 研究者や行政からの必要な支援（費用，広報，人的）について
- 実行主体となる団体組織との調整および具体的な役割実践プログラム（内容・期間・支援内容）の作成支援について

⑤──役割実践プログラムの実施および振り返りと見直しを行う．この段階でのみ，振り返りと見直しをするのではなく，①〜④の各段階においても問題が生ずれば，その時点で振り返りや見直しを適宜行うこととする．

⑥──コミュニティへの情報提供による活動の強化と支援を継続的に行う

（内容）
- ベースライン調査の結果，ワークショップの案内，ワークショップの結果，役割実践プログラムに関わる情報など

（方法）
- 広報，チラシ，掲示板，回覧板，プロジェクトメンバーの口コミ等による

⑦──地域での課題解決に向けた取り組みは，研究期間終了後も継続発展していくことが求められている．研究期間が終了した後にも住民を核とするプロジェクトメンバーが自主的に活動を継続発展させていけるようになるためには，行政や地域包括支援センターなどの担当者による公的な支援や見守りは必須である．このような後方支援の存在こそが，活動の自主運営化を促進し，より安定した活動をもたらすことにつながる．

2 具体的取り組みの事例

ここでは3つのフィールドのうち，首都圏に位置するA市（高齢化率19%）のS地区を対象とした取り組みについてその概要を紹介する．初

---

[11] **社会福祉協議会**
民間の社会福祉活動を推進することをめざした営利を目的としない民間組織で，社会福祉法に基づき各都道府県，市区町村に設置されている．地域住民が住み慣れたまちで安心して生活することのできる「福祉のまちづくり」の実現をめざしたさまざまな活動を行っている．

年度は，地区把握と研究課題に関連する事項の実態把握のためのベースライン調査，2〜3年目に住民，関係組織，行政との協働による実践プログラムの作成と実践，さらに3年目の末には，評価のためのアンケート調査およびステークホルダー（住民プロジェクトメンバー）を対象としたフォーカスグループ・インタビューを行っている．以下に，2〜3年目までの主な経過を概説する．

1）住民への参加呼びかけ──ワークショップの開催

S地区のアンケート対象者（65〜79歳の577名）に郵送により，ベースライン調査の結果説明会への参加を促すとともに，行政，地域包括支援センターから自治会のキーパーソンへの声掛けを依頼．参加者は40名．アンケートへの回答者（491名）に比べるとプロジェクトに興味を有する住民は少ないと考えられた．結果説明会の中で，「社会活動に参加している人ほど健康であること」，「対象地区における地域(近所)との交流は全国平均より少ないこと」，一方で「ボランティア活動は全国平均よりやや活発であること」，さらに「地域とのつながりが低い人の特徴」等についても説明し，最後に，ワークショップへの参加を呼びかけて終了．その後，対象地区で積極的に活動しているまちづくりの組織を通じて，自治会を初め地域で活動している組織（老人会，子ども会，早起き会，地区社会福祉協議会など）の関係者にも集まってもらい，ワークショップの趣旨説明を行い，協力と参加を呼びかけた．なお，当該地区の自治会の加入率は，5割程度であり，その活動は活発とは言えない．そこで，自治会の回覧に加えて，ベースライン調査の回答者に対する郵送による通知，地区組織を通じてのチラシ配布などでワークショップ開催を周知することとした．

第1回ワークショップ（地域づくり懇談会）は，33名（住民，行政，地域包括支援センター）が参加．その結果，図3-5のように，高齢者に期待されている役割・活動が集約された．「ボランティア活動」「地域の子どもを育む」や「生きがい健康づくり活動」「地域活動の活性化」「地域の人との交流」などへの関心が高いことが示された．

第2回ワークショップは，26名（住民，行政，地域包括支援センター）が参加し，ニーズの高かった「地域の子どもを育む」と「生きがい健康づくり活動」を取り上げ，具体的な活動とそれを可能にする団体・組織（資源）などについて話し合いを持った．

2）設定された役割実践プログラム

ワークショップの結果を受けて，具体的な役割実践プログラムを計画する検討会をプロジェクト会議（対象地区のシンボルである桜並木にち

図3-5 高齢者に期待されている役割・活動（第1回ワークショップ結果）

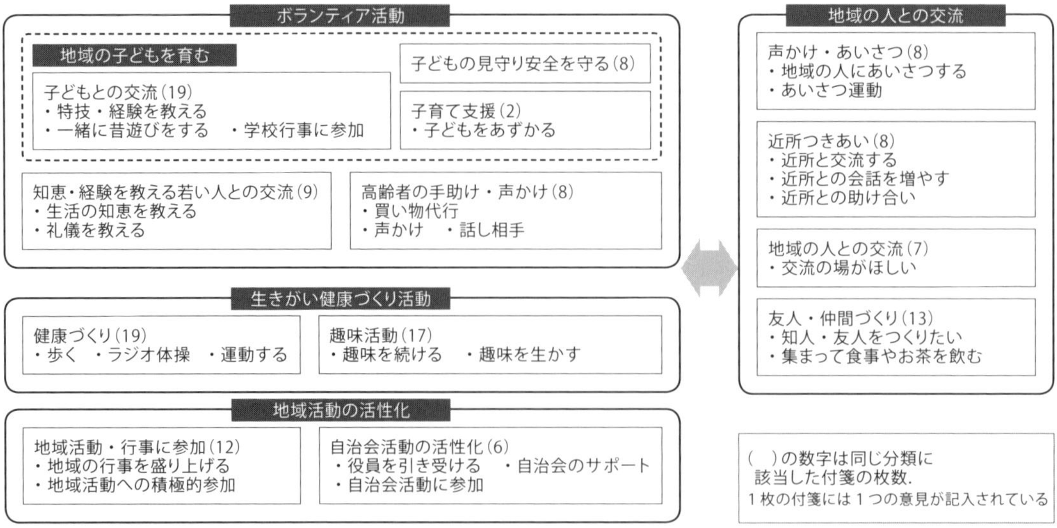

ボランティア活動

地域の子どもを育む
- 子どもとの交流(19)
  ・特技・経験を教える
  ・一緒に昔遊びをする　・学校行事に参加
- 子どもの見守り安全を守る(8)
- 子育て支援(2)
  ・子どもをあずかる

- 知恵・経験を教える若い人との交流(9)
  ・生活の知恵を教える
  ・礼儀を教える
- 高齢者の手助け・声かけ(8)
  ・買い物代行
  ・声かけ　・話し相手

生きがい健康づくり活動
- 健康づくり(19)
  ・歩く　・ラジオ体操　・運動する
- 趣味活動(17)
  ・趣味を続ける　・趣味を生かす

地域活動の活性化
- 地域活動・行事に参加(12)
  ・地域の行事を盛り上げる
  ・地域活動への積極的参加
- 自治会活動の活性化(6)
  ・役員を引き受ける　・自治会のサポート
  ・自治会活動に参加

地域の人との交流
- 声かけ・あいさつ(8)
  ・地域の人にあいさつする
  ・あいさつ運動
- 近所つきあい(8)
  ・近所と交流する
  ・近所との会話を増やす
  ・近所との助け合い
- 地域の人との交流(7)
  ・交流の場がほしい
- 友人・仲間づくり(13)
  ・知人・友人をつくりたい
  ・集まって食事やお茶を飲む

（　）の数字は同じ分類に該当した付箋の枚数．
1枚の付箋には1つの意見が記入されている

図3-5）
出典：佐藤美由紀，安斉紗保理，斉藤恭平，芳賀博「住民関与者からみた社会的ネットワーク形成を目指したプロジェクトの効果と課題」『応用老年学』9, 2015.

なんで愛称を"SAKURAプロジェクト"とし，その企画，運営，見直しなどを行う組織）として立ち上げた（以下表3-2も参照）．ベースライン調査の報告会の準備（4月）からワークショップを経て実際のプロジェクト会議の開催（11月）に至るまで7カ月余りを要することになった．第1回プロジェクト会議への参加は，ワークショップの参加者に比べるときわめて限定的であり，住民6名（3つの組織関係者），行政2名，地域包括支援センター3名のみの参加であった．本研究のように住民への説明会や2回のワークショップを通じて，住民，組織のエンパワメントを促しながら地域での新たな活動へ結び付こうとしても，すぐには多くの人々の賛同が得られないことが改めて浮き彫りにされた．このことは，2回程度のワークショップでは，その学習効果として期待したグループ・ダイナミクスが十分に機能しないことを示しているのかもしれない．

実践に移す取り組みとして，図3-6に示す4つの事業（ウォーク，子どもに教える塾，サロン，広報）が了承された．その中で，まずウォーク（運動）から検討することが決まった．プロジェクト会議の当初は，2週間に1回の割合で開催，プログラムが動き出したら月1回のペースで開催することになった．

次のようなことが話し合われた．ウォーキングコースの設定（距離の異なる7コースを実測により設定），ウォーキングマップづくり（参加者配布用），ポイントカードの作成（参加記録用），参加促進のためのコサージュの作成（参加者配布用），開催曜日と時間の決定（毎週木曜の午後），参加呼びかけのチラシ作成と配布の方法等について役割分担を決めた．実際のウォーク事業の開催（翌年1月）に至るまで4回のプロジェクト会議がもたれた．

図3-6 SAKURAプロジェクト（地域のふれあいづくり）

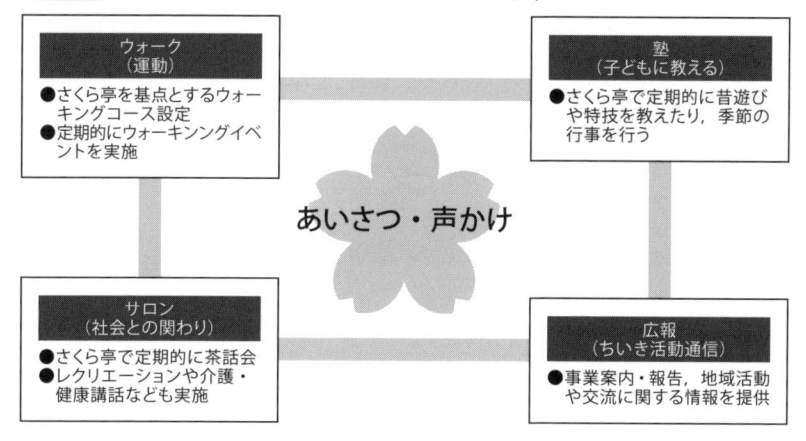

```
┌─────────────────────┐         ┌─────────────────────┐
│  ウォーク            │         │  塾                  │
│  （運動）            │         │  （子どもに教える）   │
│ ●さくら亭を基点とす  │         │ ●さくら亭で定期的に  │
│  るウォーキングコー  │         │  昔遊びや特技を教え  │
│  ス設定              │         │  たり，季節の行事を  │
│ ●定期的にウォーキン  │         │  行う                │
│  グイベントを実施    │         │                      │
└─────────────────────┘         └─────────────────────┘
           │         あいさつ・声かけ        │
           │              🌸                 │
┌─────────────────────┐         ┌─────────────────────┐
│  サロン              │         │  広報                │
│  （社会との関わり）  │         │  （ちいき活動通信）  │
│ ●さくら亭で定期的に  │         │ ●事業案内・報告，地  │
│  茶話会              │         │  域活動や交流に関す  │
│ ●レクリエーションや  │         │  る情報を提供        │
│  介護・健康講話なども│         │                      │
│  実施                │         │                      │
└─────────────────────┘         └─────────────────────┘
```

図3-6）
出典：図3-5と同じ.

3）地域への情報提供

地域の人びとと情報を共有し，地域に根ざした活動へと発展させることを目的として「ちいき活動通信」の発行を研究者が提案，了承された．ワークショップ開催のお知らせやそこで話し合われた内容，決定事項さらにはプロジェクト会議の様子，イベント開催の案内など月に1回をめどに発行することとした．ベースライン調査の回答者への郵送とプロジェクトメンバーによる住民組織（高齢者以外も含む）への配布による．「ちいき活動通信」の編集・発行は研究者，郵送のための宛名シールの作成と発送は行政（個人情報の保護の観点から行政以外のメンバーは関わらない）が分担して行った．

4）プログラムの実行と振り返り

①実行プログラムの展開と経過

ウォークは，地域の人々へウォーク事業の存在を広報・普及することを目的としたイベント・ウォーク（季節に合わせた"ひな祭りウォーク"や"若葉ウォーク"など）と毎週決まった曜日に開催する定期ウォークからなるが，ウォークは，住民の健康づくりへの関心も高いことから，プログラムの計画から実践・継続に至るまで，ある程度の成果を収めたといえる．

参加者のニーズを反映させて季節により開催時間を変更したり，参加者の体調に合わせたウォークコース（プロジェクトメンバーの手作りでの7コースの設定）選択や班編成，当初プロジェクトメンバーが担当していた受付やポイントカードへの記録・ウォーキングの誘導の役割を参加者に移譲したり，プロジェクトメンバーの誘いにより新たなメンバーが活動の運営に加わるようになるなど活動自体が深化していく様子がうかがえた（表3-2）（安斎ほか 2015）．実行プログラムの見直しや変更は，

写真3-2
木曜ウォークの様子

毎月開催されるプロジェクト会議での討論を経て行うことを原則とした．コミュニティにおける参加型アクションリサーチの特徴でもある，Plan-Do-Checkサイクルのスパイラルな循環がみられた例といえる（第1章図1-2）．第1回のイベント・ウォークは約100名の参加があり，その後，毎週定期的に開催される木曜ウォーク事業へと継承され，毎回20名程度の参加者を得て，継続することとなった（写真3-2）．

一方，ワークショップでニーズの高かった「塾（子どもに教える）」の実践は，プロジェクト会議で定期的に検討したが，子ども会とのスケジュールの調整が難航し，定期的な実行プログラム化までにはいたらなかった．単発の事業として，木曜ウォーク終了後の「スイカ割り」に子ども会を招待したこと，子ども会の行事である「クリスマス会」に高齢者が参加しての世代間交流事業を行ったことのみにとどまった．課題として，子ども会とのスケジュール調整は1年くらい前から関わらないといけないこと，プロジェクト会議の中に「塾（子どもに教える）」を主に担当するサブグループ組織が必要であることなどが挙げられた．

「サロン（社会との関わり）」事業は，プロジェクト会議において住民側からの具体的な提案が乏しく，研究者と地域包括支援センターが中心となり5回シリーズで計画し，ようやく実施に至った．ここでは，限られたプロジェクトメンバーだけで複数の新規事業を立ち上げることの限界を感じさせられた．当該地区にはその当時，市社協が主催するサロン事業は行われておらず，今後は市社協とプロジェクト会議の協働によるサロンの企画も考えられる．

②プログラムの効果

プログラムの展開は，必ずしも予想通りに進んだとはいえないが，ある程度の成果をあげることができた．木曜ウォークに参加したことが「ある」者は，「なし」の者に比べ，介入終了後のアンケート調査において「地域活動への参加」や「地域の人との交流」「顔見知りの数」が増えたと回答する者が有意に多かった（表3-3）．また，木曜ウォークへの参加「あり」の者は，プログラム開始前（介入前）に比べて開始後（介

表3-3 木曜ウォークへの参加の有無別に見た地域社会との交流の変化

		参加あり		参加なし		P
地域活動への参加	増えたと思う	31人	50.0%	51人	16.6%	***
	増えたと思わない	31人	50.0%	257人	83.4%	
地域の人との交流	増えたと思う	34人	54.8%	65人	21.1%	***
	増えたと思わない	28人	45.2%	243人	78.9%	
顔見知りの数	増えたと思う	33人	53.2%	89人	28.9%	***
	増えたと思わない	29人	46.8%	219人	71.1%	

X^2検定　＊＊＊：$p<0.001$

表3-3）
出典：表3-2と同じ．

図3-7 木曜ウォークへの参加の有無別にみた社会活動と健康度の変化

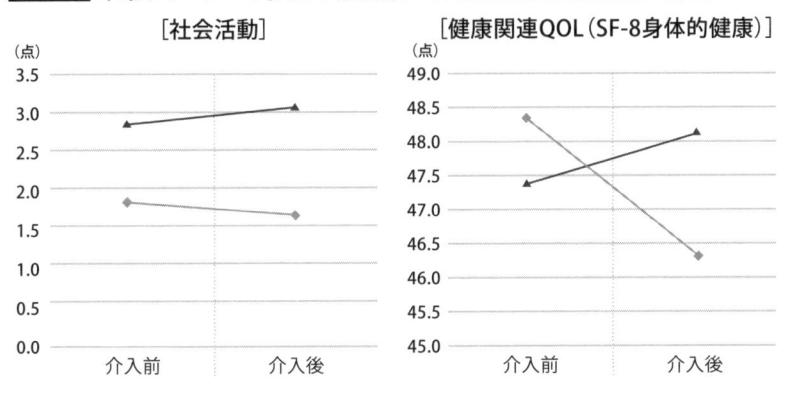

［社会活動］　［健康関連QOL（SF-8身体的健康）］

図3-7）
出典：表3-2と同じものより作成．．

参加あり　参加なし

入後）に「社会活動得点」，「健康関連QOL（SF-8[12] 身体的健康を用いて評価）得点」が増加したが，参加「なし」の者では逆に介入後にこれらの得点が減少しており，この差は有意であった（図3-7）（安斎ほか 2015）．

さらに，1年間の実行プログラム終了後の，プロジェクトメンバーである住民6名に対する活動の振り返りのためのフォーカスグループ・インタビューにおいても，その逐語録の分析から「自主活動として継続した」「地域のつながりが広がった」「地域の安全・美化に効果があった」「取り組みに対する満足感が得られた」などのカテゴリーが抽出されている（表3-4）（佐藤ほか 2015）．さまざまなステークホルダーが協働で取り組んだ本研究では，地域の高齢者に対するアンケートによる量的分析のみでなく，プロジェクトメンバーへのインタビューによる質的分析においても活動の効果が示されたといえよう．また，安斎ら（2015）は，プロジェクトメンバーの活動への参加プロセスを時系列的に分析する中で，地域活動が自主化にいたった様子を立証している．同様のことが，プロジェクトメンバーの語りに基づく逐語録の分析からも抽出されており，プロジェクトメンバーのエンパワメントを促し，拡大させながら取り組むアクションリサーチは，地域活動の自主化や継続を促す手法とし

[12]
SF-8
福原俊一，鈴鴨よしみ『SF8 日本語版マニュアル──健康関連QOL尺度』（健康医療評価研究機構，2004）による．

表3-4 プロジェクトメンバー(住民)からみたプロジェクトの効果

カテゴリー	コード	代表的な意見の要約
自主活動として継続した	自主活動として継続した	研究が終了しても自主的に活動が継続しているのも大きな成果である ウォークが続いているのは地域にとっても効果がある
	ウォークは地域のニーズにあっていた	ワークショップで住民が意見を話し合って，活動が始まったのはよかった 3つの事業があったが，この地域ではウォークが支持を得た S地区の特性に合っていたから（ウォーク事業は）成功した
地域のつながりが広がった	ウォークで住民に声かけをしており，啓発になっている	皆で歩いて，地域の人に声をかけている 20人前後が木曜日にいつも歩いていることは，地域へのアピールになっている
	子ども会とつながりが持てた	校外指導委員会と共催で（ウォークの）メンバーに入っていると，子ども会とのつながりもそれなりにできた 開始当初は子ども会も受付を担当して，つながりはできた
	住民同士が話し合う機会がもてた	今まで住民同士がお互いの考えを聞くつながりはなかった 住民間で意見を話し合ったことや，これまでの取り組みによってそれなりにつながりができたことは大きな成果である
地域の安全・美化に効果があった	ウォークは防犯や環境美化の効果がある	ウォークはパトロールの意味がある ウォークしながらのゴミ拾いは環境美化の啓発の効果もある
取り組みに対する満足感がある	取り組みに対して満足感がある	全体を通じてやってよかった 自治会を窓口にした活動では，良い結果がでている
	研究者のトップダウンの取り組みでなかった	研究者が下りてきてくれたのはよかった

表3-4）
出典：図3-5と同じ．

ても有効であることを示しているといえよう．

しかし，本研究では，木曜ウォークへの参加者は，参加しなかった者と比べて「地域の人との交流」や「顔見知りの数」および「社会活動得点」，「健康関連QOL得点」がいずれも個人レベルで増加することが示されたものの，本来目指す地域の課題解決までには至っていない．実際，本研究では対照地区を設けているが，介入地区と対照地区の間には「社会活動得点」や「健康関連QOL得点」の変化に有意な差は認められていない．介入地区全体に有意な変化が及ぶまでには，さらに活動の継続と拡大が必要なのかもしれない．

なお，コミュニティの課題解決のためのアクションリサーチは，ステークホルダーやコミュニティのエンパワメントを促しながらの活動の展開が求められているが，プロジェクトの効果および経過の評価にあたり，活動の振り返り（評価）の機会をステークホルダー（コミュニティ・メンバー）にも与えることは，コミュニティ・メンバーやコミュニティのエンパワメントを促進することにつながる（Coombe 1997）．課題解決のための計画や実践だけでなく，活動の評価にもステークホルダーが積極的に参加できる機会を設けることを忘れてはならない．

③プロジェクトメンバーの固定化

　ワークショップ開催時には，地域の6つの住民組織代表と住民，行政，地域包括支援センターの参加がみられたものの，第1回のプロジェクト

会議開催時には，3組織の関係者（6名）と行政（2名），地域包括支援センター（3名）になり，その後にプロジェクト会議に新規メンバーとして加わったのは3名のみであった．プロジェクト会議としては，常に関心のある新メンバーの参加を呼び掛けていたものの組織の拡大が図れず，当初計画されたプロジェクト事業を十分に展開することができなかった．問題解決を地域レベルで進めるためには，核となる組織と関係者をどのようにしたら広げていけるのかが課題となっている．住民による活動の自主化の深化・拡大に向けて，プロジェクト会議の住民メンバーを支援し続けるステークホルダー（本研究の場合は，行政や地域包括支援センター）のバックアップ体制の確保は最低限必要であると考えられた．

④行政・研究者の負担

アクションリサーチは，実行プログラムが事前に準備されており，それを実践するものではない．住民，関係組織，行政，研究者等が協働して目的の共有から始まり，問題解決に向けて計画，実践，評価を進めていくことが特徴である．アクションリサーチに参加するすべてのメンバーの負担は大きくなるのは当然であるが，行政の負担はとくに大きい．健康づくりや介護予防の担当課は，すでに年間計画の元に定常業務が組まれており，それに加えて，本研究事業のような新規事業に参加することになる．しかも，定期的に開催されるプロジェクト会議は，多くの住民が参加できるように休日や夜間に設定されることが多い．これらは，行政担当者の勤務時間帯の変更を伴うものであり，その調整が必要となる．また，本研究事業では，対象地区の名簿管理や定期的（月1回）に発行する「ちいき活動通信」の宛名シールの作成と貼付などの作業は，個人情報保護の観点から行政に頼らざるを得なかった．行政の参加を促すためには，事前に新規プロジェクトを業務とする行政組織（あるいは第三セクター）の立ち上げも視野に入れた体制づくりが求められている．さらには，研究者が参加してリサーチとして行う場合には，必要な経費は研究費で賄うことは可能であるが，継続的な事業展開を図る場合には，そのための予算化も必要となってくる．

また，アクションリサーチに関わる研究者の負担も大きい．キーパーソンの発掘からはじまり，地域の実態調査，ワークショップの開催準備と逐語録の整理とまとめ，広報活動のためのチラシの作成，プログラムの実践支援と振り返りのためのプロジェクト会議の主催と議事録の整理，参加者の利害関係の調整など研究事業の全工程に実践者・観察者・研究者として関わることが求められている．中核となる研究者グループだけでなく，それを支える事務局体制の整備は必須である．

ま と め

1. コミュニティの課題解決に向けた実践活動を開始するにあたり，研究の準備段階で想定した行政をはじめとして，医療機関・団体および住民組織等のステークホルダーに，研究の背景や目的，進め方，実施期間などについて十分時間をかけて説明し参加の同意を得るとともに，その過程の中でステークホルダーとの信頼関係を構築する．

2. 活動を円滑に進めるためには，取り上げるべきコミュニティの課題を研究者を含むステークホルダー間で共通理解を得ておくことが重要である．また，具体的な課題解決の検討に入る前に，取り組もうとする課題に焦点をあててコミュニティの実態把握をしておくことが望ましい．その方法としては，ステークホルダーの意向を反映させた住民対象のアンケート調査および課題を抱える当事者に対するインタビュー調査の両面がある．

3. 課題解決策と実行プログラムの検討に当たり，ワークショップが適しており，その進め方やファシリテーターの役割，課題解決策の決定の仕方を身につけておくとよい．実行プログラムの決定後も，ステークホルダーによる定期的な検討会（コアメンバー会議）の開催が必要である．その検討会の場でプログラムの振り返りや修正が常に行われることが望ましく，その経過をデータとして残しておくことはプロセス評価の資料を蓄積することにも通じる．

4. 課題解決策やその実行プログラムの決定に関わるのは，一部の住民であることから，その経過について地域の人びとに情報提供（広報）することも同時進行的に進める必要がある．さらに，コミュニティ全体に課題解決の輪を拡げるために，研究者はコミュニティ・エンパワメントが生ずるように住民，組織，地域を支援することが求められている．

5. トライアンギュレーションに配慮した情報収集が重要である．トライアンギュレーションは，活動の評価をより多面的・包括的にし，データを内省的に検討するための手段となり得る．アクションリサーチでは結果の波及可能性を高めることが期待されているが，そのためにもこの方法は必須である．

6. アクションリサーチにおける情報源は多様であり，その情報量は膨大である．活動の経過や効果の評価を行う際に必要に応じて取り出せるように収集した情報を分かりやすく整理しておくことが大切である．また，活動記録の分析例として，「プロジェクト評価表」による方法を提案したが，このような評価表の作成は，アクションリサーチにおけるPlan-Do-Checkのプロセスを「見える化」し，評価するためのツールとして有用である．

7. コミュニティの課題解決に関わって収集された組織や人々の個人情報の保護は何よりも優先されなければならない．質問紙調査やインタビュー調査に関わる個人情報は，もちろ

んのこと，会議録やワークショップなどの逐語録を整理，保存するに当たり，参加者や発言者が特定できないような配慮が必要である．

8 　実践事例として，アクションリサーチによる「高齢者の地域での社会的ネットワーク形成に関する介入研究」を取り上げ，住民参加型によるプログラム開発の展開を具体的に示した．実践に移されたプログラムの展開は必ずしも予想通りに進んだとは言えないが，量と質の両面からの分析を通して，プロジェクト参加者の社会活動やＱＯＬの向上が見られ，地域活動が自主化に向かって歩み始めた様子が確認された．しかし，コミュニティレベルでの課題解決までには至っておらず，さらに活動の継続と拡大が求められている．

9 　実践事例を通じた問題点として，核となるプロジェクト（住民）メンバーの固定化や行政・研究者の負担が相当大きいことが明らかとなった．住民メンバーの拡大のためには，行政や地域包括支援センターなどによる長期的なバックアップ体制の確保が必要である．また，アクションリサーチにおける行政・研究者の負担増を軽減するためには，それを支える事務局体制の整備は必須である．

第4章 高齢社会のコミュニティにおけるアクションリサーチの成果の評価,波及のための要件

1節 保健医療・福祉サービス評価から援用した評価の枠組み

2節 先行研究から見たアクションリサーチにおける評価の課題と具体的方法

3節 社会技術研究開発センターのプロジェクトにおけるアクションリサーチの評価

4節 コミュニティでのアクションリサーチにおける評価の特徴と今後の課題

5節 評価を踏まえた成果波及のための諸要件

まとめ

冷水 豊

1節 保健医療・福祉サービス評価から援用した評価の枠組み

　本章では，コミュニティにおけるアクションリサーチの過程と結果の評価，およびそれらの成果の他のコミュニティへの波及のための諸要件について説明する．

　1節では，評価の先行例を保健医療・福祉サービス評価に求めて，その枠組みを整理し，アクションリサーチにおける評価を検討する際に援用することにしたい．2節では，先行研究から見たアクションリサーチにおける評価の課題と具体的方法を概説する．3節では，科学技術振興機構（JST）社会技術研究開発センター（RISTEX）の研究開発領域「コミュニティで創る新しい高齢社会のデザイン」でのプロジェクトにおけるアクションリサーチの評価の試みを紹介する．4節では，アクションリサーチにおける評価の特徴と今後の課題をまとめる．最後の5節では，アクションリサーチの成果波及のための諸要件を整理する．

　援用する保健医療・福祉サービス評価の枠組みは，(1) 評価の目的と評価対象の単位，(2) 評価の次元，(3) 評価の主体，(4) 評価の方法とデザインの4つの要素で構成されている（冷水 2007）．

1 評価の目的と評価対象の単位

　わが国の保健医療・福祉サービス評価では，1990年代以降プログラム評価としての病院機能評価と社会福祉施設サービス評価が，病院・施設ごとのサービスの質の確保を目的に行われてきた．評価対象の単位は，①患者・サービス利用者を対象とした臨床的評価，②サービスを事業単位で評価するプログラム評価，③サービスを政策レベルで評価する政策評価に分けられる．

　一方，コミュニティを対象としたアクションリサーチでは，当該コミュニティで解決を要する課題がどの程度，またどういう内容で解決されたかを明らかにすることが評価の目的となる．そして評価対象の主要な単位は，住民やその他の多様なステークホルダー間の関係やコミュニティ自体の変化であるが，コミュニティにおける諸個人の心身機能，活動，意識などの向上・変化なども評価単位になる．また，アクションリサーチでは，結果だけでなくそれらを生み出した過程や方法・手段などの成果も評価の重要な課題である．

2 評価の次元

保健医療・福祉サービスでは，①投入されたサービスの種類・量，投入された資金，配置職員などのストラクチャー（投入資源の構成），②サービスが提供されている途中のプロセス（過程），③サービス利用者数，サービス提供範囲などのアウトプット（集合的効果），④サービス提供の結果サービス利用者にもたらされた障害の改善，活動の増進などのアウトカム（個別的効果），⑤投入されたストラクチャーに対してサービス提供の結果もたらされたアウトプットまたはアウトカムの比率であるエフィカシー（効率）に分けられる．

保健医療サービス評価では，最も重要な次元はアウトカムとされる．しかし，社会福祉サービスではアウトカムの指標を数量的に把握することが容易ではないこと，サービスの質的内容が重視されることもあり，プロセス評価の科学的方法の開発が課題とされている．エフィカシー評価は，ストラクチャーとして投入された資金・職員数などの数量を分母とし，アウトプットやアウトカムの数量を分子とした比率で示す．保健医療サービス評価ではそうした数量的把握の可能性が相対的に高いので，保健医療費単位当たりの予防効果・治癒効果などとして行われているが，社会福祉サービスではやはり効果の数量的把握が困難なためにほとんど行われていない．

アクションリサーチに関しては，2節で述べるように，集約的（summative）評価と段階的（formative）評価に分けた捉え方がある（Froggatt et al. 2011）．集約的評価では，主に数量的評価により，研究の最終結果の評価が行われる．アクションリサーチでは，第1章で説明したアクションを中心とした独自の研究プロセス（図1-2）[1]があるので，集約的評価に到るまでの各段階でのプロセス評価が必要であり，その評価結果に基づいた課題解決策の計画やアクションの変更が行われる．この意味での評価が段階的評価に当たるので，アクションリサーチでは，段階的評価は不可欠である．それを経た上で，最終的に集約的評価が行われる．段階的評価では，数量的評価も行われるが，アクションリサーチに相応しい質的評価が中心的に行われるので，その科学的方法の開発が大きな課題である．

3 評価の主体

保健医療・福祉サービス評価では，①研究者・専門職による評価，②患者サービス利用者（顧客）評価，③研究者・専門職と患者・利用者の協働評価，④事業者間相互（ピア）評価，⑤専門的第三者評価に分けら

[1] **研究プロセス（図1-2）**
第1章第4節 1（32頁）参照

れる．個人対象の臨床評価では専門職による評価が中心だが，プログラム評価では結果・効果の専門的第三者評価が強調されている．しかし，福祉サービス評価では，サービス提供者としての専門職集団による自己評価の重要性も指摘されている（冷水 2005）．

　全般的には，保健医療・福祉サービス評価では，評価主体である研究者・専門職が患者・サービス利用者・住民を対象として実証的に評価する点に特徴がある．これに対して，本書の課題である参加型アクションリサーチでは，研究者・専門職と住民等のステークホルダーの協働による評価が重要であり，そのための評価方法の開発が課題である．

4 評価の方法とデザイン

　保健医療・福祉サービス評価では，方法は，①数量的評価と②質的評価，デザインは，①RCT（ランダム化比較試験）[2]，②準実験デザイン（RCTにおける介入（実験）群や対照（統制）群の抽出や割り当てがランダムではないなど），③比較デザイン（対照群に治療やサービス提供しないことを避けるため，介入群と異なる治療やサービスを提供する）がある．保健医療・福祉サービス評価では，実証科学性を重視する観点から数量的評価とRCTが採用されてきたが，それらが困難か倫理的観点から適切でない課題や研究の場合，質的評価の方法やRCTに代わるデザインの開発が必要とされている．

　アクションリサーチでは，アクションに関わる住民等を大量かつランダムに抽出することや，RCTでの介入群・対照群の構成が困難なことなどのために，数量的評価が難しいことが多い．この点にどう対処するかが大きな課題となる．

---

2)
RCT
（ランダム化比較試験）
RCT（Randomized Controlled Trial）は，医療・疫学研究において，治療・介入の効果を評価する際に，治療・介入対象の介入（治療）群と治療・介入しない対照（統制）群を比較する質の高い研究手法である．基本的な条件は，次の通りである．①効果評価の指標は客観的な尺度を用いる，②介入群と対照群は，母集団からランダムに抽出する，③介入群と対照群に分けるのも，ランダムな割り当てによる，④研究者にも被験者にも，介入と対照群の区別が分からないようにする（盲検化）．

2節 先行研究から見たアクションリサーチにおける評価の課題と具体的方法

　アクションリサーチに関する先行研究が多数ある欧米でも，評価に特化した研究は意外に少ない．ここでは，近年における評価に着目した欧米での注目すべき研究をかなり詳細に紹介した上で，わが国での研究を簡略に紹介する．

1 欧米の先行研究

　「緩和ケアにおけるアクションリサーチ——評価方法論の明確化」（Froggatt et al. 2011）は，アクションリサーチと評価の双方に関して理論的・方法論的に詳細に論じた代表的文献として注目される．

　全体的には，最近の緩和・終末期ケアに関する参加型アクションリサーチの2つのケース研究を取り上げて，評価に対する異なるアプローチと枠組みが，アクションリサーチにどのように用いられ統合され得るかについて論証している．

　最初に，評価についてのØveretveit（1998）の定義に基づいて，アクションリサーチにおける評価を次の5つの要素から構成されるとしている．①何らかの価値判断，②妥当な情報の収集，③評価作業の体系的な方法，④意思決定のための比較，⑤より十分な情報に基づく意思決定である．最初に価値判断を位置づけ，アクションリサーチとの共通性を強調している点が注目される．

　第2に，評価の目的について，①アクションの記述，②その結果の記述ないし測定，③アクションの後に何が起こったかについての理解の内容を示して判定，の3点とし，アクションリサーチ評価におけるアクションの「記述」の重要性を指摘している．

　第3に，評価対象を，個人の変化，組織的変化，サービス・政策への影響の3点とし，「組織的変化」を明確に位置づけている．

　第4に，アクションリサーチのプロセスを，「アクションとその振り返りを内包した循環的な過程」としており，第1章4節で示した本書での捉え方と一致している．その評価プロセスでは，それまでに取られたアクションの価値について継続的に判断することであるとして，「プロセス評価」の重要性を強調している．

　第5に，アクションリサーチでは，段階的（formative）評価と集約

的（summative）評価の双方が用いられるが，ケース研究1では，研究者とナーシングホーム職員との協働の意義と，アクションリサーチのプロセスに即した段階的評価の意義を強調している．協働の内容は，研修を通した研究者の気付きと，最終段階でのRDBSs（reflective de-briefing sessions）という，よりインフォーマルではあるがそれと同程度に構造化された検討の場を適用した意識的・計画的な死の臨床場面での学習会であった．その結果の評価も録音テープをデータとした分析による質的評価が中心であった．

欧米での2つ目の先行研究「コミュニティに基礎を置いた研究と参加型変化——戦略的，多元的なコミュニティ・インパクトのアセスメント」（Córdova 2011）は，参加型アクションリサーチと位置づけられているが，採られたアクションは，小地域における事業者提案の生涯教育施設の開発計画への批判である．

研究者は，この計画を住民の生活の質の観点から住民を巻き込んで，インパクト・アセスメントという地域開発における評価法を用いて情報収集・調査活動を行い，計画の撤回を求めた．当初，住民は主に調査対象としての受動的な参加にとどまっていたが，最終段階では研究報告会への参加等を通して意見表明を行っている．

コミュニティ・インパクト・アセスメントとして，開発計画が近隣住民に及ぼす影響について研究者が行ったのは，開発予定施設の内側と外側の2つの近隣地区の住民を対象にしたランダムサンプル（100世帯および56世帯）の調査と3回のフォーカスグループ・インタビューであった．いずれも一般的な実証的方法によって，影響を受ける住民諸個人と近隣地区という集団・組織への影響を把握した好例と言える．しかし，影響を受ける近隣地区だけではサンプル数に限りがあるため，アクションリサーチにおける数量的研究方法上の制約があり，調査結果の統計的一般化に限界があったことに留意する必要がある．

この研究では，都市計画や地域開発で用いられる社会的インパクト・アセスメント（Social Impact Assessment：SIA）やコミュニティ・インパクト・アセスメント（Community Impact Assessment：CIA）が，本来は政治的文脈・関与のもとで行われるため，研究と政治との関わりが論文自体に明示されている．その意味で一定の価値判断を研究の中で行っており，情報収集・調査活動という実証的研究法を用いながら価値判断を行うというアクションリサーチであると言えよう．また，その価値判断は，施設建物，交通，排水設備などのハード面だけでなく，近隣地区の歴史・文化・住民意識などのソフト面にも及んでおり，その点でもアクションリサーチにおける多様な価値の広がりを示している．

この研究は，コミュニティないし近隣といった「面」をベースにした

アクションリサーチの好例で，コミュニティを，その範域，ハード面・ソフト面の構成要素，住民・業者・行政などの構成者で捉えるという点，さらに上記のCIAという地域計画における評価法がコミュニティにおけるアクションリサーチに有効であることを示した点で注目される．

2 日本の先行研究

わが国では，アクションリサーチに関する研究自体がまだ少ない中で，評価に関連づけた文献は非常に限られている．

「地域福祉計画へのマイノリティ参加とコミュニティ形成──沖縄人コミュニティをめぐるアクション・リサーチを通じて」（加山 2006）は，大都市の沖縄人コミュニティにおいて，そのコミュニティ形成にとっての要因を内的・意思的要因と外的・環境的要因に分け，それぞれについて正の要因と負の要因に分けた上で，それらをさらにマジョリティ側（沖縄人以外の住民・行政）とマイノリティ側（沖縄人住民）から引き出すというものであり，特定のアクションの結果を明確に評価したものではない．

研究方法は，人類学のフィールドワークの方法を基本に，筆者（研究者）がマジョリティ側とマイノリティ側それぞれに一定のポジションを得て参入する形のアクションリサーチである．データ収集は，現場メモ，フィールドノートという記録によっており，人類学的なフィールドワークの参与観察法によって行われた．分析は，それらのデータからコード化→カテゴリー化によって要因抽出するという質的分析法である．具体的なアクションを伴わないアクションリサーチの準備段階の研究であるが，上記したコミュニティ形成の要因分析がプロセス評価を中心に記録の分析によって行われ得ることを示した点で貴重な研究例と言える．

すなわち，研究結果としては上記の各要因が抽出されたが，それらは研究者やコミュニティ住民の特定のアクションの結果を評価したものではない．しかし，マイノリティ集団とマジョリティ集団の仲介役を果たす研究者から両集団に対して働きかける重要な素材となるので，新しいサイクルのアクションリサーチの基礎になり得ると言える．

次に，「地域づくりにおける保健師のマネジメント能力の開発・発展過程」（両羽 2010）は，地域づくりに寄与する保健師のマネジメント能力の開発・発展を研究目的としており，コミュニティづくりそのものではない．評価も，コミュニティの変化ではなく保健師のマネジメント能力の開発に焦点が当てられている．第1章1節で説明したように，参加型アクションリサーチでは，研究参加の多様なステークホルダーと協働で研究を進展させるためのマネジメントの能力や方法が重要である．こ

の研究では，マネジメント能力とは「PDCAサイクルを動かすために必要な能力で，知識・技術・態度を基盤に表現された行為のうち，成果に結び付いたもの」と定義されており，アクションリサーチを進展させるマネジメント能力を具体化する上で参考になる．

　研究の方法は，保健師の振り返り日誌，研究者による活動記録と参与観察記録をデータとして，これらの記録からカテゴリー化によるマネジメント能力の抽出といった質的分析法が用いられていることも参考になる．

3節 社会技術研究開発センターのプロジェクトにおけるアクションリサーチの評価

　この節では，科学技術振興機構（JST）社会技術研究開発センター（RISTEX）の研究開発領域「コミュニティで創る新しい高齢社会のデザイン」における主に2つのプロジェクトを中心にアクションリサーチの概要と評価の試みを紹介するとともに，その課題について述べる．以下に説明する研究のプロセスと結果は，巻末の文献リストに示す各プロジェクトの『研究開発実施終了報告書』3)に基づいている．なお，この研究開発領域におけるプロジェクトの募集時点では，アクションリサーチについて明確な目的や方法を具体的に示しておらず，研究を推進する過程で次第にアクションリサーチに力点を置いて各プロジェクトに相談・助言を行うようになったことを断っておきたい．したがって，以下に述べるアクションリサーチにおける過程および結果に対する評価の不十分な点や課題は，各プロジェクトだけでなく領域全体で受けとめる必要があると言える．

3)
『研究開発実施終了報告書』
いずれも，科学技術振興機構（JST）社会技術研究開発センター（RISTEX）発行．

1 セカンドライフの就労モデル開発研究

　「セカンドライフの就労モデル開発研究」4)（平成22年10月〜25年9月，代表 辻哲夫・東京大学高齢社会総合研究機構特任教授）について，第1章4節に示した本書におけるアクションリサーチの研究プロセスの①〜④の各段階に即して，その概要を説明する．本プロジェクトでの研究プロセス①「特定コミュニティで解決を要する課題の発見」は，大都市近郊の千葉県柏市の豊四季台団地および周辺地域での，定年退職後の生きがい就労を生み出すことである．プロセス②「解決のための方策の計画と体制づくり」は，柏市行政（官），都市再生機構5)（産），地域住民（民）と協働して全体事業統括組織を作ることである．この組織は，第1章1節で述べたコミュニティにおけるアクションリサーチの基本的要素の一つであるステークホルダー間の協働を典型的に示している．そして，プロセス③「計画に即した解決策の実行」は，7事業から始めてその後9事業の生きがい就労事業を創生したことである．

　本章の課題であるプロセス④「解決策実行の過程と結果の評価」に関しては，次の点に整理できる．
　第1に，生きがい就労事業を研究期間中に5領域9事業として創生し，

4)
「セカンドライフの就労モデル開発研究」
「付録1」2節2を参照

5)
都市再生機構
UR都市機構とも言う．第2章の注4（48頁）を参照

うち4領域6事業に合計174名に及ぶ就労者を実現したことは，アウトプット次元での明白な成果と言える（2013年3月時点）．ただ当初の目標は，300名であったのでそれが実現できなかったが，本研究終了後も「事業の継続と拡大を通してやがては達成する」としている．

第2に，上記の最終的アウトプットを生み出すプロセスないし手段の成果として，就労事業の担い手としての事業者の開拓がある．都市型農業事業は「柏農えんLLP」，ミニ野菜工場は「一般社団法人セカンドライフ・ファクトリー」などいずれも地元柏市の合計6事業者が開拓された．

第3に，「セカンドライフ・ファクトリー」は，本就労事業および就労セミナー参加のシニア約200名で組成された組織で，そこでは就労活動の支援だけでなく「就労セミナー」等を通じて新たなシニアのコミュニティ形成にも取り組んだ．セミナーでは，就労だけでなく「セカンドライフの新しい働き方を創造する」をテーマに，参加者同士のグループ討議も行われ，その際に就労を希望する高齢者を募った．計8回にわたって開催された結果，延べ557名の参加者があり，その中から上記の174名が就労参加することになった．セミナー修了後も住民同士のつながりを形成するという観点から定期的な活動組織として継続されている．このアクションリサーチのプロセスにおける一つの成果と言えよう．

第4に，やはりプロセスないし手段の成果として，事業を推進するエンジンとなる「中間支援組織」の機能（図4-1）の発揮が挙げられている．これは，上記の全体事業統括組織のことであり，就労を希望する高齢者個人と事業者をつなぐ組織である．具体的な機能は，事業者の開拓，高齢者に向けた生きがい就労への動機付けと就労希望者の掘り起こし，そして高齢者と事業者に対するきめ細かなコーディネートである．『終了報告書』では，「このエンジンが有効に機能したからこそ本事業の成果が実現できた」としている．なお，その機能や役割およびプロセスの

図4-1）
出典：辻哲夫「セカンドライフの就労モデル開発研究（平成22年10月〜25年9月）」『研究開発実施終了報告書』2013年9月，19頁．
URL:http://www.ristex.jp/examin/korei/program/pdf/final_houkoku_tsuji.pdf

図4-1 「中間支援組織」の機能

事業者の開拓

1. 就労セミナー受講者の募集（掘り起こし）	・募集チラシのポスティング ・柏市広報への掲載依頼　・地域紙への掲載依頼
2. 就労セミナーの実施〈講義内容〉	・セカンドライフ就労の進め　・高齢者就労の現状 ・雇用者が高齢者に求めること ・セカンドライフ就労の新しいかたち ・就労内容に関するアンケート
3. 心身機能の検査	・集団検査（身体・認知）　・個別認知機能検査 ・健康チェックセンター検査

生きがい就労の実現

7. 就労	・高齢者と事業者との雇用契約 ・ワークシェアリング
6. 事業者による研修	・業務内容の指導 ・ワークシェアリング
5. 事業者による面接	・業務の適正　・就労内容の希望
4. 事業別就労体験・見学会	・保育，子育て　・学童保育 ・介護施設　・農業　・生活支援

詳細は，『高齢者就労マニュアル』6)に収められている．他のコミュニティに類似の事業を波及させる上で非常に有用な手引きとして，大きな価値があろう．この点は，「他のコミュニティへの波及のための要件」のところで改めて述べる．

第5に，これもプロセスないし手段の成果であるが，自治体（柏市）の積極的関与があったことで，それが住民および事業者がこの事業に参加するか否かを判断する上での信頼感につながり，双方の受け入れを促進したとされている．

第6に，事業を推進する上での就労の方法として，ワークシェアリング（1つの業務を複数の人で協働して担当する）が効を奏したとされている．具体的には，同じ就労グループの高齢者がお互いの状況や都合を相談しながら働けることによりフレキシブルな就労が可能となったとされている．また，こうした連絡を取り合うことによってお互いの交流も深まったという．

上記した第2～第6の本アクションリサーチにおけるプロセスや手段における成果のうち，第4の「中間支援組織」に関する『高齢者就労マニュアル』のほか，第2，第3，第6についても成果の根拠が終了報告書などで示されている．しかし，第5の自治体の積極的関与については，より具体的な事実やデータを示す必要があると言えよう．

第7に，高齢者本人による生きがい就労に対する主観的評価が行われている．最低1回でも生きがい就労を経験したことのある160名を対象にアンケート調査によって量的評価が行われた．その結果，「感じた変化」として50％以上の人が回答（複数回答）したのは，「生活に緊張感がある」「人との交流が増えた」「生活にリズムができた」であった．また，「生きがい就労をいつまで続けたいか」については，76％の人が「体に無理のない範囲で，可能な限り長く働き続けたい」と回答した．高齢者個人の主観的評価ではあるが，一定の効果があったことを示している．

第8に，就労シニア12人を対象に，活動量計を毎日携帯してもらって就労前・出勤日・休日に活動量（運動強度（METs）7)，消費カロリー，歩数を測った結果，出勤日にはいずれも有意に増加するのは当然として，消費カロリーと歩数は，就労前に比べて休日にも有意に増加することが確かめられた．少数例ではあるが，就労が活動量の増加に影響することを示すアウトカム評価と言える．

第9に，高齢者個人への「就労の効果の客観的評価」が，運動機能，認知機能，社会・心理的側面それぞれに対する影響という点から，就労群と非就労群の比較によって行われた．評価対象は，最多の場合で就労群53名，非就労群44名，検査・調査方法は，各機能・側面ごとに異なる．統計分析の方法は，主に分散分析8)であった．しかし結果は，認知機

---

6)
『高齢者就労マニュアル』
東京大学高齢社会総合研究機構セカンドライフ就労研究チーム編著『高齢者就労マニュアル』東京大学高齢社会総合研究機構，2013年10月．
以下のウェブサイトで配布（2015年5月現在）．
http://www.ristex.jp/examin/korei/program/pdf/final_houkoku_tsuji-1.pdf

7)
運動強度(METs)
運動の強度を，安静時の何倍に相当するかで表す．METsという単位．厚生労働省の定めによる．

8)
分散分析
2つの母集団の平均値に有意差があるかどうかは t 検定で調べることができるが，3つ以上の母集団について平均値に有意差があるかどうかを調べる方法として，分散分析がある．結果に影響を及ぼす様々な要因のうちで，他の要因は変えずに1つの要因の違いだけに着目して，その平均値に有意差があるかどうか調べるものを「一元配置法」（1因子の分散分析），2つ以上の要因の組み合わせを考えるものを「多元配置法」（2因子以上の分散分析）という．

能（8つの検査バッテリー）の「順唱」（読み上げた数字の並びをその通り繰り返してもらう）課題においてのみ，就労群の方が改善をより多く示し就労効果が見られたが，運動機能（5つの検査バッテリー）については就労群と非就労群の間に有意な差はなく，就労が運動機能の改善に及ぼす効果は認められなかった．また，社会・心理的側面に対する影響（17項目の平均値について，1回目と1年半後の3回目のアンケート調査結果の比較）についても有意に良好な影響は認められなかった．

　これらの高齢者個人への就労の効果（アウトカム）の数量的評価については，検査や調査の方法・デザインは科学的であるため問題はなく，効果が見られない背景や要因についても一定の考察がされている．しかし，上述した綿密な方策と体制づくりの下での生きがい就労事業を創生したアクションリサーチの成果が，アウトプット（集合的効果）のほかプロセスや手段の面ではかなり検証されたが，高齢者個人への最終的な効果・影響の面では裏付けられなかったことは，アクションリサーチにおけるアウトカム（個別的効果）評価の難しさを示している．

　なお，地域社会に対する効果の重要性は，高齢者個人に対する効果と並行して強調されていて，上記の過程の評価には一部含まれている（「センドライフ・ファクトリー」の組織化）ものの，この点での最終的な効果についての評価はされていない．

　以上の通り，このプロジェクトでは多様な方法で過程と結果の評価が行われているが，アクションリサーチにおける評価の特徴と問題点については，次のように整理できよう．第1に，量的調査の対象者の数が限られることである．アクションリサーチでは多くの場合，アクションに参加する高齢者などは，本人の意思で参加する比較的少数者にならざるを得ない．実証研究のように多数の住民から無作為に抽出したサンプルを得ることが難しいため，統計解析による結果の一般化には大きな限界がある．このことは，本章2節で紹介した欧米での先行研究でも示されていた．第2に，就労シニア個人の運動機能，認知機能などへの効果としてのアウトカムは，短期間では現れにくいという可能性もあろう．これらの点は，アクションリサーチの基本的特徴に関わる問題点であるので，後述の他のプロジェクトでの同様の問題と合わせて，本章4節で再度取り上げたい．第3に，アクションリサーチの評価の特徴として，過程や手段の評価がかなり行われたことは重要である．しかし，それらがアクションの結果にどう結び付いたのかについては，上記の『高齢者就労マニュアル』のほか，成果の根拠が具体的に示されている一方で，根拠を示す具体的な事実の記述や証言，できれば調査やフォーカスグループ・インタビューなどでその裏づけをすることも課題となると言えよう．この点も，他のプロジェクトでの同様の課題を含めて本章の4節であら

ためて取り上げたい．

最後に，4段階の研究プロセスを経た上での本プロジェクトの「研究成果の他のコミュニティへの波及のための要件の設定」については，より多様なセカンドライフ・ニーズに応える支援システムを厚生労働行政の政策・施策に反映する取り組みを行っていると報告されているほか，研究終了後も，生きがい就労事業とともに就労を含めたセカンドライフのための地域の勉強会などの活動が継続されており，他の市町村や専門家からの訪問・視察も相次いでいる．このように，他のコミュニティへの波及の要件は多様に示されていると言える．

2 高齢者の虚弱化を予防し健康余命を延伸する社会システムの開発

「高齢者の虚弱化を予防し健康余命を延伸する社会システムの開発」[9]（平成23年度採択，代表 新開省二・東京都健康長寿医療センター研究所・研究部長）についても，研究プロセスの①～④の段階に沿って概要を紹介する．研究プロセス①の「特定コミュニティで解決を要する課題の発見と分析」は，埼玉県鳩山町（大都市近郊地域）および兵庫県養父市（中山間地域）での高齢者の虚弱化を先送りする社会システムモデル（表4-1）の構築である．研究プロセス②のうち「解決のための方策の計画」は，一次予防として地域の力で社会参加の場を広げる「コミュニティ会議」の活用，二次予防として定期的体力測定会を設けて機能的健康度の評価，三次予防として地域資源を活用した虚弱予防プログラムの展開である．プロセス②のうち「体制づくり」（養父市の例）では，行政（地域包括支援センター[10]），住民自治組織，シルバー人材センター[11]との協働により，モデル地域の選定を行い，その地域のシルバー人材センターに"笑いと健康お届け隊"を設立して隊員への研修を行った．これは，コミュニティにおけるアクションリサーチの基本的要素の一つであるステークホルダー間の協働の具体像である．プロセス③は，「計画に即した解決策の実行」（同じ養父市の例）は，体力測定会の開催と「健康づくり応援手帳」の活用により，「虚弱予防プログラム運営マニュアル」に従って「毎日元気にクラス」という虚弱予防プログラム（三次予防）を実施するというもので，このプログラムをモデル地域から他地域へと展開することである．

本章での直接の課題である④「解決策実行の過程と結果の評価」については，やはり養父市を例に取り上げると主なものは次の通りである．

第1に，コミュニティ会議（一次予防）の結果（アウトカム）の評価では，会議参加メンバー（専門職グループ，サロン世話役，介護予防サポ

---

[9]
「高齢者の虚弱化を予防し健康余命を延伸する社会システムの開発」
「COLUMN 7 アクションリサーチの魅力」，および「付録1」2節4を参照

[10]
地域包括支援センター
第1章の注3（19頁）を参照

[11]
シルバー人材センター
60歳以上の高年齢者に，臨時的・短期的または軽易な業務を，請負・委任の形式で行う公益社団法人．「高年齢者等の雇用の安定に関する法律」に定められ，市町村ごとに1か所設置されている．就職あっせんのための組織ではない．その運営は，市町村の支援を受けて，会員である地域の高年齢者が自主的に行っている．

表4-1 地域における高齢者の虚弱化を先送りする社会システムモデル

予防の3段階	タイプ	目標	整備する環境	実施単位	方法	システム(ツール)	必要な人材・社会資源
虚弱の一次予防 [今は虚弱でない高齢者が将来虚弱にならないようにする取り組み]	大都市近郊	社会参加を促進	多様な社会参加の場を創出	地域全体	機能的コミュニティ(ある特定の目的のもとに集う集団)を創出・拡大	住民,行政,様々な組織が一同に会し,その戦略を議論するため「コミュニティ会議」を設置	コーディネーター・ファシリテーターとしての専門職,専門機関
	中山間地域		身近な場所に社会参加の場を創出		地縁的コミュニティ(サロンなど)を活性化		
虚弱の二次予防 [適切なスクリーニングを経て虚弱またはその予備軍を発見し,予防プログラムに結びつける取り組み]	大都市近郊	虚弱の予測因子となる機能的健康度の変化に主体的に対応する力	機能的健康度をチェックする機会を創出	任意団体・組織(サークル等)	機能的健康度を測定し,手帳で自己管理	体力測定会(体力測定指南書),高齢者検診(健康づくり応援手帳)	健康づくりボランティア,後期高齢者医療連合会
	中山間地域			地区(自治区,行政区)			シルバー人材センター,後期高齢者医療連合会
虚弱の三次予防 [効果的な予防プログラムに参加し,虚弱の重度化を防ぐ取り組み]	大都市近郊	機能的健康度を改善	地域デビューのきっかけとなる虚弱予防教室を創出	開催数は人口規模に応じて	既存の介護予防教室の活用(虚弱予防プログラムの要素を導入)	既存の介護予防教室(毎日元気にクラス指南書)	地域包括支援センター,介護予防教室事業の委託先
	中山間地域		身近な場所に楽しい虚弱予防教室を創出	地区(自治区,行政区)	「毎日元気にクラス」を開催	毎日元気にクラス指南書	シルバー人材センター,地域組織

表4-1)
予防の三段階に関するプロトタイプの提案.
出典:新開省二「高齢者の虚弱化を予防し健康余命を延伸する社会システムの開発(平成23年10月〜26年9月)」『研究開発実施終了報告書』(別冊含む),2014年9月,36頁.

ーター,町会区長,民生・児童委員など)を3グループに分けてグループワーク(質的評価)を行った結果,「住民同士が交流し情報交換することで,お互いの活動に刺激を与え合い,地域に新たな活動が芽生えているが,しかし一方で,情報交換により進むべき方向は見えるものの地域でそれが実現できないジレンマを抱える事例もある」と報告されている.

第2に,「毎日元気にクラス」(三次予防)の実施過程と結果の評価では,最終の21回目のクラス終了後に質問紙調査(量的評価)をした結果(2回以上参加した37名中34名が回答),「非常に楽しかった」51.5%,「まあ楽しかった」30.0%,教室内容に「非常に満足」32.4%,「まあ満足」41.9%であった.また,全クラス終了後に行った意見交換会(シルバー人材センター事務局長,「笑いと健康お届け隊」コーディネーター,市保健課長,保健師など6名参加による質的評価)の結果として,「クラス参加者と同世代のシルバー会員(お届け隊)が講師ということが大多数の参加者から受け入れられた」と報告されている.

第3に,「毎日元気にクラス」への参加による結果(アウトカム)の評価では,11回以上参加した19名という少数者を対象にした数量的評価の結果として,虚弱予防の知識が「非常に深まった」37%(7名),「まあ深まった」63%(12名)という回答があった.食品摂取多様性スコア(10種類の栄養食品のうち「ほとんど毎日食べる」品目数を合計した値)が,教室開始前の3.7から3カ月後の5.4に有意に増加が見られた.

また,体力測定(二次予防)のうち,握力,5回椅子立ち上がり,開眼片足立ちには改善が認められなかったが,機能的移動能力(歩行能力や動的バランス,敏捷性などを総合した機能)は有意に改善したと報告されている.一方,心理・社会機能,精神健康度,ご近所への信頼感などは,クラス開催の前後で有意な変化は認められなかった.この結果に

ついては，もともと状態が良いためと考察されている．

以上のとおり，本プロジェクトでは，評価方法は素朴なものが多いが，量的・質的データ分析により，アクションリサーチの過程・結果の評価が多様に行われている．しかし，アクションリサーチにおける過程と結果の評価方法について，その特徴と課題を整理すると次のように言える．

第1に，コミュニティ会議のプロセス（『終了報告書』では「アウトカム」とされているが）の評価は，会議参加者のグループワークでの意見をまとめるという素朴な質的評価にとどまっている．なお，本プロジェクトでは，鳩山町地域での研究で，虚弱の一次予防を推進する「食」に特化したコミュニティ会議（食コミ）を行い，参加した町民リーダー（5名ずつ2グループ）を対象に，食コミの成果の一つとして「リーダーの変化」を評価するためのフォーカスグループ・インタビューを実施した結果，8つのカテゴリーの「変化」を抽出している．養父市においても，こうした質的研究法として確立しているフォーカスグループ・インタビューを用いるべきであった．

第2に，「毎日元気にクラス」（三次予防）の実施過程と成果の評価は，34名の参加者への質問紙調査により量的評価を行っている．上述したように，アクションに参加する住民等は，本人の意思で参加する比較的少数者にならざるを得ないので，統計解析による結果の一般化には大きな限界があることがここでも示された．

以上の本研究における過程と結果の評価を踏まえて，「研究成果の他のコミュニティへの波及のための要件の設定」について検討しよう．やはり養父市を例にとると，3つのモデル地区から始めて，研究終了後の2015年には10地区，2016年には16地区，2017年には20地区へと波及させていく予定が具体的に示されている．これは，「地域の変化」を示す明確な指標でもある．また，本プロジェクトが大都市近郊地域，中山間地域でそれぞれの地域特性に応じた推進体制やプログラムを開発したこと，さらにこの研究が開発した「健康づくり応援手帳」，「虚弱予防プログラム運営マニュアル」を活用することや，シルバー人材センターで新たに開拓した「笑いと健康お届け隊」の活動領域を参考例にすることにより，地域特性に応じた虚弱予防の方策が他のコミュニティに波及していく素材を提供している．

3 その他のプロジェクト

以上の2つのプロジェクトのほかに，RISTEXの研究開発領域で行われたアクションリサーチにおける評価の例を，部分的ながら紹介しておく．「ICTを活用した生活支援型コミュニティづくり」[12]（平成22年度採

---

12)
「ICTを活用した生活支援型コミュニティづくり」
「付録1」2節❶を参照

13)
「高齢者の営農を支える「らくらく農法」の開発」
「付録1」2節❺を参照

14)
集落点検法が開発され詳細なマニュアル
帯谷博明・片上敏喜・水垣源太郎・寺岡伸悟『らくらく農法集落点検マニュアル』「高齢者の営農を支える「らくらく農法」の開発」社会技術開発センター平成23年度プロジェクト，2014年9月30日．

択，代表 小川晃子・岩手県立大学社会福祉学部教授）は，ICT（情報通信技術）を活用した安否確認・見守りシステムを基盤として，地域の互助機能の組織化を図ることにより生活支援型のコミュニティづくりを進めることを目的とした．この研究の中で，生活支援型コミュニティづくりの一つとして，岩手県滝沢村（その後市に移行）の「川前地区高齢者支援連絡会」を組織化する際に，当該地域で生活支援に関わる地区自治会長，民生委員，老人クラブ会長，ケアサービス事業者代表，同地区「安全・安心の会」事務局長などを参加者として，フォーカスグループ・インタビューが2回行われた．1回目は「連絡会」結成のため，2回目はその1年後の活動進捗状況の評価のために実施された．質的研究法としての厳密なデータの収集と分析が行われた．とくに2回目は「連絡会」の1年間の取り組みの成果についての参加者の意見交換の内容を，同席を依頼した第三者（3名）により評価する試みが行われた．第三者評価の方法上の課題が残ったが，アクションリサーチにおける評価の新たな試みとして参考になる．

次に，「高齢者の営農を支える「らくらく農法」の開発」[13]（平成23年度採択，代表 寺岡伸悟・奈良女子大学文学部教授）は，中山間地域である奈良県吉野郡下市町栃原地区で，農村コミュニティを高齢者の生きがい豊作地帯（らくらく・楽しく・仕事有り）にすることによってその持続可能性を高めることを目的とした．5つの研究グループで構成された研究体制のうち，奈良女子大社会学グループと住民による集落点検とコミュニティ資源の発掘を課題とした研究では，集落点検法が開発され詳細なマニュアル[14]が作成された．それの活用により10年後の営農の予測，従来の行政手法では得られない他出者の動向の把握，コミュニティ資源としての食文化の発掘と再生が行われた．これらは，このアクションリサーチ全体を推進するための手段とプロセスの観点から有効であったと評価される．

なお，RISTEXのプロジェクトでは用いられなかったが，本章の筆者が以前，高齢者ケアの地域モデルの設計を試みた研究（冷水 2009）で用いたデルファイ法調査[15]とノミナルグループ法[16]に言及しておきたい．これらは，一般には実践的な意思決定をするのに役立つデータ収集と意見集約を行うための方法である．その具体的な方法は注に示すとおりで，アクションリサーチでコミュニティにおける問題解決策をステークホルダーが協働して決定する際に活用できるが，そのほかに，研究過程で中間的な結果や進展が見込まれるときに，それをステークホルダーの代表者や研究課題に詳しい医療・福祉・教育の専門職などに中間的に評価して意見集約してもらい，その後の研究の方向の明確化とアクションの具体化や修正に役立てる方法として活用できると考えられる．

15）
デルファイ法調査
専門職や有識者を対象として，ある課題についての意見集約を図るためのデータを得ることを目的とした量的意見調査．課題となるのは，社会経済や科学技術の動向と予測，保健医療，教育，社会福祉など政策・実践に関してである．調査対象者数は意見集約を数量的に行うのが基本なので，100名〜500名が多い．調査方法は郵送法による質問紙調査であり，最大の特徴は，同一内容の質問紙調査を2ないし3回繰り返すことで，その際前回調査の回答傾向（度数分布）をフィードバックした上で再度回答してもらうことにより，回答者間の意見の集約と合意形成を目指す点にある．

16）
ノミナルグループ法
企業，行政，保健・福祉・教育分野の組織・機関などにおける特定の課題について，多様な考え方の把握とその中での優先順位を，比較的簡易な手順で決める．参加者の選定は一般に有意抽出である．1グループの参加者数は5〜9人が基本とされる．
第1段階では，検討課題が説明された後に，参加者は自分の意見を簡単な箇条書きにしてシートに書き出す．第2段階では，各参加者が自分の書いたメモを順番に口頭で報告し，それを記録係が簡潔にボードに書き出す．ノミナルグループ法と呼ばれるのは，1〜2段階でグループ間の関係が名目的だからである．第3段階では，ボードに書き出された意見の明確化のためだけに意見交換を行う．第4段階では，意見表明された全項目の中で，各参加者が個人の判断でより重要あるいは優先順位が高いと判断する項目を選択し投票する．第5段階では，投票結果についての報告とそれに対する参加者の間での意見交換を行う．

COLUMN 7

アクションリサーチの魅力

野藤 悠

　「高齢者の虚弱化を予防し健康余命を延伸する社会システムの開発」のプロジェクトでは，「科学的なエビデンスと地域の力を融合し，高齢期の虚弱化を先送りする」という課題に取り組みました．私は行政との連絡・調整役を担うとともに，現地の方々と計画を立て実行するという役割を担いました．ここでは，兵庫県養父市でのアクションリサーチの歩みと，その経験から感じたアクションリサーチの醍醐味を紹介します（なお，「虚弱」という言葉に代えて「フレイル（Frailty）」を用いることが，2014年に日本老年医学会から提唱されている）．

養父市でのアクションリサーチの歩み

　養父市は，人口の5人に1人が75歳以上と，兵庫県の中でも最も高齢化が進んだ地域です．この地では，健康余命の延伸をめざして，かねてから保健師たちが熱心に地域保健活動を行っていました．そうした中，地域における健康づくりのあり方を住民と共に模索し，その取り組みから他地域にも参考になるようなエビデンスを創出するという私たち研究者の目的が重なり，養父市でのアクションリサーチがスタートしました．

　初めに行ったことは，養父市に住む高齢者の健康状態や生活状況を把握するための調査です．これにより，要介護認定を受けていない高齢者の実に3割が虚弱またはその予備群に該当することがわかりました．しかし，その後，具体的な動きをする勇気もアイデアもなく，養父市とは緩やかな関係性が続いていました．劇的に動き始めたのは調査から2年が経った頃でした．私たちの研究チームは，疫学研究の成果を基に虚弱を予防・改善するプログラムを開発し，無作為抽出比較試験によってその効果を確認したので，養父市に虚弱予防教室をつくってはどうかと考えました．保健師に話をもちかけたところ，その返事は，「やるなら小地域ごとに教室をつくらないと意味がない．ただし，担い手がいないから難しい」という否定的なものでした．山や谷が多く，市役所まで車で1時間を要する地域も多い養父市では，市役所で介護予防教室を実施しても参加者はごく少数（65歳以上の1%未満）に限られ，短期間実施しても教室が終了すると一度改善した生活習慣や健康状態が元の状態に戻ってしまうことを現場の保健師は経験していたのです．

　アクションリサーチを始めてからの2年間，実質的な動きはありませんでしたが，保健師が口にする「一人で健康づくりをしても続かないけど，皆でなら続けられる．皆で集まると『〇〇さん最近来ないけど元気かな』と緩やかに見守り合う関係性も自然とできる．だから健康づくりの場を地域に広げていきたい」という言葉を何度も聞き，その意義を感じ始めていました．虚弱予防教室を各地につくれば，保健師が思い描いていた地域づくりも進む．なんとか担い手の問題を解決し実施にこぎつけたいとあらためて考えました．とはいえ，小地域ごとの実施となると，行政職員や外部講師が定期的に運営しなければならず，マンパワー的にも経済的にも不可能です．市ではこれまでに介護予防サポーター（無償ボランティア）を養成してきましたが，どの地区でもそのような人材がいるわけではありません．この問題を解決し，行政区単位での教室を可能にするには，今までにはない新たな仕組みが必要でした．

　頭を悩ませて辿り着いたのは，「研修を受けたシルバー人材センター（SC）の会員が市内の各地へ（有償で）出張し教室を運営する」という方法でした．行政や養父市SCに提案したところ，「上手く行くかもしれない」と承諾を得て，実現に向けて動き出しました．担い手となるSC会員の名称は，皆で楽しく健康づくりができるよう「笑いと健康お届け隊」（以下，お届け隊）と名付けました（写真1）．プログラムの中

COLUMN ❼

写真1　養父市「笑いと健康お届け隊」

シルバー人材センターが「笑いと健康をお届けします！」
各地区で毎日元気にクラスを開催中！

身は，養父市の高齢者に適した内容になるよう保健師とアレンジし，それらの進め方をまとめた指南書を作りました．そして平成26年3月から全10回，行政やSCと共同でお届け隊養成研修会を開催しました．研修会初日，「自分達には難しすぎる」といって辞退する人や，不安な様子を浮かべる人も多く，専門家ではない高齢者が短期間で健康教育を担うことの難しさを痛感しました．しかし，安心して教室の運営ができるように，話すセリフを指南書に書き込むなど保健師たちと様々な工夫を凝らし，無事に1期生26名を養成することができました．

研修終了後，いよいよモデル地区での虚弱予防教室（「毎日元気にクラス」と命名）がスタートしました．集まったのは約30名の男女（なんと地区に住む高齢者の約3割に相当！）．ハプニングも続出しましたが，3ヵ月後の評価によって，参加者は虚弱予防に関する知識が深まり，食事の多様性が増し，体力が改善したこと，お届け隊は知識が深まっただけでなく，地域への愛着が増したことがわかりました．モデル地区での教室以降，口コミやケーブルテレビ等で情報が広がり，さらに保健師が出向いて教室の説明をすることで，他の地区からも教室を開いてほしいと依頼が入るようになりました．その結果，現在では市内の数ヵ所で教室を開催しています．教室の取り組みを始めて2年目，人材養成に新たな動きが出てきました．これまでは保健師や研究者が養成研修の講師を担っていましたが，但馬地方の健康づくりを支援する，但馬県民局但馬長寿の郷の理学療法士や作業療法士からの協力も得て，地元の力で人材を育成できるようになったのです．

当初は不安も大きかったですが，多くの方々の努力と協力のもとで軌道に乗り始め，「これならいける」と私たちは自信を高めています．今後は徐々に担い手を増やし，"市内のどの地区にも「毎日元気にクラス」がある"という状態をめざしています．

COLUMN 7

養父市でのアクションリサーチを振り返って

　3年間のアクションリサーチを通して，地域に入り，多くの方々と触れ合う中で，人として，研究者として成長することができたと感じています．そしてアクションリサーチを経験して，その魅力に触れることができました．

　アクションリサーチの醍醐味の一つは，なんといっても地域の変化を目の当たりにできることはないでしょうか．養父市では，「毎日元気にクラス」の実施地区が1年間で1ヵ所から3ヵ所そして8ヵ所へと拡大していきました．担い手であるお届け隊も26名から41名へと劇的に増えました．教室の参加者からは，「これまではほとんど家の中で過ごしていたけど，ここなら参加できる」「笑う機会が多くなった」など，喜びの声が多く届くようになりました．他方で，そうした変化が生まれるまでの道のりは決して楽なものではありませんでした．調査を行ってから実際にアイデアが生まれ，動き始めるまでに要した期間は2年．その間は，地域の方々との信頼関係もできず，目標を共有できている気もせず，どうなるものかと，先の見えないマラソンのようでした．しかし，だからこそ，地域の方々とビジョンを共有できたと感じたときは本当に嬉しく，共に地域を変え，そこに住む人が喜ぶ姿を見ることができたときは，最高の気分になります．

　もう一つ，思いもしない成果が生まれることもアクションリサーチの魅力です．当初，虚弱予防教室をつくるというぼんやりしたビジョンはあっても，行政区ごとに教室をつくり，シルバー人材センターの会員が仕事としてその運営を担うという発想はありませんでした．保健師たちの経験があったからこそ，そしてポロリと出る言葉を逃さずにキャッチできたからこそ，どこにもない新たな仕組みが生まれたのだと思います．初めは粗削りなものでしたが，保健師から出てくるアイデア，お届け隊や参加者から発せられる声をもとに，プログラムやセリフ，様々な点を改良することで，より安定して運営できる洗練された仕組みへと変化していきました．いろいろな立場の人と協働して進めるアクションリサーチでは，それぞれが知っていること，出来ること，得意なことが異なるため，上手くかみ合ったときには想像以上の力が生まれます．決して単独では成し得ない結果が生まれます．養父市の「毎日元気にクラス」もこれから先どのように変化していくのか，非常に楽しみです．

　私は修士，博士課程で健康科学を専攻し，運動や体力の意義を生理学的な実験や疫学的な調査研究を通して探ってきました．その頃は，新しい発見をしたときに喜びを感じていましたが，その結果が応用されるまでの過程が長すぎるため，社会にどう役立つのかが見えず，モチベーションが湧きづらいことがありました．もっと直接的に人や地域社会に役立てられるような研究がしたいと考えていました．ポスドクとしてプロジェクトに参加し，アクションリサーチに初めて出会ったとき，「私が探し求めていたのはこれだ！」と嬉しくなったことを覚えています．「物事を解明するばかりでは何も現状は変わらない．理論を積み重ねることも必要だけれども，地域に入って実践し，そこから学ぶこと，そして，そこから生み出されるものを世の中に伝えていくことも，研究者として大切な仕事だ」といま，感じています．アクションリサーチに携わる研究者がますます増え，それが盛んになっていくことを願っています．

4節 コミュニティでのアクションリサーチにおける評価の特徴と今後の課題

1 評価の目的と評価対象の単位

　本章2節で述べた通り，欧米を中心にしたアクションリサーチに関する多くの先行研究でも，研究の過程や結果に関する評価に特化した研究はまだ少ない．本節では，2節で紹介した欧米と日本での先行研究，および3節で紹介したRISTEXの研究開発領域「コミュニティで創る新しい高齢社会のデザイン」におけるプロジェクトの例を踏まえて，アクションリサーチにおける過程と結果の評価の特徴と今後の課題について，本章1節に示した「評価の枠組み」に即して以下に述べる．

　保健医療・福祉サービス評価では，病院・施設のサービスの質の確保を目的としており，評価対象の単位は，サービス利用者としての諸個人，サービスを提供する機関・施設などの事業者，および保健医療・福祉政策が主なものである．

　それに対して，研究の場がコミュニティで，住民などのステークホルダーとの協働による参加型アクションリサーチでは，コミュニティで解決を要する課題がどの程度，またどういう内容で解決されたかを示すことが評価の主な目的である．そこで，評価対象の主要な単位は，住民やその他の多様なステークホルダー間の関係やコミュニティ自体の変化である．それとともに，コミュニティにおける諸個人の心身機能，活動，意識などの向上・変化なども評価単位になる．この点が，主に諸個人に現れた結果に焦点を置く他の評価研究との大きな違いであり，ステークホルダー間の関係やコミュニティ自体の変化を把握する評価の方法が大きな課題となる．また，アクションリサーチでは，結果や成果だけでなくそれらを生み出した過程や方法・手段の内容も評価の重要な課題である．

　2節で紹介した欧米での先行研究では，評価対象の単位として，「個人の変化」およびサービス・政策への影響に加えて「組織的変化」が指摘されており，また住民を巻き込んだコミュニティ・インパクト・アセスメントという評価法を用いた例も示されていた．

　一方，3節で紹介したRISTEXのプロジェクトのうち，「セカンドライフの就労モデル開発研究」では，研究対象のコミュニティでの「生きがい就労事業」（4領域6事業）に174名の就労者の創生というアウトプット面での成果とともに，その結果を生むための「中間支援組織」の組

織化を行ったことは，アクションリサーチの過程ないし手段の面での成果と言える．また，「高齢者の虚弱化を予防し健康余命を延伸する社会システムの開発」プロジェクトでは，コミュニティ会議の組織化→地域資源を活用した虚弱予防プログラムの実施→モデル地域から他地域への展開が，コミュニティの変化を過程ないし手段の面で示した例と言える．欧米でもまだ十分に行われていないこの組織的変化に関するアクションとその過程・結果の評価方法の開発が今後の大きな課題である．

一方，アクションリサーチの評価対象の単位に，研究対象のコミュニティにおける諸個人の課題解決，すなわち心身機能，活動，意識などの向上・変化が取り上げられる場合は，それらがどの程度向上ないし変化したのかを評価することが必要である．その場合には，どのような評価法が必要となるであろうか．欧米での先行研究では，コミュニティでの開発計画が近隣住民に及ぼす影響について近隣地区の住民を対象に行ったランダムサンプルの調査があった．一般的な実証的方法の活用例であったが，影響を受ける近隣住民という点で，サンプル数に制約があり，調査結果の一般化には限界があった．RISTEXでのプロジェクトでも，アクションリサーチに参加した住民や高齢者という個人を対象にした調査や検査が行われたが，全体的に対象者が少数でかつランダムサンプルでないため，やはり結果の一般化に限界があった．この点については，どういう方法が課題になるかについて後述の「評価の方法とデザイン」のところであらためて検討したい．

2 評価の次元

この点については，すでに本章1節で触れたとおり，アクションリサーチの研究プロセスに即した段階的(formative)評価が中心になる．Patton (1997) は，プログラム評価に関する重要な文献において，最終的な効果や達成度の評価を第一の目的としてきた従来型のプログラム評価法と異なり，事業や実践の段階ごとの改善に役立たせるための「実用重視の事業評価」を提唱した．

欧米の先行研究においては，段階的(formative)評価と集約的(summative)評価の双方が用いられる例が示されていたが，とりわけ，研究者とナーシングホーム職員との協働によるアクションリサーチのプロセスに即した段階的評価の意義が強調されていた．

RISTEXのプロジェクトでは，上述の「評価対象の単位」のところで述べた通り，研究対象のコミュニティでの「生きがい就労事業」の創生という最終結果を生むための「中間支援組織」の組織化は，アクションリサーチの過程ないし手段の面での成果であり，段階的評価の具体例と

言える．また，農村コミュニティを高齢者の生きがい豊作地帯にすることを目的にした「高齢者の営農を支える「らくらく農法」の開発」研究で開発された集落点検法が，このアクションリサーチ全体を推進するための手段とプロセスの観点から有効であった．そしてこの評価次元は，必然的に後述の質的評価法と不可分に関連している．しかし，この評価法もまだ十分開発されていないので，いつどのような段階的評価を行うかについて具体的な方法を開発することが課題である．

なお，アクションリサーチのプロセスでは，課題解決のためのアクションに向けたさまざまな取り組みを計画したり実行したりする際に，なかなか予定どおりに進まないことや失敗することも起こり得る．

たとえば，本章3節で紹介したRISTEXのプロジェクト「高齢者の虚弱化を予防し健康余命を延伸する社会システムの開発」では，鳩山町でのコミュニティ会議立ち上げを保健センターに提案したが，思うように進まなかったことがあった．当初研究者が構想していたコミュニティ会議は，広く地域の課題を議論し解決する実働部隊となりうる組織であった．しかし，町での従来の委員会の流れの上に作られる会議は，設立以前に検討内容や活動指針を明確に要項として取り決めておかれるので，自由な議論の場とならないという問題があった．このため，町の他の委員会とは独立した「食」に関するコミュニティ会議を立ち上げることになったのである．「食」に特化した背景には，運動の場がすでに町内4カ所に広がっている反面，食を通した社会参加の場がないことが分かり，これを地域課題にすることに変更したのである．

実証・実験研究と違い，こうした試行錯誤の積み重ねを通して，最終的な結果を生み出すのがアクションリサーチの特徴である．内外の先行研究でもRISTEXのプロジェクトでも，こうした事柄はほとんど報告されていない．今後は，うまく進まなかった場合を含めた研究プロセスの評価を出来るだけ具体的に示すことが，当該研究の最終結果につながる要因であるだけでなく，結果的には同様・類似のアクションリサーチを他のコミュニティで展開していく上で重要な波及要件にもなると言える．

❸ 評価の主体

参加型アクションリサーチでは，研究者とステークホルダーが協働的な主体となるのが基本である．2節で紹介した欧米の先行研究では，上述したように，研究者とナーシングホーム職員の協働による段階的評価が示されていた．草郷（2007）は，フェッターマン（D. M. Fetterman）が提唱したエンパワメント評価を，「実践活動の当事者自身による評価項目の策定，評価指標の構築，評価の実施，評価にもとづく改善目標の設

定，改善実践の実行とその評価」という一連の手法として紹介している．

RISTEXのプロジェクトでは，「ICTを活用した生活支援型コミュニティ作り」の研究で行われた2回目のフォーカスグループ・インタビューでは，小地域の生活支援開発のための連絡会の1年間の取り組みの成果についてのグループ面接の内容について第三者（3名）評価を試みたことは注目される．

しかし，多くの先行研究では研究者による評価が中心であり，ステークホルダーとの協働による評価方法はまだ十分開発されておらず，今後の課題である．

4 評価の方法とデザイン

上述したとおり，アクションリサーチでは研究プロセスに即した段階的な評価が基本になるので，質的評価法が中心になる．アクションリサーチでの質的研究法としてよく用いられるのは，従来型研究において方法が確立しているフォーカスグループ・インタビューである．本章2節で紹介した欧米の先行研究でも用いられていたし，RISTEXでのプロジェクト「ICTを活用した生活支援型コミュニティづくり」の研究でも，小地域での生活支援作りのためにフォーカスグループ・インタビューが2回行われた．

一方，質的評価法で大きな課題となるのは，広い意味での記録である．欧米の先行研究でも，「アクションの記述」と「その結果の記述」の重要性が指摘されていた．ただ，その具体的方法は必ずしも明確に示されていなかった．日本の先行研究では，人類学的フィールドワークの方法を基本に，研究者がコミュニティに参与して，現場メモ，フィールドノートという記録を作成してデータ収集をしていた．アクションリサーチでは，こうしたフィールドワークの技法が多様に活用される必要があると言えよう．この点で，第3章3節「研究経過に伴う情報収集と整理」は貴重な具体例と言える．

数量的評価法については，主に「集約的評価」の基本的方法として，可能な限り活用することは必要である．しかし，評価対象の単位のところで述べたように，アクションに関わる住民などが少数で，しかもランダム抽出が難しいなどの理由から，数量的研究法の基本である統計解析による結果の一般化に大きな制約がある．またアクションに参加した住民等と不参加の住民を比較対照することによってアクションの効果を評価するRCTデザインを採用することが非常に難しいことを十分に認識した上で，可能な数量的評価法とデザインを開発することが大きな課題である．

5節 評価を踏まえた成果波及のための諸要件

❶ この課題の重要性

　第1章1節の研究の目的のところで述べたとおり，本書で取り上げるアクションリサーチは，普遍的な法則や解を求めることが目的ではなく，特定のコミュニティにおける高齢社会に関わる課題の具体的な解決を目指している．このため，研究結果として明らかになった具体的解決策およびそのための手段とプロセスが，当該コミュニティで一定の有効なものとして評価された後に，他の同様あるいは類似のコミュニティにどの程度波及できるのか，その要件をできるだけ具体的に示すことが，研究のサイクル全体および各プロセス（①〜④）での課題として重要である．

　しかしこの点に関しては，欧米のアクションリサーチの先行文献でもほとんど取り上げられていないが，第1章4節で述べたように，Lincoln & Guba（1985）が，アクションリサーチを含めた質的研究における信頼性（trustworthiness）を評価するための5つの基準の1つとして提示している「転移可能性（transferability）」は，この課題の重要性を指摘していることになる．

❷ 社会技術研究開発センターのプロジェクトでの具体例

　RISTEXのプロジェクトでは，本章3節で述べたとおり，この点での具体的な要件提示が行われたので，繰り返しになるが確認しておこう．「セカンドライフの就労モデル開発研究」では，事業を推進するエンジンとなった「中間支援組織」の機能や役割およびプロセスの詳細を『高齢者就労マニュアル』に収めている．他のコミュニティに類似の事業を波及する上で非常に有用な手引きとして大きな価値がある．また，より多様なセカンドライフ・ニーズに応える支援システムを厚生労働行政の政策・施策に反映するための取り組みを行っているほか，研究実施の当該コミュニティでは，研究終了後も生きがい就労事業とともに就労を含めたセカンドライフのための地域の勉強会などの活動が継続され，他の市町村や専門家からの訪問・視察が相次いでおり，他のコミュニティへの波及が実際に進んでいる．

「高齢者の虚弱化を予防し健康余命を延伸する社会システム」の開発研究では，研究実施のコミュニティである養父市で，3つのモデル地区から始めて，研究終了後に，順次他地区に波及させていくことが具体的に示されている．また，本プロジェクトが大都市近郊地域，中山間地域でそれぞれの地域特性に応じた推進体制やプログラムを開発したこと，またこの研究が開発した「健康づくり応援手帳」，「虚弱予防教室運営マニュアル」を活用することにより，地域特性に応じた虚弱予防の方策が展開できる素材を提供している．

「ICTを活用した生活支援型コミュニティづくり」では，ICT(情報通信技術)を活用した安否確認・見守りシステム（高齢者からの「お元気発信」と「緊急通報システム」の併用）は，すでに他のコミュニティでも活用され，RISTEXの同じ研究領域の後発のプロジェクトでも取り入れられており，他のコミュニティへの波及が現実のものとなっている．

「高齢者の営農を支える「らくらく農法」の開発」では，集落点検法が開発され詳細なマニュアルが作成された．このマニュアルは，同様の活動を他のコミュニティで実施する際に有効に活用できる可能性があり，研究成果の波及の要件を満たしている．

以上の例に見られるような「成果波及のための諸要件」を積み重ねていくことによって，個別のアクションリサーチの成果が他のコミュニティに波及し，そこでも同様のアクションリサーチが実施されてその成果が，さらに他のコミュニティに波及していく．こうしたアクションリサーチならではの好循環によって，実証・実験研究とは異なる独自の「一般化」が進められていくと考えられる．

まとめ

1 研究の場がコミュニティで，住民などのステークホルダーとの協働による参加型アクションリサーチでは，コミュニティで解決を要する課題がどの程度，またどういう内容で解決されたかを示すことが評価の主要な目的である．評価対象の主要な単位は，住民やその他の多様なステークホルダー間の関係やコミュニティ自体の変化であるが，それとともに，コミュニティにおける諸個人の心身機能，活動，意識などの向上・変化なども評価単位になる．

2 アクションリサーチの研究プロセスに即した段階的（formative）評価が中心になるが，集約的（summative）評価も可能な限り行われる．段階的評価では，そのアクションリサーチを推進するための手段とプロセスの観点からの評価が行われる．この評価次元は，必然的に質的評価法と不可分に関連している．しかし，この評価法もまだ十分開発されてい

ないので，いつどのような段階的評価を行うかについての具体的方法を開発することが課題である．

3

参加型アクションリサーチでは，研究者とステークホルダーが協働的な主体となるのが基本である．しかし多くの先行研究では，研究者による評価が中心であり，ステークホルダーとの協働による評価方法はまだ十分開発されておらず，今後の課題である．

4

アクションリサーチのプロセスに即した段階的な評価が基本になるので，質的評価法が中心である．アクションリサーチでの質的研究法としてよく用いられるのは，従来型研究において方法が確立しているフォーカスグループ・インタビューである．また，質的評価法で大きな課題となるのは，広い意味での「記録」である．人類学的フィールドワークの技法などが多様に活用される必要がある．

数量的評価法については，集約的評価の基本的方法として，可能な限り活用することが必要である．しかし，アクションに関わる住民などが少数でしかもランダム抽出が難しいなどの制約があるため，統計解析による結果の一般化に大きな制約がある．またRCTデザインを採用することが非常に難しいことを踏まえ，可能な数量的方法と新しいデザインを開発することが大きな課題である．

5

アクションリサーチは，ある特定のコミュニティにおける課題を解決するアクションの結果，その課題がどの程度解決したかが結果評価の直接の目的であり，アクションリサーチの結果の一般化に限界があることが前提である．

アクションリサーチは，研究結果として明らかになった具体的解決策およびそのための手段とプロセスが，当該コミュニティで一定の有効なものとして評価された後に，他の同様あるいは類似のコミュニティにどの程度波及できるのか，その要件をできるだけ具体的に示すことが，研究のサイクル全体および各プロセス（①〜④）の課題として重要である．このような「成果波及のための諸要件」を積み重ねていくことによって，実証・実験とは異なる独自の「一般化」が進められていくと考えられる．

第5章

高齢社会のコミュニティにおけるアクションリサーチの論文のまとめ方

1節　コミュニティでのアクションリサーチの論文の特徴
2節　論文の種類
3節　論文（博士論文など）における留意点
4節　学会誌への投稿論文，研究報告における留意点

まとめ

井上剛伸

1節 コミュニティでのアクションリサーチの論文の特徴

これまでの章で示されたように，高齢社会のコミュニティにおけるアクションリサーチは，一定の価値判断を伴いつつ計画・実行が進められる研究であり，以下の3つの基本的要素[1]を満たしていることが特徴である．

1）研究目的――コミュニティにおける高齢社会の課題解決
2）研究の担い手――多様なステークホルダーの参加
3）研究運営――協働的

アクションリサーチの研究プロセスは図1-2[2]に示されるように，以下の4段階からなり，そのスパイラルな循環として表される．

① 特定コミュニティで解決を要する課題の発見と分析
② 解決のための方策の計画と体制づくり
③ 計画に即した解決策の実行
④ 解決策実行の過程と結果の評価

また，アクションリサーチでは，普遍的な法則や一般化した解を求めることを目的とするのではなく，研究の過程とその結果の詳細な説明に基づいて，他のコミュニティへの波及可能な諸要件を描くことを最終的に目指している．そのため，4段階の研究プロセスの各々から，研究成果の他のコミュニティへの波及に資する要件を抽出し，当該研究以外のコミュニティに適用できる可能性の程度を示すことも特徴である．

以上のような特徴から分かるように，従来の仮説検証型の実証研究とは性格が大きく異なるため，アクションリサーチの成果を論文としてまとめようとした場合，独自の観点が必要となる．

特に留意すべき点として，科学性の問題が挙げられる．もともとアクションリサーチでは，実証科学が否定する価値判断をむしろ伴うことにその特性がある．しかし，科学性が全く認められない論文は，学術的な論文として扱われることはなく，ただ単に事業報告と見なされることとなる．したがって，アクションリサーチにおいても，科学性を追求することがやはり不可欠であり，そこには十分な配慮が必要となる．本書で

---

1)
3つの基本的要素
第1章1節を参照

2)
図1-2
第1章4節 **1**（32頁）を参照

は，従来型の実証研究の方法とアクションリサーチに独自な方法を，お互いに補完しあう形で活用することで，信頼性と妥当性3)を担保することを提案してきた．

さらに，研究により得られた成果について，他のコミュニティに波及可能な要件を設定することで，研究の信頼性を示す一つの指標として位置付けている．その場合，当該研究で実行したアクションとそこから導いた要素がどういうものかのみならず，将来的に波及可能なコミュニティ側の条件は何かについても重要な要件として記述する必要がある．

また，アクションリサーチでは計画変更がしばしば起こることが想定されるため，実証研究の論文とは異なり，そこで採用した「研究方法」と目指していた「研究結果」が一貫した関係にならないこともある．本章では，その問題を解決するために，課題の発見・分析とそれに基づく当初の計画を「研究方法」を述べる箇所で示し，「研究結果」を述べる箇所で，計画の変更過程も含めて，解決策実行の結果を伝えることを提案する．これによって，当初の計画に基づく解決策により，コミュニティの構成員およびコミュニティ全体がどのように変容し，それを基にした次の研究サイクルがどのように計画されたかを，的確に記述することが可能となる．

さらに，アクションリサーチの全体的な流れの中から，まとめる部分を切り出し，論文化していくという考え方も必要である．もちろんアクションリサーチ全体を論文化することが理想であり，できるならばそのような論文としてまとめるべきである．しかし，実証研究の多くがそうであるように，限られた時間の中で一定の成果を挙げなければならないという研究者ソサエティで生き抜くためには，アクションリサーチにおいても何らかの工夫が必要となる．特に若手研究者に対しては，そうした要請が大きいことも事実である．

---

3)
信頼性と妥当性
第1章の 注15（36頁）を参照

2節 論文の種類

　アクションリサーチの成果をまとめる報告には，いくつかの種類がある．大きく分けると，「論文（博士論文など）」「学会誌への投稿論文」「研究報告書」などが考えられる．

　論文（博士論文など）では，第1章で示された3つの基本的要素（研究目的，研究の担い手，研究運営）を満たし，アクションリサーチの研究プロセスにおける4段階を少なくとも1サイクルは実行した成果をまとめたものであることが望ましい．さらに，一定の価値判断のもとで，高齢社会の未解決な課題を解決し，オリジナリティや社会的有用性に富み，研究としての意義が認められるものである必要がある．学会誌への投稿論文は，研究論文，研究報告，資料など，いくつかの種類が考えられる．掲載誌によっては，分量の制限があり，論点を明確に絞ってまとめることが求められる．研究報告は，取り組んでいる研究プロジェクトの中間や終了という時点でまとめることが多く，この場合，一定の期間で区切られた成果を報告することとなる．

　以上で挙げた論文は，その種類によって書き方が異なってくる．本章では，この中から論文（博士論文など）に着目し，以下にその作成における留意点，およびチェックリストを示す．

3節 論文(博士論文など)における留意点

1 論文構成の決め方

　1節で示した通り，高齢社会の課題解決に向けたアクションリサーチでは，研究プロセスがスパイラルな循環によって実行されるという特徴がある．論文（博士論文など）としてこのような研究の成果をまとめようとした場合，これらのプロセスが最低1サイクルは実行され，さらに他のコミュニティへの波及のための要件の設定（Transferability）を論じることができるレベルの成果をもって，論文を構成していくことが求められる．それには，オリジナリティ，社会的有用性を吟味し，研究としての意義を確認することが重要である．その上で，4段階の研究プロセスが満たされていることを確認する．また，対象コミュニティにおけるアクションリサーチ全体の方向性や目指すべき目的と，論文でまとめようとする成果の関係を明確にしておくことも不可欠である．

　論文の構成は，基本的には［1］背景と研究目的，［2］研究方法，［3］研究結果，［4］考察，［5］結論とすることが多い(筒井2010)．論文で強調する点や，研究過程の複雑さによって，適宜独自の構成をとる場合も考えられるが，ここでは，この5つから成る構成要素を基本として説明する．目次構成を決めるにあたり，アクションリサーチの一連の研究プロセスを各章に割り当て，整理する(図5-1)．つまり，特定コミュニティで解決を要する課題の発見と分析（研究プロセス①），解決のための方策の計画と体制づくり（②），計画に即した解決策の実行（③），

図5-1 「論文構成」と「アクションリサーチの研究プロセス」

論文構成		アクションリサーチの研究プロセス
［1］背景と研究目的	⇔	特定コミュニティで解決を要する課題の発見と分析（①）
［2］研究方法	⇔	特定コミュニティで解決を要する課題の発見と分析（①） 解決のための方策の計画と体制づくり（②）
［3］研究結果	⇔	計画に即した解決策の実行（③） 解決策実行の過程と結果の評価（④）
［4］考察	⇔	研究成果の他のコミュニティへの波及のための要件の設定
［5］結論	⇔	全体の総括（①〜④）

解決策実行の過程と結果の評価（④），そして研究成果の他のコミュニティへの波及のための要件の設定を5つ目の要素として適宜あてはめていく．また，研究プロセス①から④の流れの中で，見直しや逆戻りといった入り組んだ関係も抽出し，それぞれの関係を押さえておく．

まず，［1］背景と研究目的について，アクションリサーチにおける4段階の研究プロセスのうち課題の設定に必要な①の部分，および研究目的の設定，目的達成のための戦略を記載する．

次に［2］研究方法において，研究プロセスのうち①②の部分を記載する．その際，計画づくりのために行われたデータ収集やその評価，試行錯誤がある場合には，そのプロセスや経緯を補いながら，最終的に決定された研究計画を記述する．

さらに，［3］研究結果で研究プロセスの③④の部分を記述する．ここでは，計画変更なども含めて解決策実行の結果について述べ，その場合，前述の①②に基づいて，それらの関係性を整理するといっそうわかりやすくなる．また，最終的に得られた成果は，明確に記述することが重要である．

［4］考察では，結果に関する評価の科学性や，他のコミュニティへの波及可能性について議論を展開し，結論を導き出すこととなる．

［5］結論は研究全体を総括するとともに，得られた成果を端的に記述する．

なお，学術論文に取り組むうえで強調しておきたい点は，アクションリサーチの面白さである．高齢者の笑顔，参加者の充実感，ともに感じる苦悩は，アクションリサーチでこそ味わえる醍醐味であるが，それらが研究者の熱意を支えている一つの要因であるのは，確かであろう．また，そうした経験を頭に浮かべながら，研究に参加した住民たちの思いを丁寧に抽出し，その具現化を図ることが，論文をまとめるうえで重要だと考える．アクションリサーチをその面白さとともに伝え，次の誰かによる研究につなげていくことが，論文執筆者が担う役割とも思われる．

2 背景と研究目的

1）背景における課題の設定

［1］背景と研究目的のうち，背景では，当該研究との関連から「高齢社会で一般に見られる課題」を簡潔に整理し，未解決のものを提起するとともに，「当該研究で取り組むコミュニティにおける課題」を設定する．課題設定の詳細な説明については研究方法で示すことになるので，ここでは論文の読者が，論文の研究目的を把握するために必要な点に絞って記述する．

最初の段階で,「当該研究の対象コミュニティで解決を目指した課題」と「高齢社会での一般的な課題」との関係を明確にし,その課題になぜ着目したのかを,社会状況や過去の研究成果（アクションリサーチ以外の研究も含めて）などを参照しながら,的確に提示する.その際に,できれば過去の研究ではどこまで解決できていて,未解決な部分はどこなのかを明らかにしておくと,研究の意義を示しやすくなる.

　コミュニティにおけるアクションリサーチでは,従来型の実証研究のように概括化された研究成果を得ることではなく,対象とするコミュニティでの課題解決を目指す.そのため,設定した課題に関連する要因を明確化し,その関係性を整理することは,論文としてまとめるうえで,とくに重要な点である.

　また,大きなプロジェクトの一環として実施している研究の場合,論文にまとめようとする研究と,全体のプロジェクトとの関係をクリアに示しておく.アクションリサーチは,研究プロセスのスパイラルな循環で行われるため,当該研究とその全体像の関係を判然としておくことによって,研究成果の価値を確保できると思われる.

2）研究目的の設定，目的達成のための戦略

　本書で取り上げるアクションリサーチの論文では,コミュニティにおける高齢社会の課題の解決を目的としている.このようなコミュニティで取り組むアクションリサーチでは,多様な研究手法によって課題を解決していく.当然,その成果として多くの知見が得られるが,論文としてまとめようとした場合,それらの知見の関連を整理し,最終的に得られた価値ある成果は何であるかに絞って記述することが重要である.そのためにも,まとめようとする論文の目的をあらかじめ明記しておく.

　さらに,目的を達成するために必要な戦略を明瞭にすることが必要である.ここでは,当該研究で実施することを時系列に示すよりも,目的と研究でめざす成果との論理的な関係を提示するとよい.

　また,研究の意義について,社会科学的研究としての視点とともに,コミュニティや住民たちにとっての重要な点をまとめる.

3 研究方法

　[2] 研究方法では,アクションリサーチの研究プロセスのうち,特定コミュニティで解決を要する課題の発見と分析（①）と解決のための方策の計画と体制づくり（②）を中心に記述する.課題の発見や解決策の提案,体制づくりにおいて,調査やワークショップなどを行った場合には,別途項目立てをしてその方法や結果について記述するなどの工夫

が必要である．

1）コミュニティにおけるアクションリサーチを採用することの必要性

［1］背景と研究目的で設定した課題の解決には，コミュニティにおけるアクションリサーチが不可欠であることを記述する．アクションリサーチ以外の研究手法では課題が解決できない理由や，アクションリサーチの研究手法を使った場合の優位性などを説明しておく．本書第1章に記した通り，アクションリサーチの基本的要素は，研究の担い手となる多様なステークホルダーの参加があること，研究運営が協働的であることが含まれる．こうした観点から，アクションリサーチのような手法でなければ解決できない課題に取り組んでいることを明示することがポイントとなる．

2）コミュニティの特徴と選定理由

［1］背景と研究目的で示した「高齢社会で一般に見られる課題」を解決する場として，当該コミュニティを選定する理由を記述する．またそれに関連して，コミュニティの特徴やステークホルダーの特性・役割，高齢者が抱える問題などを述べた上で，「高齢社会で一般に見られる課題」と「当該コミュニティでの課題」の整合性および差違について示しておく．アクションリサーチの準備段階で行った文献研究や調査があれば，コミュニティの選定理由と関連付けて記載する．

3）特定コミュニティで解決を要する課題の発見と分析

特定コミュニティで解決を必要とする課題を発見する場合，本書第2章に記されているとおり，研究者による課題発見，住民による課題発見，研究者・住民・行政の協働による課題発見の3つのパターン[4]が主として考えられる．論文にまとめようとするアクションリサーチが，どのパターンにあてはまるのかを，まず整理しておく．研究者が課題を発見した場合には，それがステークホルダー間で共有される課題であるかどうかの確認が必要であり，その過程についても取り上げる．

課題を発見するために，文献研究や事前調査を行う場合が考えられる．文献研究の結果については，過去の関連するアクションリサーチの研究に関する文献を整理して示すとともに，地域特性を把握するための現地に存在する様々な文献や文書，コミュニティでの課題の顕在化を示す文書などについても述べる必要がある．

文献研究に加えて，事前調査を実施した場合には，その方法および結果について記述する．調査によって課題を明確にするとともに，そこで把握した課題の分析を行い，解決策の提案につながる情報を整理してお

4）
課題発見の3つのパターン
第2章1節2を参照

く．

4）課題解決のための方策の計画と体制づくり

　アクションリサーチの場合，課題の解決策が必ずしも計画段階で想定されたものとは一致しないことも多々あり得る．しかし，アクションリサーチの研究プロセス②に示されているとおり，まず想定される解決策と，それを実現するための体制づくりをあらかじめ明確にしておくことが重要である．そこでは解決策とともに，それを実行する上でのステークホルダーとの協働による体制づくりについて，時系列で記述する．記述する要素としては，研究体制や研究の場の設定，研究を実施する手順，想定されるアウトカム，評価の方法などがある．最後の評価の方法に関しては，評価の対象，データの種類，情報源，効果や経過の評価，その分析の仕方などが含まれる．また，解決策や体制づくりの契機になった住民との協働による出来事など，ダイナミックな変化についても適宜記述しておく．

5）研究倫理[5]

　研究実施にあたり，事前に各研究機関等の研究倫理審査委員会の承認を得ている場合には，その旨を記述する．事前に倫理審査を受けていない場合は，医学における事例研究等と同様に，論文として倫理審査を受け，その承認を受けることも考慮する．

4 研究結果

　［3］研究結果では，実際に行った解決策の内容やその手順を詳細に記述する．当初予定していた解決策を修正した場合には，その理由も併せて内容を記述する．

1）計画に即した解決策の実行

　アクションリサーチの研究プロセスのうち，計画に即した解決策の実行（③）に対応して，実際に行った解決策の内容について記述する．［2］研究方法での記述と関係づけるために，双方で同様の表やフローチャートなどで表現しておくと，計画との対応がわかりやすくなる．また，当初想定された結果と実際に得られた結果の対比，およびそれに関連した対処についても示しておく．最終的に，設定した課題が解決できたのか，またどの程度解決できたのかについて，可能な限り明確にしておく．

　また，計画の変更が行われた場合には，実際の解決策の実行と当初の研究計画とを照らし合わせ，修正点を示す．併せて，その理由やそれに

5）研究倫理
終章1節3も参照

よってより良い結果が得られたのか，またその逆の結果となったのかについて詳細に記述する．

2）解決策実行の過程と結果の評価

研究プロセスのうち，解決策実行の過程と結果の評価（④）に対応して，解決策実行の過程，およびその結果に関する評価について記述する．評価については，従来型の実証研究で用いられる評価方法を採用したのか（RCTによる数量的評価，前後比較による数量的評価など）(笹栗，池松編2011)，アクションリサーチ独自の評価方法を採用したのか（フォーカスグループ・インタビューによる質的評価，フィールドワークによる質的評価など）を整理し，過程と結果の両方の視点から，詳細に取り上げる．特に，質的評価法[6]を採用した場合には，エビデンスとなるデータを示し，それに基づいた結果の解釈を行うことに注意が必要である．

5 考察

1）成果としての解決策に関する考察

実際に行なったアクションリサーチにより，得られた解決策を簡潔に記述する．計画段階で設定した，中心的な位置付けにある解決策に加えて，実行の過程で副次的に得られた解決策があれば，それについても述べておく．コミュニティで生活する個人の変化を捉えることができたのか，コミュニティ自体の変化を捉えることができたのかについても明確にする．また，成果として得られた解決策の社会的な意義についても考察を加え，当該コミュニティで実行した解決策のオリジナリティや有用性を論じる．先行のアクションリサーチで同様あるいは類似の結果が示されている例があれば，それを紹介して，当該研究の結果との比較を行う．さらに，多様なステークホルダーの参加や協働の状況等についても考察し，アクションリサーチを採用したことの効果についても示せるとよい．

2）研究成果の他のコミュニティへの波及のための要件

成果として得られた解決策のうち，他のコミュニティへ波及させるための要件をまとめて示す．波及のための要件は，アクションリサーチの4段階の研究プロセスを1サイクル経て得られるものもあれば，研究プロセス①から④の各段階から得られるものも想定される．これらをふまえて，多様な視点で整理する必要がある．具体的には，コミュニティが備える条件，研究体制や予算の条件，研究推進のために作成されたツールやマニュアル，アクションの実行に有用な手法などを挙げることができる．類似の先行研究がある場合には，それとの比較を行うことで，得

---

6) 質的評価法
第4章4節を参照

られた要件について考察を加える．

3）研究プロセス4段階の評価に関する考察

アクションリサーチの研究プロセスに基づき，4段階の各々で実施した過程に関して考察する．従来型の実証研究で用いられる評価方法を活用しているのか，アクションリサーチ独自の評価方法を採用しているのか，多様な評価方法を行っているかなど，本書第4章で示された評価方法[7]を参照し，それぞれの研究プロセスにおける科学性や，そこで得られた成果の信頼性・妥当性を可能な限り示す．

4）達成度と残された課題

研究全体を通して，その成果の達成度について考察する．設定した課題がどの程度解決できたのかをできる限り具体的に議論する．また，実施したアクションのネガティブな側面もとらえ，それに関して分析するとともに，改善策なども議論しておく必要がある．さらに，残された課題とそれを受けた今後の展開や展望についても言及する．

6 結論

「背景と研究目的」から「考察」にいたる研究全体を総括し，研究目的に対応して，得られた価値ある成果を端的に示す．コミュニティで実践した高齢社会の課題の解決策や，他のコミュニティへの波及要件，科学性についてまとめて記述する．さらに，論文のオリジナリティや社会的有用性を示し，研究の学術的意義，社会的意義を改めて明確にする．

助成を受けた研究費等の情報や，研究協力者，協力機関に対する謝辞などを付記する場合もある．

以上をふまえたチェックリストを表5-1に掲げる．

7）
評価方法
第4章4節を参照

表5-1 論文(博士論文など)作成のためのチェックリスト

［1］背景と研究目的
- 「高齢社会の一般的な課題」に適切に着眼し，その課題解決に結びつく研究となっているか
- 上記と対応して，「当該研究の対象コミュニティにおける課題」が設定されているか
- 大きなプロジェクトで実施しているアクションリサーチの一部分を切り出して論文化する場合，全体のプロジェクトと論文化する研究との関係を明確に記述しているか
- 多くの知見を得る中で，最終的に得る価値ある成果が何であるかを認識したうえで，研究目的が明記されているか
- 研究目的を達成するために必要な戦略が設定されているか

［2］研究方法
- コミュニティにおけるアクションリサーチを採用する必要性が記述されているか
- 対象とするコミュニティの選定理由が適切か
- コミュニティでの課題の発見と分析が適切に記述されているか
- 課題解決に向けて，適切な方策と計画が設定されているか
- 研究を実施する体制の構築について適切に記述されているか．ステークホルダーとの協働による体制づくりについてはどうか
- 研究倫理に関して，適切な対処がなされているか．倫理審査の状況が記述されているか

［3］研究結果
- 解決策の実行について記述されているか
- 研究計画の修正が適切になされているか．それは理由も含めて明確に記述されているか
- 解決策の実行により，対象としたコミュニティの課題が解決されたかについて，記述されているか
- 解決策実行の過程に関する評価について，記述されているか
- 解決策実行の結果に関する評価について，記述されているか

［4］考察
- 成果として得られた解決策が記述されているか
- 得られた解決策の社会的な意義，オリジナリティ，有用性について考察されているか
- 得られた解決策の他コミュニティへの波及のための要件，ツールやマニュアル，手法などについて考察されているか
- 研究プロセス全体の評価について考察されているか
- 達成度と残された課題について言及されているか
- 今後の展望について言及されているか

［5］結論
- 研究全体を総括しているか
- 成果が端的に述べられているか
- 研究の意義が明確になっているか
- 謝辞の記載はあるか

4節 学会誌への投稿論文，研究報告における留意点

❶ 学会誌への投稿論文

　投稿論文には，いくつかの種類が設定されている．研究論文は，オリジナリティや社会的有用性に富み，科学性も認められるものとして，ほとんどすべての学会誌で受け入れられている．学会誌によっては，科学性は低いものの，問題提起や興味深い事実，事例などを重視した研究報告のような種類を扱うこともある．また，価値のあるデータを重視した資料のような種類を掲載するケースもある．

　投稿論文では，文字数が限られているので，博士論文のようにアクションリサーチの全体の過程について詳細に記述することは難しい．場合によっては，コミュニティでの課題の発見と分析，課題解決のための方策や計画づくり，解決策の実行に対する評価など，アクションリサーチの研究プロセスの各段階に特化して論文にすることも可能である．このとき，アクションリサーチの全体の過程と，特化して論文にする部分の関係を明確に示しておくことが重要となる．また，課題発見や解決策に関わる評価については，従来型の実証研究における方法に基づいた論文としてまとめることも可能であろう．

❷ 研究報告

　研究報告は，研究費の助成を受けた機関などに対して提出することが多い．そのため，研究成果に関して時間的に区切られた期間で実施した限りで，まとめる必要がある．

　また，研究計画との対応で経過や結果を記述することが求められるので，計画の変更については丁寧な記述が求められる可能性がある．その研究で実行された事実をもれなく記述するとともに，研究過程で収集した資料や調査データなどを添付することが必要である．

ま と め

1 本書で取り上げるアクションリサーチの特徴は，コミュニティにおける高齢社会の課題解決を目的とし，多様なステークホルダーによる参加型研究であり，研究運営は協働的な点にある．

2 その研究プロセスは，課題の発見と分析，解決のための方策の計画と体制づくり，計画に即した解決策の実行，解決策実行の過程と結果の評価の4段階がスパイラルに展開される．

3 従来の実証研究とは異なり，多面的な科学性の検証，計画変更の可能性への配慮，アクションリサーチ全体の流れの中から切り出した内容の論文化という工夫が必要となる．

4 論文（博士論文など）では，アクションリサーチの4段階の研究プロセスを少なくとも1サイクルは実行した成果をまとめることが望ましく，これらの研究を「背景と研究目的」「研究方法」「研究結果」「考察」「結論」の5章構成でまとめることを提案した．

5 論文（博士論文など）のまとめかたとして，課題設定，研究目的の設定，アクションリサーチの必要性，コミュニティの選定，課題の発見，課題解決のための計画と体制，研究倫理，解決策の実行，過程と結果の評価，成果としての解決策の考察，他のコミュニティへの波及要件，研究プロセス4段階の考察，達成度と課題について留意点をまとめた．

6 上記の留意点に基づいて，チェックリストを示した．

7 論文（博士論文など）以外として，学会誌への投稿論文，研究報告書について，その留意点を記した．

COLUMN 8

「歩行補助車」を活用した歩きたくなるまちづくり

中林美奈子

「社会資本の活性化を先導する歩行圏コミュニティづくり」のプロジェクトでは，富山大学歩行圏コミュニティ研究会（以下，ホコケン）を結成し，平成23年10月からコンパクトシティを標榜する富山県富山市の中心市街地で，元気な高齢者はもちろん足腰が弱くなった高齢者も歩いて出かけて健康を維持する取り組み（歩きたくなるまちづくり）を始めています．独自開発の歩行補助車を提供し，まちなかに頻回に足を運んでもらうための様々な仕掛けをつくっています．歩きたくなるまちづくりに独自開発の歩行補助車を活用する点が本プロジェクトの特徴です．

「富山まちなかカート」の開発

「富山まちなかカート」と名付けた歩行補助車は，富山大学各学部（医学部看護学科，人間発達科学部，芸術文化学部，工学部，産学連携部門）の教員が各自の強みを持ち寄り，市民の声を反映させながら開発しました（写真1，2）．設計コンセプトは高い走行安全性，公共性，利便性，使いたくなるスタイリングとしました．特に，開発初期，地域高齢者（70歳男性）から聞いた「現役時代はフェアレディZに乗っていたんだ．将来，足腰が弱くなったとしても，格好の悪いモノは使いたくないよ」という言葉が耳に残り，使いたくなるスタイリングにこだわりました．利用者からは「今まであまり家から出たがらなかった妻が，外出を楽しみにするようになった．表情も明るくなり，そのことが何よりうれしい」「これまで買い物に行くときは，息子に車椅子を押してもらっていた．それじゃ好きなものも買えない．歩行補助車を使うと低床車両の路面電車を使って一人で百貨店まで買い物に行ける．自由に買い物ができるのが楽しい」との声も聞かれ，評判は上々です．

今では，富山市中心商店街の広場や農産物直売所の前，郊外の動物園，富山市役所にカートの貸し出しステーションが設置され，富山市のまちなかでは，カートを押してまち歩きを楽しむ高齢者や小さい子供を連れた若い母親の姿を見かけるようになりました．取り組みは富山市の構想とも一致し，平成26年10月からはカートステーションの管理運営費が市で予算化されました．本プロジェクトの到達目標である歩きたくなるまちづくりの実現については道半ばかもしれませんが，市民や行政と一緒に開発・改良を重ねた思い入れの深い「富山まちなかカート」をシンボルに，プロジェクト活動は当初の予想を超えて大変盛り上がりました．

写真1
開発した歩行補助車（2号機）

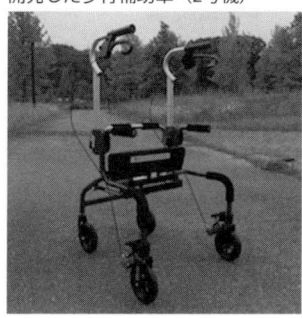

写真2
開発した歩行補助車（3号機），2014年グッドデザイン賞受賞

COLUMN 8

地域看護学の知恵とモノづくりの融合

　本プロジェクトの始まりは平成19年7月に遡ります．本プロジェクトのコアメンバーである4学部6人の教員が集まり，高齢者の生活を豊かにする支援機器の研究を模索していました（自立支援機器研究会）．私の専門は地域看護学ですが，この研究会活動を通して地域看護学の知恵とモノづくりの融合の可能性を実感しました．健康づくりにモノづくりの視点を組み込むことで，これまでとは違う健康づくり支援の内容や方法が提供できることを学びました．例えば，高齢者にはちょっと足腰が弱くなるととたんに歩かなくなったり，外出を控えるという問題があります．足腰の弱りに対する現行の健康づくり支援の中心は機能訓練であり，高齢者は介護予防事業や機能訓練事業に積極的に参加し歩行機能の改善を目指していますが，高齢になればなるほど個人の努力を基盤とした支援には限界があります．使い勝手がよく安全な歩行支援機器を使えば，少しの努力でまち歩きが楽しめるようになります．「道具」の助けを多少借りながら，自分で歩いて住み慣れた地域（コミュニティ）で普通の生活をする．それが，私たちの目指す高齢社会のデザインです．

　ただ，保健師である私にはモノに頼って健康づくりをするという発想はありませんでした．工学技術を生かしながらも，技術に依存せず，高齢者の残存機能を十分に活用し，高齢者の気持ちを前向きにする歩行支援機器をつくりたいと思いました．このことをメンバーに理解してもらうために，看護系以外のメンバーと一緒に地域に出向き，在宅療養者のお宅を家庭訪問したり，市役所の保健師さんから話を聞いたり，地域で行われている介護予防事業にも参加しました．反対に，私が工学や芸術系のメンバーと一緒にモノづくりの現場に出向き，作業工程を見学したり，企業トップの方からお話を聞いたりしました．このようにメンバー間の相互理解を深める中で，高齢者支援にふさわしい歩行支援機器のコンセプトを明らかにしていきました．動力装置を用いず自分の力で使うことを前提とすること，機器の開発にとどまらずコミュニティでの活用を視野に入れた機器をつくることで合意がなされ，杖やシルバーカーより安全で機能的，電動カートや車椅子のように動力や他人の力を借りない歩行支援ツールとして「歩行補助車」に注目するに至りました．

　平成23年10月に研究開発領域プロジェクトとして採択され，地域看護学の知恵とモノづくりの融合は本格的に動き出しました．プロジェクトでは歩行補助車を開発しながら，プロジェクトチームの結成に尽力しました．コミュニティの課題を主体的に解決する最も重要な地域資源は「人」です．これまでの経験から，そのコミュニティにおいて発言力があり，かつ人柄が良い「人」とチームを組むことができればプロジェクトは必ず発展すると確信していました．プロジェクトチームの組織化は地域看護の得意分野であり，私に課せられた大きな使命でした．本プロジェクトにおいては，その「人」が地区自治振興会長・長寿会長，行政各課の一定以上の役職を有する人々であることが分かりました．私はその「人」を一人ひとり訪ね，歩行補助車のある風景をつくりたいこと伝え，プロジェクトへの参加を依頼しました．問題意識と人情味あふれるメンバーが集まり，産学官民の協働が始まりました（写真3）．

写真3　産学官民の協働

第5章　高齢社会のコミュニティにおけるアクションリサーチの論文のまとめ方

終章

高齢社会のコミュニティ創りの課題と展望

1節　残された課題
2節　めざすべき方向
3節　アクションリサーチャーの養成
4節　おわりに

まとめ

袖井孝子

1節 残された課題

　これまでの章でも明らかにされているように，コミュニティにおける参加型アクションリサーチは，わが国において始まったばかりである．したがって，実践例もきわめて乏しく，方法論的にも未開発であり，評価の方法も確立していない．いわば，手探り状態で，コミュニティが抱える課題の解決に向けて，先駆的な研究者が挑戦しているのが現状であり，いまだ発展途上の段階にあるといってよい．残された課題について以下に述べる．

1 分析方法の確立

　アクションリサーチにおいては，既存の量的質的調査方法によってデータ収集が行われるが，とりわけ質的調査が重視される．多様な対象から多様な方法によって多様なデータを集めるアクションリサーチでは，それらを包括的にまとめ上げるトライアンギュレーション(triangulation)[1]が必要とされる．

　課題発見やプロセス評価においては，フォーカスグループ・インタビュー[2]がかなり有効である．ステークホルダーたちによる議論の経過を録音ないし録画し，それを文章化して，要点ごとにコード化し，体系的に整理することによって，課題を発見したり，介入の効果を推測することができる．

　文章化したデータ（テキスト）を分析する方法としては，要点をカードや付箋紙に記入して，共通するものをまとめるKJ法[3]やテキストに基づいて，その内容を細分化してコード化し，データに根差した理論の生成を目指すグラウンデッド・セオリー・アプローチ[4]などが参考になる．また，録音されたデータの内容分析（コンテントアナリシス[5]）をして，頻繁に使われる言葉，発言の文脈，発言者どうしの関係などを明らかにするテキストマイニング[6]のようなソフトも開発されている．

　しかし，使われる言葉の頻度と重要性とは必ずしも一致しない．また，分析結果を解釈する際には，分析者の主観が入りやすいので客観性に欠けるという批判もある（千年・阿部 2000）．協働を旨とするアクションリサーチにおいては，研究者が単独で解釈するのではなく，共同研究者やステークホルダーたちと協議し，複眼的にテキストを読み解くことが

---

[1]
トライアンギュレーション法
第1章の注16（37頁）を参照

[2]
フォーカスグループ・インタビュー
第1章の注11（30頁）を参照

[3]
KJ法
文化人類学者川喜多二郎が考案したデータ分析の方法．データを要約して1項目を1枚のカードに記述し，似通ったものをグループごとに体系化する．ワークショップやグループワークで用いられる．『発想法――創造性開発のために』中公新書，1967．

必要である．

2 研究方法としての承認

アクションリサーチという研究方法を既存の学会や大学内において，いかに承認を得させるかが，今後の課題である．従来の実証研究においては，価値中立であることが絶対視されており，対象とはできるだけ距離を置くことが求められた．したがって，特定の価値観に基づき，よりよい状態への変化を求めるのは，中立性に欠ける，あるいは科学的とは言えないと非難され，そうした研究は実学ないし実践にすぎないとみなされがちである．学会誌においても，実践事例は，論文ではなく研究ノートや実践記録として一段と低く扱われる傾向にある．

また，従来の実証実験においては，介入群と非介入群とを比較し，その効果を測定するのが普通であり，一事例のみを取り上げるアクションリサーチの結果から，はたして有効性が証明できるのかという疑問を呈されることもある．アクションリサーチにおける科学性や妥当性については，第1章に詳しく述べられているが，アクションリサーチ独自の科学性ないし実践知が広く受け入れられるには，何よりも学会誌に論文として掲載されることが必要であろう．

3 倫理委員会の承認

アクションリサーチが学会や大学内で承認が得られていないために，現状では，代表者が所属する大学や研究機関の倫理委員会から許可を得ることが容易ではない．実際に，社会技術研究開発センター（RISTEX）採択のいくつかのプロジェクトでも，所属機関の倫理委員会を通すのにかなりの時間を要したケースが認められる．

従来の実証・実験研究の枠組みで研究計画が審査される結果，科学性に対する疑念に加えて，住民との協働作業を通じて研究を進める際の責任の所在が必ずしも明確でない点がネックになっているようだ．住民も研究者と同等の研究チームを形成するとしたら，事故や不祥事が発生した場合，責任主体はどこにあるのだろうか．事故に対しては，傷害保険をかけることが必要だろう．研究チーム内あるいはチーム外の個人や集団との摩擦やトラブルについては，最終責任者は誰であるのかを予め明確にしておく必要がある．

対象者を客体ととらえる従来の実証・実験研究と違い，対象者とともに課題解決にあたるアクションリサーチについては，新たな倫理規定や審査基準を設けることが必要だろう．

---

4)
グラウンデッド・セオリー・アプローチ
B・グレイザーとA・ストラウスが考案した質的データを分析する方法．テキストの内容をコード化し，分析することで，データに根差した理論の生成を目指す．わが国では，看護の領域で多く用いられている．木下康仁『グランデッド・セオリー・アプローチ——質的実証研究の再生』（弘文堂，1999）など．

5)
コンテントアナリシス
もともとは，新聞や雑誌記事に頻繁に使われる言葉や短文の出現頻度を数量的にとらえる方法としてマスメディア研究で用いられたが，その後，個人面接やグループ面接における発言内容の分析にも利用されている．

6)
テキストマイニング
録音されたグループディスカッションやウェブ上のツイッター，フェイスブックの文章をそのまま投入し，データを単語や文節で区切り，それらの出現頻度，出現傾向，出現の相関などを明らかにする分析手法．

4 研究終了後の事業の継続性

　たとえ社会実験が成功し，コミュニティに望ましい変化が生じたとしても，それが継続しなければ意味がない．これまでにも補助金や助成金が途切れると，事業そのものが立ち消えになってしまうという例が少なくなかった．研究期間が終了した後，当該コミュニティにおいて，その事業を住民が主体になって担っていくのでなければ，コミュニティが変容したとは言えないだろう．RISTEXの「セカンドライフの就労モデル開発研究」7)（平成22年度採択，代表　辻哲夫・東京大学高齢社会総合研究機構特任教授）では，柏市のシルバー人材センターが生きがい就労を引き受け，同「社会資本の活性化を先導する歩行圏コミュニティづくり」8)（平成23年度採択，代表　中林美奈子・富山大学大学院医学薬学研究部准教授）では，富山市が公共用歩行支援機器（まちなかカート）の普及に向けて予算措置を講ずることになった．

5 研究成果の他地域への波及ないし応用

　ある地域における実践がたまたまうまくいったとしても，それは特殊事例ではないのか，はたしてそれが別の地域でも実現可能なのか，一事例をとりあげるだけでは単なる事例紹介にすぎないのではないか，という疑念が呈されることも珍しくはない．事例紹介との違いは，単に事例を紹介するのではなく，研究のスタートから終結までのプロセスを詳細に記述し，途中段階における評価や検討を経て，計画自体を見直し，最終的にはコミュニティ自体の変容を目指すという循環過程をたどることにある．特定地域における成功と失敗から導き出される諸条件を手掛かりに，地理的条件や少子高齢化の程度が似通った地域が抱える課題の解決に資することが可能になる．

　各地で展開されるまちづくり，村おこし，地域再開発事業などにおいても，行政が一方的に指示するのではなく，住民と協働して，計画策定から実施，途中段階での振り返り，結果の評価に至るまでのプロセスをたどることが望ましい．その際には，アクションリサーチを用いた他地域での先行事例が参考になるだろう．

6 研究者の少なさ

　現在のところ，アクションリサーチに取り組む研究者が少ないため，研究成果を示す業績はそれほど多くはない．とりわけコミュニティにおけるアクションリサーチの文献9)は，きわめて少ない．アクションリ

---

7)
「セカンドライフの就労モデル開発研究」
「付録1」2節2を参照

8)
「社会資本の活性化を先導する歩行圏コミュニティづくり」
「付録1」2節3を参照

9)
コミュニティにおけるアクションリサーチの文献
「付録2　コミュニティにおけるアクションリサーチに関する文献案内」を参照

サーチの歴史が浅い現段階では，既存の学問領域で教育訓練を受けた研究者が，いわば試行錯誤を繰り返しながら，研究に取り組んでいるのが実状である．大学や大学院において，独自のカリキュラムに基づいてアクションリサーチャーを養成することの必要性はきわめて高い．

1節　残された課題

2節 めざすべき方向

1 新しい知の創造とパラダイム転換

　従来，自然科学においても，人文・社会科学においても，価値の問題を知の営みから切り離し，純粋に客観的立場から対象を認識することが必須であった．したがって，一定の価値に基づいて「望ましい状態の実現」を目指す学問領域は，実学とみなされ，そうした領域で活躍する人については，「実践家」ないし「技術屋」とよばれ，一段と低く評価されるのが普通であった．

　しかし，少子高齢化，環境汚染，経済活動のグローバル化，格差の拡大などによって，自然環境も社会環境も悪化の一途をたどっている今日，すべての人類が直面する深刻な課題を解決するうえで，実学への期待が高まっている．「望ましい状態」を研究者の一方的な思い込みや押し付けではなく，関与するすべての人の協働作業によって実現することを目指すアクションリサーチは，これまでアカデミズムが目指してきた科学知とは異なる実践知の創造をめざすものである．

　コミュニティにおける参加型のアクションリサーチは，研究のための研究ないし業績をあげるための研究から，地域住民にとって最善の利益を実現することが最優先されるのであり，研究者にとっても価値観の転換を求められる画期的な研究方法なのである．言い換えれば，science for scienceからscience for society ないしscience for peopleへと，今やパラダイム転換が求められている．

2 学会や大学・研究機関における承認

　学会においてアクションリサーチが承認されるには，学会誌において論文として認められる必要がある．しかし現段階では，アクションリサーチによる論文が，審査を通ることは難しい．それは，査読者自身が，いわゆる「科学のための科学」を追求してきたために，実践や実学を一段と低くみなし，「科学的真理」の追究を最優先させているからにほかならない．こうした傾向については，学会自体の体質改善が欠かせない．

　幸い研究費については，国立研究開発法人科学技術振興機構（JST），独立行政法人福祉医療機構（WAM），および厚生労働省，総務省，経

済産業省などが，実践的課題の解決を目指す研究に助成をしており，こうした助成による研究成果を学術論文や学位論文にまとめることによって，少しずつ市民権を得ることができるだろう．

アクションリサーチにかなり早くから取り組んでいる欧米においてさえ，アクションリサーチを理解している大学教員は少なく（Herr & Anderson 2005），専任ポストの確保はかなり難しいようだ（Reason & Bradbury 2008）．これは，既存の学問体系に固執する人々が，新しい学問への抵抗勢力となっているからにほかならない．

3 政策への影響

コミュニティにおける参加型アクションリサーチは，特定の地域における改善ないし改革にとどまらず，社会全体の政策形成に資することが望まれる．特定のコミュニティにおけるアクションリサーチの成果が，自治体の政策に取り入れられ，制度の変更が可能になれば，望ましいコミュニティへの変容がより確実なものになる．複数のコミュニティにおいて展開されるアクションリサーチが，個別事例にとどまることなく，お互いに情報交換し，ネットワークを構築することによって，まちづくりや地域おこしのためのノウハウを広げていくことも不可能ではない．

さらに，アクションリサーチに参加した経験が，住民をはじめとするステークホルダーたちの思考方法や態度行動に変化を及ぼすことができるならば，研究終了後も，自主的に考え，行動し，コミュニティにおける政策形成に主体的にかかわっていくことも可能になる．RISTEXの「社会資本の活性化を先導する歩行圏コミュニティづくり」では，研究費助成期間が終わった後，自宅において歩行補助車の貸し出しを自主的に始めた高齢者もいる．高齢者がサービスを与えられる側から与える側へと変わりうる事例の一つと言っていいだろう．

3節 アクションリサーチャーの養成

1 アクションリサーチャーに求められるもの

アクションリサーチャーには，実践家としての技術と分析的内省的思考・科学的洞察力の両者が求められる．M・レヴィンは，アクションリサーチャーに必要な能力として次の3点をあげている（Levin 2008）．

① proficiency：課題解決に向けて社会変動をもたらすような実践的活動を可能にする熟練
② skills：問題をかかえる人と研究者が含まれるような学習過程を創り出す技術
③ capability：研究者個人として，あるいは参加者と共同で，科学的社会的貢献に資するような論文につながる知を創造する能力

これらは，かなり高度な要件であり，アクションリサーチャーになるには，非常に敷居が高いことを示している．すなわち，アクションリサーチャーには，科学的研究者としての知識，経験，洞察力に加えて，実践家としてステークホルダーたちの自主的参加をうながし，彼らの関係を調整し，課題解決に向けてコミュニティに働きかけていくコミュニケーション能力や統率力が求められるのである．

わが国においてアクションリサーチが早くから取り入れられたのが，教育や看護の領域であったのは，そうした領域が教室や病棟という実践の場をもっていたことに加えて，日常の業務を通して，現場が直面する問題を解決する必要性に迫られていたことにもよる．

2 アクションリサーチャーの教育

いかにしてアクションリサーチャーを育成するかについて書かれたものはほとんどない．また，アクションリサーチを大学や大学院で教えている例は，欧米においてもそれほど多くはない．しかし，質的調査方法，グループインタビュー，グループマネジメント，ファシリテーションなど，個別領域における経験から学ぶところが少なくない．

1）振り返り（reflection）

　大学院院生を対象に，アクションリサーチにとって不可欠な振り返りの理論と技術を教える事例を紹介しよう（Taylor et al. 2008）．著者たちは，長年，大学において，ヘルスケアや行政におけるマネジメント教育に従事してきた．この授業の狙いは，「アクションについて（on action）」振り返る能力から「アクションの中で（in action）」振り返ることのできる能力を学生に身に付けさせることにある．

　学習の過程は，①現実は人々の意識によって社会的に構成されたものであることを理解する，②構成された現実に対し，自分自身がかかわっていることを知る，③現実を作り変えるためのアクションを起こす，という3段階をたどる．たとえば，人種，民族，ジェンダーなどに関する肯定的文章と否定的文章を示して，いずれかを選ばせる．黒人と白人を取り上げた場合，一方を選ぶのに他方を選ぶよりも時間がかかる（あるいはかからない）としたら，われわれは無意識のうちに，差別や偏見にとらわれていることになる．

　第2段階では，問題状況を作り出しているのは，他ならぬ自分自身であることを知り，考え方や行動を変えることを考慮するよう学生に働きかける．個人に内在する相対立する欲求を明らかにすることは，望ましい結果につながる方法の一つである．

　第3段階は，より実践に近い．4人から6人のグループを作り，そのうち2人がペアになって，仮定された問題状況についてロールプレイをする．残りの学生は，ロールプレイを観察し，ロールプレイヤーからの相談を受ける．たとえば，誰かが引き起こした問題や過ちについて，一方が簡単に状況説明をし，それに対して他方が，汚い言葉で非難する．その後，グループ全体で振り返り，汚い言葉による非難に内在する感情，問題点，思想などについて話し合う．相手の感情を理解し，グループの助言を得て，ロールプレイの改善を図ることが可能になる．

　最後は，フィードバックである．学生に授業評価をさせ，役に立ったことや改善すべき点などについて書かせ，グループごとに授業評価し，それについて報告し，他のグループからの意見を求める．こうしたオープンな授業の進め方により，学生だけでなく教師自身も学ぶことができるのである．

2）複数の教師による教育

　M・レヴィンは，ノルウェー理工科大学における自身の経験から複数の教員によるアクションリサーチ教育の利点について述べている（Levin 2008）．彼によると，アクションリサーチ教育は，人数が多く，授業時間の短い学部教育には不向きであり，少人数の大学院博士課程の

終章　高齢社会のコミュニティ創りの課題と展望

教育にふさわしい．専門領域や国籍の異なる複数の教員が担当し，外部からの助成金によるプロジェクトに，学生たちが参加することによって，現実の問題解決に資するような専門知識や技術を身に付けることができる．また，学生には，現実の問題を扱うことで，責任感が生じてくる．こうした試みを通じて，学生間や教師間のコミュニケーションを密にすることができる．

結果として，学生の間には仲間意識が醸成されたが，教師間に協力体制を築き上げることはかなり困難だったと述べている．しかし，専門領域や視点を異にする複数の教員が指導にあたることは，学生の視野を広げ，異なる研究方法を習得するうえで，（うまくいくならば）大変に有効ではないだろうか．文系と理系の研究者から成るRISTEXのプロジェクトには，多数の学部学生，大学院生および若手研究者が参加している．多様な研究者や多様な地域住民と接触することは，（必ずしも意図されたことではないが）アクションリサーチ教育の一環になりうるだろう．

3）日本におけるアクションリサーチ教育の事例

わが国においてアクションリサーチを大学の授業に取り入れている例は，きわめて少ない．希少な例として，日本赤十字看護大学の筒井真優美教授をあげることができる．小児看護学を専門とする筒井教授は，少子化に伴い小児病棟が廃止され混合病棟に働くことになった看護師たちの労働意欲の低下に注目した．平成19〜22年度文科省科学研究費補助金を得て，協力の得られる6病棟を対象に，子どもと家族の看護を阻んでいる状況を改善し，看護師の問題解決能力の改善を図ることを狙いとしてアクションリサーチ[10]を行った．結果として，小児患者の保護者の満足度を高め，看護師と保育士の関係を改善させ，看護師の離職率を低下させることに成功している．

以下は，筒井教授とのインタビューの結果である．内容は多岐にわたったが，ここではアクションリサーチ教育にしぼって紹介する．なおインタビュー[11]は，2014年12月2日に日本赤十字看護大学の筒井研究室で行った．

──アクションリサーチの教育はどのようにしていらっしゃいますか
「私はニューヨーク大学で学びましたが，20年も昔のことでアクションリサーチの授業はありませんでした．看護の領域ではアクションリサーチが有効であると考え，文献で学びました．これまで10年あまり，日本赤十字看護大学で，修士課程と博士課程の学生を対象にアクションリサーチを講じてきました．研究方法の授業15回のうち，質的研究の一環としてアクションリサーチを取り上げたのです．アクションリ

10）**アクションリサーチ**
科学研究費補助金研究　基盤研究（B），研究代表者筒井真優美「小児看護におけるケアリングと癒しの環境創造──アクション・リサーチを用いて」平成19〜22年．

11）**インタビュー**
インタビュアー：袖井孝子

サーチだけではなく，エスノグラフィーや現象学的アプローチと一緒にアクションリサーチも教えたので，アクションリサーチだけを教えたわけではありません．

　私はこの春定年を迎えました．特任教授として大学に残ることになりましたが，研究方法の授業は別の方が担当いたします．アクションリサーチが取り上げられるかどうか，今のところは不明です．」

——アクションリサーチで論文を書く学生はいましたか
「修士論文の作成は，時間的に無理です．看護の領域では，実習にかなり時間を取られるので，アクションリサーチで論文を書くことは不可能です．プロジェクトに参加した学生も修士論文は，別のテーマで書きました．

　しかし，このプロジェクトとは別に，アクションリサーチを用いて博士論文を執筆した学生はいました．博士論文を書いた学生は，コミュニケーション能力に長け，困難に直面してもめげない忍耐力があり，アクションリサーチにおけるコミュニケーション能力の大切さを痛感させられました．アクションリサーチには，向き不向きもあるようです．」

——学会においてアクションリサーチは認められていますか
「これまで学会誌に何本も論文を投稿しましたが，どうしても原著論文にはしてもらえず，実践報告として，低い評価しか得られませんでした．せめて研究ノートにでもしてくれるといいのですが．実践報告というのは，たとえば電子カルテ化といったように上からの命令で一斉に行われるような活動の影響を調べるもので，研究者が話し合って課題を解決するアクションリサーチとはまったく別物なのですが，なかなか理解が得られませんでした．

　しかし，最近になって，あちこちの学会から講演を頼まれるようになり，行ってみるとたくさんの聴衆が集まっていて，アクションリサーチへの関心の高さが実感されます．来年（2015年）の春にも，いくつかの学会から講演を頼まれています．アクションリサーチは，これから広がっていくと思います．」

　アクションリサーチがかなり受け入れられていると思われる看護の領域においてさえ，学会として認められるようになったのは，ごく最近であることには驚かされる．こうしたことは，新しい研究方法が受容されることの難しさを示している．
　担当者が交代すると，アクションリサーチの教育が中断されるおそれ

があることにも注目したい．現在のところ，一般的な調査方法のテキストにアクションリサーチは含まれていない．たまたまアクションリサーチに関心をもつ研究者が授業で取り上げるにすぎず，いわば点のような状況であり，点と点がつながり面として広がっていくには，時間と努力が不可欠である．

終章

高齢社会のコミュニティ創りの課題と展望

4節　おわりに

　コミュニティにおける参加型のアクションリサーチは，参考にすべき先行研究も少なく，研究方法も多岐にわたるうえに分析方法も確立していない．そのうえ，アクションリサーチャーには，科学的知識・洞察力と実践力という，ある意味ではかなり無理な能力が要請される．こうした能力を完璧に備えていなくては，アクションリサーチに取り掛かれないということになれば，誰もが二の足を踏むことになるだろう．

　理想としては，両者を充足することが望ましいが，現実にはかなり難しい．とりあえずは，能力的には不十分ながら，アクションリサーチに取り掛かることを勧めたい．歩きながら，あるいは走りながら学ぶという方法がある．こうした方法は，応用的な学問分野においては，昔から採られてきたのであり，ことさら新しいわけではない．

　走りながら考え，考え直すアクションリサーチには，現場から得られるいきいきした躍動感が体感できるという魅力がある．とりわけ書斎にこもって古典や文献に取り組むよりも，現場に飛び出して，さまざまな人との会話や交流を楽しむことを好む人にとって，アクションリサーチは，研究の楽しさを味わい，視野を広げてくれる絶好のチャンスである．

　アクションリサーチによるコミュニティ研究が多数出そろうことで，研究方法として確立し，実際に研究に参加することでアクションリサーチャーとしての能力が高められる．実証よりも実践が軽視されるという学問風土が改まり，実践にも高い評価が与えられるには，何よりも論文数や学会報告数の増大が欠かせない．最初は拒否される可能性が高いが，諦めることなく挑戦し続けることで，やがて壁は崩れるだろう．

　今なお既存の学問体系が支配する大学において，アクションリサーチャーであることは必ずしも居心地の良いことではないかもしれないが，若い人たちには，こうしたアカデミズムの因習を打ち破って新しい研究領域の拡大に是非ともチャレンジしてほしいと願っている．

ま と め

1　まだ揺籃期にあるコミュニティにおける参加型アクションリサーチには，残された課題がたくさんある．それらは，次のようにまとめられる．①多様な対象から多様な方法で得られたデータ，とりわけ質的データを的確に分析する方法を確立すること，②アクションリサーチに基づく論文が学会誌に取り上げられ，大学や学会内部において承認を得ること，③研究終了後の事業の継続性を確保すること，④成果の他地域への波及ないし応用の要件を見出すことである．

2　コミュニティにおける参加型アクションリサーチのめざすべき方向としては，①研究のための研究ではなく，住民の最善の利益の実現を目指す実践知の確立をめざすべくパラダイム転換を図ること，②大学・研究機関において承認され，研究費の獲得が可能になること，③研究の成果が制度改革や政策形成に反映されること，があげられる．

3　アクションリサーチが研究方法として確立し，広く受け入れられるには，アクションリサーチ研究者の養成が欠かせない．アクションリサーチャーには，科学的研究者としての思考力・洞察力に加えて，実践家として研究参加者をまとめあげ統率していく能力，とりわけコミュニケーション能力が求められる．

4　アクションリサーチャーの教育は，大学院レベルで，グループ討論やロールプレイなどを通して，自省力を高めるような教育方法が望ましい．

5　アクションリサーチには，現場から得られるいきいきした躍動感が体感できるという醍醐味がある．若い研究者には，新しい領域の拡大に是非チャレンジしてほしい．

付録1

JST社会技術研究開発センターのプロジェクト

1節　研究開発領域とプロジェクトの紹介
2節　プロジェクトの解説

長島洋介

1節 研究開発領域とプロジェクトの紹介

　科学技術振興機構（JST）社会技術研究開発センター（RISTEX）では，社会問題を探索・抽出するための各種調査や多様な専門家やステークホルダーとのワークショップ，インタビュー等を通して，センターとして取り組むべき社会問題を特定し，その問題をテーマとする「研究開発領域」を立ち上げている．研究開発領域の設定後，この全体運営責任者として領域総括と，総括に専門的な助言を行う領域アドバイザーが産官学民の各分野から選任され，領域総括の強いリーダーシップのもとでマネジメント体制を構築している．

　さらに，この研究開発領域が掲げる目標の実現に向けて，個別具体的な「研究開発プロジェクト」を公募により選定している．総括・アドバイザーは厳正な選考のもとでプロジェクトを採択すると同時に，領域目標と照らし合わせながら，各プロジェクト活動への助言や推進を行っている．

　「コミュニティで創る新しい高齢社会のデザイン」研究開発領域では，高齢化が進む日本において，① 自立期間（健康寿命）を延長し，アクティブシニアが活躍できる場を創る，② 住み慣れたところで日常生活の継続を支える生活環境を整備する，という2つの目指す社会像を設定し，医療，介護，生活支援，就労，機器開発，社会参加，住環境，まちづくりなどの様々な視点を考慮しながら，プロジェクトを推進してきた．さらに科学的なエビデンスや，都市・農村といった地域特性を意識したプロトタイプなど他地域でも活用可能となる成果の創出を意識して，開発領域全体を運営してきた．

　平成22〜27年度の計6年間にわたる研究開発領域の活動の成果は，総括・領域アドバイザーとプロジェクトとの対話と協働のもとに生み出されたものであり，まさにアクションリサーチであったといえる．

　以下に，「コミュニティで創る新しい高齢社会のデザイン」研究開発領域で実施された15のプロジェクトを簡単ながら紹介する（表7-1）.

表7-1 15の研究開発プロジェクト(所属・役職は平成27年4月現在)

	題名	研究代表者	所属・役職	分野	活動内容
平成22年度採択	在宅医療を推進する地域診断標準ツールの開発	太田 秀樹	医療法人アスムス 理事長	医療	医療・介護・行政・利用者などの7つの視点から、地域で支える力(ケア力)を見える化するツールを開発
	新たな高齢者の健康特性に配慮した生活指標の開発	鈴木 隆雄	国立長寿医療研究センター 研究所長 (PJ終了当時)	評価尺度	全国調査から、高次の生活機能や現代のライフスタイルに配慮した新しい活動能力指標を開発
	ICTを活用した生活支援型コミュニティづくり	小川 晃子	岩手県立大学 社会福祉学部 教授	ICT 生活支援	ICTを地域資源と組み合わせることで、円滑な見守りと生活支援を可能とする互助型の地域づくり
	セカンドライフの就労モデル開発研究	辻 哲夫	東京大学 高齢社会総合研究機構 特任教授	コミュニティ 就労	セカンドライフの選択肢として生きがい就労を推進し、QOL向上と地域活性化を達成できる社会システムづくり
平成23年度採択	社会資本の活性化を先導する歩行圏コミュニティづくり	中林 美奈子	富山大学大学院 医学薬学研究部 准教授	機器導入 社会参加	「歩く」をテーマに、地元長寿会と協働して、歩行補助車を活用した健康で楽しく、活気あるまちづくり
	「仮設コミュニティ」で創る新しい高齢社会のデザイン	大方 潤一郎	東京大学大学院 工学系研究科 都市工学専攻 教授	コミュニティづくり 災害	津波被災地にて生活再建のためのコミュニティ・インフラ整備に向けて、住民による共助的活動を支援するコミュニティづくり
	高齢者の虚弱化を予防し健康余命を延伸する社会システムの開発	新開 省二	東京都健康長寿医療センター研究所 研究部長	健康づくり	虚弱化の先送りを地域の力で実現し、笑顔で健康に暮らせるまちを目指した共助型の地域社会システムづくり
	高齢者の営農を支える「らくらく農法」の開発	寺岡 伸悟	奈良女子大学 文学部人文社会学科 教授	就労 機器導入	「ムラ(コミュニティ)」「健康」「道具」「農業」の4つの視点から高齢営農を支える農村環境づくり
	高齢者による使いやすさ検証実践センターの開発	原田 悦子	筑波大学 人間系心理学域 教授	機器開発 社会参加	産学民が協働で「使いやすさ」を議論して、誰もが使いやすいモノ・サービスを目指すコミュニティづくり
平成24年度採択	高齢者ケアにおける意思決定を支える文化の創成	清水 哲郎	東京大学大学院 人文社会系研究科 特任教授	医療 介護	人生の最終段階について考え、ともに話し合うことで意識変革を促す「心積リノート(仮)」の開発
	認知症高齢者の医療選択をサポートするシステムの開発	成本 迅	京都府立医科大学大学院 医学研究科 精神機能病態学 准教授	医療 認知症 尺度開発	当事者・家族や法律家等も交えた多様な視点から、認知能力が低下した高齢者の意思決定を支えるモデルの開発
	健康長寿を実現する住まいとコミュニティの創造	伊香賀 俊治	慶應義塾大学 理工学部 教授	住環境 生涯学習 健康づくり ICT	健康と住まいの関係を見つめ直し、地域で学びあいながら、健康に資する住まいとコミュニティ環境づくり
	広域避難者による多居住・分散型ネットワーク・コミュニティの形成	佐藤 滋	早稲田大学理工学術院 教授/総合研究機構 都市・地域研究所 所長	まちづくり 災害	原発事故により各地に分散した浪江町民の生活を支え、同時に住民をつなぎ再興を目指すネットワーク・コミュニティの構築
	認知症予防のためのコミュニティの創出と効果検証	島田 裕之	国立長寿医療研究センター 老年学・社会科学研究センター 予防老年学研究部 部長	認知症 人材育成	認知症予防スタッフを養成し、運動と社会参加を核としたプログラムの運営活動を通した認知症になりにくいまちづくり
	2030年代をみすえた機能統合型コミュニティ形成技術	小川 全夫	特定非営利活動法人アジアン・エイジング・ビジネスセンター 理事長	コミュニティデザイン	2030年代の高齢化の課題に産学官民がそれぞれ強みを持ち寄って対応できるマネジメント手法の開発

2節 プロジェクトの解説

付録1 JST社会技術研究開発センターのプロジェクト

JST社会技術研究開発センター「コミュニティで創る新しい高齢社会のデザイン」研究開発領域で実施された15のプロジェクトのうち，本書で詳しく取り上げたものを解説する．

■1 ICTを活用した生活支援型コミュニティづくり

研究代表者：小川晃子（岩手県立大学 社会福祉学部 教授）
平成22年度採択

**高齢者自らの発信によって安心して見守られる
生活支援型地域ネットワークづくり**

小川プロジェクトでは岩手県の盛岡市・宮古市（旧川井村）・滝沢村（現在の滝沢市）をフィールドに，能動的な発信を基盤として高齢者を見守ることができる互助機能の組織化，生活支援型ネットワークづくりを目指した．

事前の調査[1]で，岩手県の高齢者は見守ってもらうことへの遠慮を感じていることが明らかとなっていた．そこで，高齢者が（1）自ら（2）定期的に発信する「おげんき発信」を基盤として地域特性に応じた「みまもりセンター」機能を持たせることで，利用者の遠慮も地域の負担も少ない生活支援型のコミュニティづくりにつながると考え，地域と協働して取り組みを進めた．

もともと「おげんき発信」は高齢者が家庭用電話機を使って番号を押すことで健康状態を発信する仕組みであった．番号が「1　げんき」「2　少しげんき」「3　悪い」「4　話したい」に対応しており，おげんきさん[2]は毎朝感じたとおりの番号を押し，発信する．対応も自動音声（ロボットさん）で，遠慮を感じにくいよう工夫されていた．またプロジェクト期間には，おげんきさんの日常的な発信を具体的な生活支援につなげるために「5（生活支援を）頼みたい」ボタンを新設した．加えて，要望に応える「みまもりセンター」を組織化し，継続できるコミュニティづくりに注力した．主な「みまもりセンター」の役割は「おげんき発信」の発信がない場合と「3　悪い」が押された場合の安否確

---

[1] **事前の調査**
小川晃子他『高齢者の見守りに関する調査』岩手県社会福祉協議会，平成21（2009）年3月．

[2] **おげんきさん**
おげんき発信を利用される高齢者．

認，および「5　頼みたい」が押された場合の生活支援対応である．

しかし，「みまもりセンター」は地域資源の活用を基本としているため，地域特性により多様な形態・支援内容となっている．ここでは滝沢村川前地区の事例を紹介する．

＊

岩手県立大学の周辺に位置する川前地区は開学時より関係性が構築されていた地域で，「滝沢駅前安心・安全の会3)」「学生ボランティアセンター」「防犯拠点の設置」などの多様な生活支援が行われていた．他方で，ローソン滝沢駅前店や有限会社ケアサービスまごので，滝沢村社会福祉協議会などが高齢者に対する独自の生活支援を実施していた．これらの活動は連動しておらず，個別の支援提供に留まっていた．

そこで，まずプロジェクトは取り組みの特徴を把握するために足を運び，関係性を築いた．そして，平成24年にこれらの多様なメンバーを集めてフォーカスグループ・インタビューを実施．これがきっかけとなり，民生委員・町内会・老人クラブも交えた川前地区高齢者支援連絡会が発足した（写真7-1，7-2）．メンバーそれぞれが提供していた生活支援を持ち寄り，川前地区が一体となって提供可能な生活支援がまとめられ，協働して包括的な支援を提供できる体制が整えられた．

さらに平成25年度からは，滝沢村全体として地元スーパーマーケットとヤマト運輸が取り組んでいた「まごころ宅急便」と協働して，買い物支援策と見守りをつなげて，支援内容を広げた．まず，おげんきさんが「5　頼みたい」を押した場合には「県立大みまもりセンター」につながり，センターが注文を地元スーパーに連絡し，商品をまごころ宅急便が運ぶ．ドライバーは商品を届けると同時に，簡単な質問を通して生活状況を把握し，みまもりセンターにフィードバックする．このような日常的な情報をみまもりセンターが蓄積することで，みまもりの精度があがる仕組みとなっている．

3)
滝沢駅前安心・安全の会
学生アパートの経営者等の有志による学生への支援．

写真7-1　川前地区高齢者支援連絡会

日ごろのつながりから始まる支えあい

写真7-2　健康づくりサロン活動の一場面

生活支援情報を交換し，助け合う

以上のように，川前地区では地元資源をつなげることで，「おげんき発信」を上手く利用しながら孤立を防ぐことに加え，地域資源に合わせた生活支援という形で互助力の強化が着実に進んでいる．

　他の地区においても，担い手や支援内容は地域の特色に応じて異なりながら，多様な生活支援のあり方が構築されている．さらには，「緊急通報システム」「センサー」といった受動的な安否・異変発信システムや携帯アプリ等の異なるインターフェイスを併用できるようにすることで，おげんきさんの身体的・認知的な特徴に合わせて支援できるよう，各種工夫がなされている．

　こうして，高齢者自らが毎日発信する「おげんき発信」を導入すると同時に，地域資源を活用したネットワークを構築し組み合わせることで，円滑な見守りと生活支援による「安心して暮らせる「支えあう」地域づくり」が進められている．この取り組みは復興庁「新しい東北」先導モデル事業で近隣地域に広がり，さらに同じ研究開発領域において伊香賀プロジェクト・佐藤プロジェクトと協働して，異なるコミュニティでの展開につながっている．

2 セカンドライフの就労モデル開発研究

研究代表者：辻 哲夫（東京大学 高齢社会総合研究機構 特任教授）
平成22年度採択

高齢者の生きがい創出につながる就労スタイルの構築

　辻プロジェクトでは，千葉県柏市豊四季台地域（団地）をフィールドに産学官民が連携して「生きがい就労」を提供するシステム創りを進めている．生きがい就労とは，生計維持を目的とした従来の就労と，趣味やボランティアなどの生きがいを目的とした活動の中間に位置づけられる．無理なく生きがいを持って働くことを志向した新たな高齢者向けの就労スタイルである．これは，高齢者のセカンドライフの選択肢を広げるものである．

　柏市と東京大学高齢社会総合研究機構，都市再生機構[4]）は対話を積み重ねる中で，平成21年に柏市豊四季台地域高齢社会総合研究会を発足，平成22年には正式な協定書を取り交わしている．この研究会では「在宅医療ケアの整備」「人と人のつながりの強化」「住まいと移動環境の再構築」を取り組みのテーマとしながら，長寿社会・超高齢社会に相応しいまちづくり（Aging in place）を目指している．地域住民に対してはシンポジウムや住民説明会を通じて研究会の構想を伝え，地域住民の意見

4）
都市再生機構
UR都市機構とも言う．
第2章の注4（48頁）を参照

を収集している．

「生きがい就労」を創成する取組みは，「人と人とのつながりの強化」の活動が発端である．社会的孤立の解決に向けて，"自然に外出したくなることは何か"を地域高齢者に聞いて回った結果，"就労の場が欲しい"という声が圧倒的に多かった．仕事（に出かけること）は，慣れ親しんだライフスタイルであり，明確な目的と自分の役割が存在する．また経済的なニーズも潜在的にある．ただ，多くは現役当時のようなフルタイムの働き方は望んでおらず，自分のペースで無理なくフレキシブルに働けることを望んでいた．

そこで辻プロジェクトでは，前述した就労スタイルを実現すること，同時にその就労が地域課題の解決に貢献することを目的に，「生きがい就労」事業の開発に着手した．

＊

まず，高齢者がフレキシブルに働ける場の開拓が進められた．着目したのは「農業」「食」「保育」「生活支援」「福祉」の5領域である．柏市および東京大学のネットワークを駆使する，あるいは公募の手法をとりながら，地元の様々な事業者へ生きがい就労のコンセプトを説明し，これに賛同する事業者を募った．

他方，就労を希望する高齢者を集うために，新たなセカンドライフづくりの啓発を目的とした地域高齢者向けセミナーを継続的に開催した（2013年3月までに計7回）．延べ557名の参加を集め，前述の生きがい就労の場を紹介するなかで，希望者には就労（雇用）まで支援した．また，フレキシブルな働き方を実現するために事業者と連携しながら，積極的にワークシェアリング5)を導入したのも，生きがい就労の特徴である．高齢者がグループとなって働くことで，各自の都合に合わせた働き方を実現している．グループ化は人と人のつながりの強化にもなる．

生きがい就労事業は新たなコミュニティの創出も実現させた．前述のセミナーに参加したシニア（約200名）が中心となって，独自の活動を展開する組織「一般社団法人 セカンドライフ・ファクトリー」を立ち上げた（2013年4月設立）．当組織は，ミニ野菜工場の事業主体になると同時に，地元シニアが繋がり合い，新たなセカンドライフを拡げる多面的な活動を行っている．これは生きがい就労事業がもたらした成果であろう．

こうして，柏市の生きがい就労事業においては，2013年3月までに4領域6事業が開拓6)され，延べ174名の生きがい就労者の雇用を実現させている（写真7-3）．なお，この事業が高齢者個人および地域にもたらす効果に関しては，長期的に捉えられるよう検討が進められている．さらに辻プロジェクトでは生きがい就労事業を他地域での展開で参考に

---

5)
ワークシェアリング
複数人で1つの業務を担当する働き方．

6)
事業者開拓
食事業は地域再開発後の2015年以降から生きがい就労を実現予定．

写真7-3 地域で活躍される高齢者の方々

なるように，柏市での取組経緯等を記録した『高齢者就労マニュアル』7)も作成している．この中では地元の事業者と地域高齢者をつなぐ重要な「中間支援組織」の役割と機能等が詳述されている（中間支援組織の役割については図4-18)を参照）．

*

このように辻プロジェクトが開発した「生きがい就労」を創成し支援するシステムは，高齢者の生活の質を高めることに加え，地域力の強化につながる新たなコミュニティ・デザインと言える．現在は生きがい就労事業をさらに発展させた「セカンドライフ支援事業」を展開するとともに，他地域への波及を視野に入れ「シルバー人材センターとの協働（生きがい就労機能の移管等）」にも取り組んでいる．

③ 社会資本の活性化を先導する歩行圏コミュニティづくり

研究代表者：中林美奈子（富山大学大学院医学薬学研究部 准教授）
平成23年度採択

歩きたくなるまちづくりを通して，健康でつながりのあるコミュニティの構築

中林プロジェクトでは，「歩く」をテーマに，健康で活気あるまちづくりを進めている．自分の力で歩こうとする高齢者の想いを尊重し，本人の力で歩くことを支える歩行補助車開発を目指した．同時に，住民・大学・行政・企業が協働で歩行圏コミュニティ研究会9)（通称，ホコケン）を結成し，歩きたくなるイベント・仕掛けを開催することで，少し足腰が弱った高齢者だけではなく元気な高齢者，さらには若い人も巻き込んだコミュニティ支援を実施した．

脚注：

7) 『高齢者就労マニュアル』
第4章の注6（127頁）を参照

8) 図4-1
第4章3節❶（126頁）を参照

9) 歩行圏コミュニティ研究会
歩行圏コミュニティ研究会のホームページは以下の通り（2015年5月現在）．
http://hokoken.org/

＊

　プロジェクトが展開された富山県富山市は，以前よりコンパクトシティ[10]を標榜しており，歩いて行ける範囲を生活圏と捉え，コンパクトなまちづくりを進めるコミュニティである．そのような富山市において中心市街地に位置する星井町地区は活性化が求められる地域であったが，同時に市内でも特に高齢化が進んだ地域でもあった．

　そこで，歩きたい高齢者を支援するため，研究者の提案により住民・大学・行政，のちに地元企業も加え，チームホコケンが結成され，地域高齢者の生の声を反映しながら自力で歩くことにこだわった歩行補助車の開発が始まった（詳細は「COLUMU 8「歩行補助車」を活用した歩きたくなるまちづくり」も参照）．ホコケンが協働して，すでに開発されていた歩行補助車の試作第1号機をもとに，利用者の声を反映させて，生活補助機能やデザインを配慮した2号機の完成に至った．

　次いでチームホコケンは，実際に生活の中で歩行補助車を利用してもらい，課題やニーズを把握するため，モニターを募集した．しかしながら，モニター集めが難航し，十分な声を集められない事態に陥った．地域高齢者の声を聞くと，「（歩行補助車を使うのは）恥ずかしい」「誰も使っていない」「家族に反対された」など，歩行補助車を使って歩くことへの心理的な抵抗感が高齢者のみならず存在し，それを払拭する必要性があることがわかってきた．本プロジェクトでは当初から「地域全体を対象とし，集団全体がよい方向に向かうよう本質的な問題に対して介入する」ポピュレーションアプローチ[11]による開発研究を意識していたが，さらにこの考えを強め，ホコケン主体で，歩きたくなる仕掛けを歩行支援事業として展開することにした．ホコケンに参加する地元長寿会の思いを最大限に尊重し，大学・行政がやりたいことを支える．簡単にできないとはせず，できる限り実現させる．こうして，数々の街歩きツアー（大学生と歩行補助車モニターでまちなかを歩く）や「まちなかゆる歩きとやま」といった広報イベントを開催させていった（写真7–

[10] コンパクトシティ
都市全体の構成を見渡しながら，公共交通の沿線に各種生活機能（居住・商業・医療施設など）を集積させた多拠点型の都市を指す．

[11] ポピュレーションアプローチ
高いリスクを抱える人だけではなく，コミュニティ全体に働きかけることで多くの人々のリスクを少しずつ軽減させることで，コミュニティ全体を良い方向へと導くアプローチ手法．

写真7-4 大人気の広報イベント「街歩きツアー」

大学生と歩行補助車モニターが歩行補助車「富山まちなかカート」を使って富山市中心商店街を散策．カートを使うことで高齢者が買い物や散歩がしやすくなることをPR．

付録1 JST社会技術研究開発センターのプロジェクト

4).「まちなかゆる歩きとやま」では，地元長寿会が主体となってラテアートや剣舞，ダンスを披露するなど，楽しめる工夫が散りばめられていた．

同時に環境整備として，公共の場で誰もが気兼ねなく歩行補助車を活用できるように歩行補助車ステーションを中心市街地に設置した．他にもICカードを活用して，歩くことでポイントが加算される「とやま☆ホコケンICウォーク事業」を展開するなど，まちなかに歩行補助車がある風景づくりを目指して，様々な取り組みを行った．

歩行補助車も地域の声をさらに反映させ，改良を加えた公共ツールとして3号機が完成し，ホコケンのシンボルとして地域に浸透しつつある．こうした歩行補助車を中心に地元長寿会が主体となって「外出したくなるイベント（歩行支援事業）」を開催することで，歩くことによる健康増進だけでなく絆づくりにつながっている．

＊

このように，地域全体を対象とするポピュレーションアプローチをとることでゆるく楽しく継続性のある取り組みにつながり，歩くことを通じて生き生きとした交流にあふれるまちづくりにつながると考えられる．富山市では星井地区を中心に，コミュニティ全体に歩くことを積極的に捉える機運が高まってきている．実際に，高齢者だけでなく，子供を連れた母親なども歩行補助車を使って買い物をする姿も見られるようになってきた．さらに歩行圏コミュニティを広げ，歩くことの価値観を広げるために，中長期的で客観的な効果検証を続けながら，地域主体の活動を展開している．

4 高齢者の虚弱化を予防し健康余命を延伸する社会システムの開発

研究代表者：新開省二（東京都健康長寿医療センター 研究部長）
平成23年度採択

「虚弱化」を先送りし，高齢者が自立して元気に暮らせるコミュニティを創る

新開プロジェクトでは3年間で，科学的根拠に裏付けされた虚弱予防の理論と地域の力を合わせた「虚弱化を先送りする新たな社会システム」のプロトタイプを構築することに挑んだ．虚弱[12]とは加齢に伴う筋力・活力の低下のことであり，高齢者の認知機能・運動機能・口腔機能の低下といった老年症候群に共通する要因と考えられている．

12)
虚弱
虚弱とは多様な要因によって生じる病態として捉えられる．2014年5月に，日本老年医学会の声明が出され，虚弱（声明ではフレイル（Frailty）と表記）とその予防の社会的重要性は高まってきている．

この活動が展開されたコミュニティは，ニュータウンで急激な高齢化が予測される埼玉県鳩山町と中山間地域で緑が豊かな兵庫県養父市である．鳩山町はスポーツ・体操などの運動といった特定の目的によるつながりが強く，養父市は地縁的なつながりが強いという異なる特徴を持つ地域である．この2地域にて，「元気なときから街に出て，自ら健康をモニタリングし，必要に応じて虚弱化予防プログラムに参加できる」「地域の力で，笑顔で健康に暮らせる」共助型コミュニティづくりを目指した．

＊

　まず，継続的に取り組んでいた疫学調査から重要な虚弱の決定因子として「体力（筋力）」「栄養（食）」「社会参加」の3つの要素を同定し，虚弱予防プログラムを開発した．しかし，これまでの介護予防活動から，プログラムを組むだけでは参加者の主体性や継続性，活動の活性化にはつながらないことは明らかだった．

　そこで，虚弱予防に向けた地域活動を「①虚弱化が起こらないよう高齢者が日常的に集える場を創る」「②虚弱化にいち早く気づき対応できるよう心身の健康度をセルフモニタリングする」「③虚弱化を予防・改善する教室を運営する」の3ステップに分けて展開する広い意味での社会システムを構想した．

　ただし，コミュニティを取り巻く環境は同じではない．地域の特色によって，同じ社会システムであっても，形を変える必要があることが活動を通じて見えてきた．そこで，2地域で立ち上げた「コミュニティ会議」を核としながら，地域の特色に適した虚弱予防システムを地域のステークホルダーと協働で議論していった．

　まず，鳩山町では，官民学が一体となり「食」をテーマにした社会参加の場，「食」コミュニティ会議（通称「食コミ」）を立ち上げた（写真7-5）．一緒に食卓を囲み，一緒に食事を作る．このような何気ない日常のひとコマを地域で展開することで社会参加を促し，セルフモニタリ

写真7-5 鳩山町での「100人で囲む食卓」風景

地域住民が食卓を囲んで，地元の食材を楽しむ．自然と会話も弾み，笑顔も溢れる．

写真7-6 養父市での虚弱予防教室「元気に毎日クラス」の一風景

受け手も担い手も高齢者．失敗しても，笑ってみんなで吹き飛ばす．

ング意識の向上，虚弱予防教室への参加につなげる．「食」による組織づくりは，目的によるつながりが強い地域特性，運動の場がすでにあること，大学の存在，積極的な管理栄養士の存在など，その地域が置かれている状況を鑑み，度重なるコミュニティでの協議・対話から見出されていた．虚弱予防プログラムは介護予防事業の中で専門家による運営に任せつつ，地域につながるセカンドライフの登竜門としていく．食コミは会を重ねるごとに賛同者を募りながら，発展している．

　一方で，地域のつながりが色濃く残る養父市では，シルバー人材センターとの協働のもと，地域の高齢者を貴重な社会資源と捉え，虚弱予防教室（「毎日元気にクラス」）では，受け手だけでなく担い手も素人の高齢者となっている（写真7-6）．この形に落ち着くまでいくつもの課題があったが，度重なる「コミュニティ会議」を通して形成された住民と行政が課題を主体的に語り合える関係のもと，地域の声を研修カリキュラムや虚弱予防プログラム自体の改善に活用することで，継続的な活動の発展につながっている．「笑いと健康お届け隊」は身近な健康の伝道師として，現在も活動を続けている．

＊

　いずれの地域も，科学的に開発したプログラム内容に軸足を置きつつも，地域との対話から得られたニーズ・シーズを取り込みながら，地域との協働を基盤に住めば自然と元気に過ごせる地域に変貌しつつある．今後は中長期的に地域の変化を把握し，医療・介護費抑制などの点からも効果検証を続ける予定である．同時に，啓発・スタッフ養成を継続し，虚弱予防システムが「自立運営が継続的に可能となる」仕組みを追求している．

5 高齢者の営農を支える「らくらく農法」の開発

研究代表者：寺岡伸悟（奈良女子大学 文学部人文社会学科 教授）
平成23年度採択

地域の実情に応じて「高齢者でも続けられる」就労スタイルの構築

　寺岡プロジェクトでは，奈良県下市町栃原地区を主フィールドとして，主要作物である「柿」を中心に，高齢でも長く元気に営農できる「らくらく農法」を開発し，農村環境のバリアフリー化を目指した．
　下市町は中山間地域に位置し，特に栃原地区は柿を中心とした果樹栽培が盛んな地域である．高齢化と少子化がともに進んで後継者が減ると同時に，急斜面で不安定な環境での作業や重い果実運搬などの重労働による身体的な負担から高齢者の営農が難しくなり，営農コミュニティ存続の危機に直面していた．
　このような危機意識の中でどのように地域再生を図るか．「研究者」，地元と関係性を持つ「奈良県農業研究開発センター」，相談を持ちかけた「下市町栃原地区」，「地元企業」との間で対話を続けることで，課題の具体化が進んだ．このようなプロセスの中で，地域で高齢者営農を支援する上での課題から4つのグループが設定され，各グループで課題解決に取り組んだ．同時に，総括グループを設け，各グループの意思疎通・情報共有が円滑に進められるような体制をとった．

＊

　集落点検法の開発グループは，自分たちが住んでいるコミュニティ空間が置かれている現状を知ることを目指した．住民が寄り合いながら，持ち畑の状況（作業の辛さや営農可能性）や後継者と他出者[13]などの家族構成を確認しながら，農地マップ等により集落の展望をまとめ，住民の間で共有した．戸別訪問も行い，詳細な地域の情報を集めた．また，ムラの資源点検も寄り合い形式で行い，栃原では郷土食の発掘をもとに，地域の交流が活発になった．
　らくらく栽培の開発グループは栃原の高齢者が楽に楽しく続けられる農作業を追求し，奈良県の名産品である柿の葉寿司に着目した．柿の葉栽培には果実と異なる栽培法が必要であるため，柿の葉栽培法の定式化を図った．さらに柿の葉の販売ルートも開拓し，地元で自立的に運営できるよう，農事組合法人[14]の立ち上げに至った（写真7-7）．
　営農者の身体に着目したグループは，営農高齢者の協力のもとに柿栽

---

13) **他出者**
家族のうち栃原を離れて住んでいる者を指す．

14) **農事組合法人**
農業生産の協業を行う法人で，農作業の共同・施設の共有，さらには農業経営を行うことができる組織形態である．行政庁への届出が必要となる．

培で負担がかかる部位を調査し，柿栽培で疲労しやすい部分の緊張をほぐす必要性が明らかとなった．そこで，からだをほぐす「らくらく体操」を制作し，常日頃から身体をメンテナンスできるよう，町内テレビでの放送やまちぐるみでの体操DVD[15]の作成を通して普及に努めている．

電動農機の開発グループは，急傾斜な土地でも高齢者が楽に楽しく使える電動運搬車の開発を地元企業が進めると同時に，地域の営農高齢者から意見を募った．時には厳しいダメ出しをもらいながら，地元利用者のニーズやユーザビリティに見合った電動農具へと着実に歩みを進め，悪路でも安定したクローラ型[16]の電動運搬車と小回りの効く電動一輪車の開発へと至った．

プロジェクト最終年度には下市町の地域づくり推進課がグループに加わり，栃原の活動継続に向けて，農事組合法人や営農高齢者への支援を行った．さらに，町の支援は栃原の柿栽培に留まらず，下市町の他地区・薬草栽培などの他活動へとつながり，らくらく農法の考えが町全体に浸透する上で重要な役割を担った．

地域再生を目指し多様な観点からグループが複数に分かれていたが，総括グループのマネジメントにより，異なる4つの活動が相互交流を深めながら相乗効果をもたらした．こうした活動を通して，次第に「ムラ（コミュニティ）」「健康」「道具」「生業（柿葉に着目した栽培法から事業化まで）」の4つの視点へと集約された．こうした多様性が他地域で取り組む上で地域の特性・ニーズに見合った活動を可能にするともいえる．

＊

下市町の営農高齢者からは「らくらく農法」を導入することで「これなら続けられる」「頑張れば続けられる」との声が聞かれ，実際に継続につながった農家の方もいる．柿の葉栽培の市場も確実に開拓されており，これからも楽に楽しく農業が続けられるよう，まちぐるみで活動を継続していく．

写真7-7 柿の葉栽培に乗り出した高齢農家

---

15) 体操DVD
2015年7月現在，YouTube上で公開されている．
https://www.youtube.com/watch?v=spFvY7vOyAU
〈下市♪らくらく体操〜みんなで体操してみました！編♪〉

16) クローラ型
起動輪をゴムクローラで囲っており，不整地での安定した走行が可能である．

６ 広域避難者による多居住・分散型ネットワーク・コミュニティの形成

研究代表者：佐藤 滋（早稲田大学理工学術院 教授／総合研究機構 都市・地域研究所 所長）
平成24年度採択

福島第1原子力発電所事故によって分散した住民をつなぐネットワーク・コミュニティ

　本プロジェクトでいうネットワーク・コミュニティとは，分散居住を余儀なくされている福島県浪江町住民をつなぎ，復興を支えるコミュニティの在り方である．

　福島県浪江町は2011年の東日本大震災の影響で生じた福島第1原子力発電所事故のため，住民は広域に分散したまま，長期的に避難している．放射線汚染のために故郷への帰還の目途が立たず，「故郷に帰りたい」気持ちと「安定した生活を取り戻したい」気持ちが混在したままの状況であった．

　この複雑で先例のない状況の中，避難先のひとつ二本松市の市民グループから以前から関係があった佐藤滋研究室へ要請があり，まちづくりNPO新町なみえ・浪江町役場担当者と意見交換を行った．その後も，研究グループは幾度も現地に足を運び，対面での話し合いを重視してきた．そして，「自分たちで，ふるさと浪江町の復興を考えたい．そのような場がほしいという声」と研究グループによる支援により，まちづくりNPO新町なみえを中核に「なみえ復興塾[17]」が立ち上がった．

　なみえ復興塾では「復興への道筋」をテーマに連続ワークショップを開催し，長期的なシナリオをもとに復興に向けた議論を続けた（写真7-8）．2012年8月に経過報告が「浪江町——復興への道筋と24のプロジェクト」としてまとめられ，目に見える形として提示された．このよう

写真7-8 模型を活用したワークショップ

自らの町のことを，協働して考える．

[17]
なみえ復興塾
「浪江町——復興への道筋と24のプロジェクト」「浪江宣言2013・2014」など関連する報告書の一部は公開されている．
（早稲田大学・都市計画系佐藤滋研究室ホームページ，2015年5月現在）
http://www.satoh.arch.waseda.ac.jp/satoh_lab/modules/project/namie/info.html

な対話から，仮設住宅団地などを核にした分散する居住拠点を「町外コミュニティ」と呼び，さらに点在する公共施設との有機的な連携によって成り立つ状況をネットワーク・コミュニティと位置づけ，浪江町民のアイデンティティを維持しながら復興につなげる方向へと動き出した．

＊

こうして，プロジェクトではネットワーク・コミュニティを機軸に，活動を進めている．

まず，将来的な帰還を目指す前線基地を町内コミュニティ，受け入れ先の地域社会に溶け込みながら協働で構築される日常生活拠点（安心して帰れる状況ができるまでの居場所）を町外コミュニティとして位置づけ，住民・研究者協働でデザインを続けている．現在は浪江町復興の基盤となる生活再建に焦点を当て，高齢者が活力を持って暮らせる町外コミュニティの多様な空間デザイン（立地条件・規模等）に注力している．一方で，商工会会員を中心に，福祉系事業も含めた事業スキームの検討も行い，夢を実現させるための活動も並行して進めている．

さらに，検討を進める中で，多様なステークホルダーによる協働復興まちづくりから，複数の受け入れ先自治体との連携による連携復興まちづくりへと捉え直すことになった．福島県全体の復興と連動した広域でのネットワーク・コミュニティ構築に向けて，福島連携復興センターと共催でシンポジウムを開催するなど，活動の幅を広げている．

2014年には活動体制が発展し，仮設住宅の自治会長が参加した協働復興まちづくり協議会が設立された．この協議会が各種コミュニティ活動の協議・推進を図るプラットフォームを担うことによって，民間主導による自律した町外コミュニティの実現に向けて歩みを進めている．また，復興なみえ十日市祭り（二本松市）など，折を見て分散した浪江町民の声も集めている．こうして協議された内容は，報告書・提言として，関係各所に向けて継続的に発信されている．

＊

研究グループは模型作成・ロールプレイ等の技術提供や議論のイメージ化，マネジメント協力など，様々な観点から町民主導によるネットワーク・コミュニティの空間像・生活像のデザインを支援した．同時に，地元NPOと協働して，ICT・移動・見守りから成る生活支援によって町外コミュニティを情報と交通でつなぐ，包括的生活サポートシステムの開発を試みている．

このように，夢を共有しつつ，現実へとの橋渡しのデザインをマルチステークホルダーによって続けている．

付録2

コミュニティにおける
アクションリサーチに関する
文献紹介

1節　国内文献
2節　海外文献

前場康介

1節 国内文献

ここでは，コミュニティにおけるアクションリサーチの計画や実践，および評価を行う際，それらの参考となる書籍および論文を紹介する．具体的には，①国内書籍，②国内論文，③海外書籍，および④海外論文，の4つのカテゴリに分類し，各々について概観を行う．なお，いずれのカテゴリにおいても，対象期間は2000年から2014年までに設定している．ただし，本書の「文献」で挙げたもの以外で重要なものとした．

1 国内書籍

インターネット上における複数の電子データベースによる検索に加え，引用文献からの検索，およびハンドリサーチによる検索を実施し，合計で16編の書籍を選出した［1-16］．分野としては，看護・医療［2］あるいは教育［3, 8, 11, 13, 14, 15］といった限定的な専門領域，小単位のグループを対象としたものが多く，特に高齢社会におけるコミュニティ形成を主題としたものは存在しなかった．しかしながら，近年ではアクションリサーチに関わる理論的・体系的な解説を行った書籍も見受けられ［4, 6, 9, 10］，より幅広い領域や大規模な集団を対象としたコミュニティ形成のための具体的な方法論を学ぶ際にも有用な内容であると考えられる．

国内書籍一覧

[1] 矢守克也・渥美公秀・近藤誠司・宮本匠『防災・減災の人間科学――いのちを支える、現場に寄り添う』新曜社，2011.
[2] キーファー，クリスティ・W『文化と看護のアクションリサーチ――保健医療への人類学的アプローチ』木下康仁訳，医学書院，2010.
[3] 三上明洋『ワークシートを活用した実践アクション・リサーチ――理想的な英語授業をめざして』大修館書店，2010.
[4] クレスウェル，J・W／プラノ クラーク，V・L『人間科学のための混合研究法――質的・量的アプローチをつなぐ研究デザイン』大谷順子訳，北大路書房，2010.
[5] 矢守克也『防災人間科学』東京大学出版会，2009.
[6] パーカー，イアン『ラディカル質的心理学――アクションリサーチ入門』八ッ塚一郎訳，ナカニシヤ出版，2008.
[7] 内山研一『現場の学としてのアクションリサーチ――ソフトシステム方法論の

日本的再構築』白桃書房, 2007.
- [8] 酒井朗『進学支援の教育臨床社会学——商業高校におけるアクションリサーチ』勁草書房, 2007.
- [9] 小泉潤二・志水宏吉『実践的研究のすすめ——人間科学のリアリティ』有斐閣, 2007.
- [10] 杉万俊夫『コミュニティのグループ・ダイナミクス』京都大学学術出版会, 2006.
- [11] 佐野正之『はじめてのアクション・リサーチ——英語の授業を改善するために』大修館書店, 2005.
- [12] 小木美代子・深作拓郎・立柳聡・星野一人『子育ち支援の創造——アクション・リサーチの実践を目指して』学文社, 2005.
- [13] 佐野正之『アクション・リサーチのすすめ——新しい英語授業研究（英語教育21世紀叢書）』大修館書店, 2005.
- [14] 横溝紳一郎・日本語教育学会『日本語教師のためのアクション・リサーチ』凡人社, 2005.
- [15] リチャーズ, ジャック・C／ロックハート, チャールズ『英語教育のアクション・リサーチ』新里眞男訳, 研究社出版, 2000.
- [16] ロジャー, ハート『子どもの参画——コミュニティづくりと身近な環境ケアへの参画のための理論と実際』木下勇・田中治彦・南博文監修, IPA日本支部訳, 萌文社, 2000.

2 国内論文

　国立情報学研究所が提供するデータベースCiNii, および医学中央雑誌刊行会が提供するデータベース医中誌Webを用いた検索に加え, 引用文献からの検索, およびハンドリサーチによる検索を実施し, 合計で37編の論文を選出した [17-53]. 大半が紀要であり, また国内書籍と同様, 看護・医療（福祉）に関連した分野の内容が多かった [21, 24, 28, 30, 37, 39, 40, 44, 45, 52, 53]. 一方で, 高齢社会におけるアクションリサーチに関して具体的な記述がなされた論文も存在する. 例えば, 野村 [34] は愛媛県A町において初期認知症高齢者およびその家族へのエンパワメントを目的としたアクションリサーチを展開し, 様々な働きかけによる個人・家族・地域における"つながり"の再生がみられたと述べている. 同時に, 介入プログラムには各地域の文化・生活特性に配慮した内容を組み込む意義についても言及している. さらに, 田嶋ら [53] は愛知県高浜市を対象として, 住民によるまちづくりと連携して取り組まれている, 地域におけるインフォーマルケアの現状および課題を抽出することを目的とした研究を行っている. 本研究では, まちづくりの中心的な担い手からより的確な情報を得るために, 具体的な方法としてヒアリング調査およびフォーカスグループ面接を用いている. これらの方法は, アクションリサーチの計画・実践において極めて有効なものであると考えられる. 以上の通り, 我が国において高齢社会にお

けるアクションリサーチは未だ萌芽期にあると考えられるが，近年になるほど社会参加［17等］やソーシャルビジネス［23, 26］など多様な分野において具体的な研究も公表され始めており，今後更なる成果の蓄積が待たれるところである．

国内論文一覧

[17] 佐藤美由紀・齊藤恭平・若山好美・堀籠はるえ・鈴木佑子・岡本麗子「地域社会における高齢者に対する役割期待と遂行のための促進要因：フォーカス・グループ・インタビュー法を用いて」『日本保健福祉学会誌』21（1），25-34，2014．

[18] 武田丈「フォトボイスによるコミュニティのニーズ把握、アドボカシー活動、そしてエンパワメント（特集コミュニティマネジメントにおける写真の活用）」『コミュニティ心理学研究』18（1），3-20，2014

[19] 植村勝彦「環境保全問題へのコミュニティ心理学の寄与（特集：コミュニティ心理学と地域社会における環境保全問題：理論的展望と事例検討）」『コミュニティ心理学研究』17（2），111-130，2014．

[20] 木村亜維子「人びとの記憶から読み解くアイデンティティを育むコミュニティ醸成空間としてのコモンに関する研究:阿佐ヶ谷住宅における"市民の庭"としてのコモンを事例として」『都市計画論文集』49（3），681-686，2014．

[21] 来島修志・石井文康・山中武彦・水谷なおみ「回想法を活用した認知症予防のためのまちづくりに関する研究—A市における人材育成に着目したアクションリサーチを通して—」『日本福祉大学社会福祉論集』130，117-144，2014．

[22] 石田陽介「アクションリサーチによる地域創造に向けた'ソーシャル・アートセラピー'の考察：アートシェアリングの構築化に向けたコミュニティアート創出プロジェクトを事例として」『環境芸術：環境芸術学会論文集』12，69-76，2013．

[23] 須藤順「社会的企業におけるネットワークの形成と展開．企業組合でる・それにおけるアクションリサーチから」『ノンプロフィット・レビュー：日本NPO学会機関誌』13（2），59-68，2013．

[24] 高井逸史「アクションリサーチに基づいた地域再生における理学療法士の役割」『大阪物療大学紀要』1，47-54，2013．

[25] 梅崎薫「修復的対話（Restorative Justice）による高齢者虐待予防の可能性 –たたき台デザインの検討にむけて–」『埼玉県立大学紀要』15，65-71，2013．

[26] 工藤順「地域社会における社会的企業の可能性：コミュニティカフェでる・それの事例から」『青森県立保健大学雑誌』13，23-32，2012．

[27] 小澤亘・牧田幸文・樋口耕一・石川久仁子・山田博子・メンセデーク マーサ・小川栄二・加藤博史「外国人高齢者に対するボランティア支援ネットワーク：京都市における在日コリアンの新たな動き」『立命館産業社會論集』48（3），19-38，2012．

[28] 小山千加代「特別養護老人ホームで「より良い看取り」を実施するための取り組み：研究者と実践者との協働によるミューチュアル・アクションリサーチ」『老年看護学：日本老年看護学会誌』16，38-47，2011．

[29] 芳賀博「介護予防の現状と課題」『老年社会科学』32，64-69，2010．

[30] 湯浅美千代・野口美和子「認知症を有する高齢者を肯定的に表現する職員間コミュニケーションの効果」『老年看護学：日本老年看護学会誌』10，51-61，2006．

[31] 藤田綾子「高齢者の高齢者による学習講座企画・運営に関するモデル構築のためのアクションリサーチ」『甲子園大学紀要』39, 121-127, 2012.

[32] 大宮裕子・平松則子・鈴木美和・横山悦子・辻容子「高齢者の車いす姿勢保持援助を通したスタッフの変化」『目白大学健康科学研究』5, 23-29, 2012.

[33] 森傑・清田英巳「スリランカにおける高齢者介護施設の居室計画に関する課題考察」『日本建築学会技術報告集』17, 299-304, 2011.

[34] 野村美千江「アクションリサーチを適用した地域ケアプログラムの開発：初期認知症高齢者と家族のエンパワメント」『愛媛県立医療技術大学紀要』6, 1-10, 2009.

[35] 小山千加代・水野敏子・横山享子「特別養護老人ホームにおける看取りの改善への取り組み（第1報）——「看取りの勉強会」での試みとチーム全体の変化の過程」『人間科学研究会 生と死』11, 33-47, 2009.

[36] 呉地祥友里・大湾明美・宮城重二・佐久川政吉・上原綾子「沖縄県H島における高齢者のソーシャルネットワーク・生活満足度・介護意識に関する研究——介入前後の高齢者の意識比較」『沖縄県立看護大学紀要』7, 25-29, 2006.

[37] 佐久川政吉・大湾明美・大川嶺子・牧内忍・川崎道子「沖縄県離島のモデル地域における地域ケアシステム構築に関するアクションリサーチ」『沖縄県立看護大学紀要』6, 58-63, 2005.

[38] 森一彦・加藤悠介・今井朗「特別養護老人ホームの環境改修プロセスにおける高齢者の行動変化」『生活科学研究誌』4, 111-128, 2005.

[39] 目黒輝美「O医院NGMにおける職員の質的向上をめざすアクションリサーチ——インクルーシブな高齢者ケアサービス」『現代社会学』5, 71-81, 2004.

[40] 荒井紀子・吉川智子・大嶋桂子「福祉の主体形成をめざした福祉・高齢者学習の授業構造と学習構成——高校家庭科におけるアクション・リサーチ」『福井大学教育実践研究』27, 119-138, 2002.

[41] 木村優「教育におけるアクション・リサーチのための実践コミュニティの創造と展開」『教師教育研究』5, 265-283, 2012.

[42] 高杉公人「フィリピン先住民族タグバヌアコミュニティの内発的発展を促進させる文化再発見型アクションリサーチ」『関西学院大学先端社会研究所紀要』7, 22-48, 2012.

[43] Togo, H., & Enomoto, K., "Consideration of Regional Informatization Practices in Japan : A Case Study on a Civic Organization Operating Community Media" 『商経学叢』58, 417-435, 2012.

[44] 武田丈「ソーシャルワークとアクションリサーチ（3）フォトボイスによるコミュニティのエンパワメント」『ソーシャルワーク研究』37, 220-230, 2011.

[45] 室田信一「事例研究（22）地域とともに築く多様なセーフティネットのかたち——大阪府B市におけるコミュニティソーシャルワーク実践をとおして」『ソーシャルワーク研究』37, 55-62, 2011.

[46] 全泓奎・川本綾・本岡拓哉「社会的な不利地域における共生型まちづくりに関する研究——在日コリアンコミュニティの地域再生と居住支援」『住宅総合研究財団研究論文集』37, 49-60, 2010.

[47] 杉岡正典・兒玉憲一「滞日日系ブラジル人児童生徒支援のための支援者ネットワーキングの試み」『コミュニティ心理学研究』11, 76-89, 2007.

[48] 田代順子・長松康子・大森純子・菱沼典子・松谷美和子・及川郁子・麻原きよみ・平林優子・酒井昌子「Web上でのヘルス・ボランティア学習とボランティア学生学習支援プログラム開発：開発過程」『聖路加看護学会誌』11, 109-115, 2007.

[49] 宮林幸江「コミュニティの中のグリーフケア——ワークショップによるグリー

フケア（特集 遺族のためのグリーフケア――私たちにできること）」『緩和ケア』15, 284-288, 2005.
[50] チャド, ウォーカー「人間環境学におけるアクションリサーチ」『九州大学心理学研究』6, 97-105, 2005.
[51] 後藤武俊「米国エッセンシャル・スクール連盟の学校改革支援活動：「コミュニティとしての学校」理念を中心に」『教育學研究』69, 205-214, 2002.
[52] 中島民恵子・田嶋香苗・金圓景・奥田佑子・冷水豊・平野隆之「地域特性に即したインフォーマルケアの実践課題抽出の試み（1）――高齢化が進む大都市近郊の春日井市S地区での調査から」『日本福祉大学社会福祉論集』125, 103-119, 2011.
[53] 田嶋香苗・中島民恵子・金圓景・斉藤雅茂・冷水豊・平野隆之「地域特性に即したインフォーマルケアの実践課題抽出の試み（2）――福祉でまちづくりを目指す高浜市での調査から」『日本福祉大学社会福祉論集』125, 121-134, 2011.

2節 海外文献

1 海外書籍

　コミュニティにおけるアクションリサーチに関わる海外書籍は，現在まで膨大な数が刊行されている．そのため，ここではDick [81-84] による一連のレビュー論文に準じ，関連書籍を紹介する．その他，インターネット上における複数の電子データベースによる検索を加え，合計で27編の書籍を選出した [54-80]．国内書籍と同様に，看護・医療を含む保健衛生に関連する書籍 [55, 65, 67, 68, 72] や教育に関連する書籍 [57, 66] も散見されるが，行動科学や社会的学習，参与観察など様々な理論的背景に基づくコミュニティを基盤としたアクションリサーチを体系的にまとめた書籍が多い点が特徴であると思われる．高齢社会におけるコミュニティ形成を主題とした書籍は存在しなかったものの，上記のように多角的な観点からコミュニティ参加型のアクションリサーチが検討されている点は意義があり，今後のアクションリサーチの計画，実践，および評価において多いに参考となるであろう．

海外書籍一覧

[54] Jason, L.A., Keys, C.B., Suarez-Balcazar, Y., Taylor, R.R. & Davis, M.I., *Participatory community research: Theories and methods in action*, American Psychological Association, 2004.

[55] Minkler, M. & Wallerstein, N., *Community based participatory research for health* (2nd ed.), Jossey-Bass, 2008.

[56] Brock, K., & McGee, R., *Knowing poverty: Critical reflections on participatory research and policy*, Earthscan, 2002.

[57] Epstein, J.L., Sanders, M.G., Simon, B.S., Salinas, K.C., Jansorn, N.R. & Van Voorhis, FL, *School, family and community partnerships: Your handbook for action* (2nd ed.), Corwin, 2008.

[58] Faber, B.D., *Community action and organizational change: Image, narrative, identity*, Southern Illinois University Press, 2002.

[59] Gibbs, C., & Mahe, S., *Birth of a global community : Appreciative inquiry in action*, Lakeshore Communications, 2003.

[60] Leeuwis, C., & Pyburn, R., *Wheelbarrows full of frogs: Social learning in rural resource management*, van Gorcum, 2002.

[61] Munford, R., & Sanders, J., *Making a difference in families: Research that creates change*, Allen & Unwin, 2003.

- [62] Stringer, E.T., *Action research* (2nd ed.), Sage, 2007.
- [63] Walsh, F. & Mitchell, P., *Planning for country: Cross-sectional approaches to decision-making on Aboriginal lands*, Jukurrpa Books, 2002.
- [64] Corburn, J., *Street science: Community knowledge and environmental health justice*, MIT Press, 2005.
- [65] Creighton, J.L., *The Public participation handbook: Making better decisions through citizen involvement*, Jossey-Bass, 2005.
- [66] Fine, M., Roberts, R., Torre, M., Bloom, J., Burns, A., chajet, L. & Guishard, M., *Echoes of Brown: Youth documenting and performing the legacy of Brown v. Board of Education*, Teachers College Press, 2004.
- [67] Israel, B.A., Eng, E., Schulz, A.J. & Parker, E.A., *Methods in community-based participatory research for health* (2nd ed.), Jossey-Bass, 2012.
- [68] Jason, L.A., Ferrari, J.R., Davis, M.I. & Olson, B.D., *Creating communities for addiction recovery: The Oxford House Model*, Haworth Press, 2006.
- [69] Midgley, G. & Ochoa-Arias A.E., *Community operational research: OR and systems thinking for community development*, Kluwer Academic, 2004.
- [70] Pedraza, P. & Rivera, M., *Latino education: An agenda for community action research*, Lawrence Erlbaum, 2005.
- [71] Stoecker, R., *Research methods for community change: A project based approach*, Sage, 2005.
- [72] Cropper, S., Williams, G., O'Neill, M., Moore, R., Cropper, S., Porter, A., Williams, G., Corlisle, S., Moore, R., O'Neil, M., Roberts, C. & Snooks, H., *Community health and well-being: Action research on health inequalities*, Policy Press, 2007.
- [73] Hughes, P., Black, A., Kaldor, P., Bellamy, J. & Castle, K., *Building stronger communities*, University of New South Wales Press, 2007.
- [74] Nickels, S., Shirey, J. & Laidler, G., *Negotiating research relationships with Inuit communities: A guide for researchers*, Inuit Tapiriit Kanatami and Nunavut Research Instutute, 2007.
- [75] Reeb, R.N., *Community action research: Benefits to community members and service providers*, Haworth Press, 2006.
- [76] Sarkissian, W., Bunjamin-Mau, W., Cook, A., Walsh, K. & Vajda, S., *SpeakOut: The step-by-step guide to SpeakOuts and community workshops*, Earthscan, 2012.
- [77] Sarkissian, W., Hurford, D. & Wenman, C., *Creative community planning: Transformative engagement methods for working at the edge*, Earthscan, 2010.
- [78] Szakos, K.L. & Szakos, J., *We make change: Community organizers talk about what they do -and why*, Vanderbilt University Press, 2007.
- [79] Herr, K.G. & Anderson, G.L., *The action research dissertation: A guide for students and faculty*, Sage, 2005.
- [80] Ivankova, N.V., *Mixed Methods Applications in Action Research: From Methods to Community Action*, Sage, 2014.

2 海外論文

　海外書籍と同様，海外論文においても，コミュニティにおけるアクションリサーチを主題としたものは枚挙に暇がない．ここでは，National Library of Medicineが提供するデータベースPubMedをはじめとする複数のデータベースによる検索，引用文献およびハンドリサーチによる検索を実施し，特に関連が強いと思われる20編の論文を抽出した．まず，アクションリサーチ全般に関する先行研究の概要を把握する際には，Dick［81-84］による一連のレビュー論文が極めて有用である．他にも，高齢者を対象としたコミュニティにおける参加型アクションリサーチの概観という点では，Blair & Minkler［91］によるレビュー論文が参考となるであろう．高齢者を対象としたコミュニティでのアクションリサーチの実践に焦点を絞ると，その多くが彼らへの医療福祉的ケアを主題としたものとなっている［87, 88, 89, 92, 95, 97］．一方で，例えばコミュニティにおけるアクティブ・エイジングを実現するためのプログラムなども，少数ながら検討がなされている［93］．

　ここに挙げた多くの文献中でも，アクションリサーチにおける計画や実践，その評価等における限界や困難性が指摘されているものの，様々な領域から先駆的な知見が蓄積され始めているのも事実であり，今後の更なる発展が望まれるところである．

海外論文一覧

[81] Dick, B., "Action research literature: Themes and trends," *Action Research*, 2, 425-444, 2004.

[82] Dick, B., "Action research literature 2004-2006: Themes and trends," *Action Research*, 4, 439-458, 2006.

[83] Dick, B., "Action Research literature 2006-2008: Themes and trends," *Action Research*, 7, 423-441, 2009.

[84] Dick, B., "Action Research literature 2008-2010: Themes and trends," *Action Research*, 9, 122-143, 2010.

[85] Perry, T.E. & Ziemba, R., "Assessing the educational and support needs of nursing staff serving older adults: A case study of a community coalition/university partnership," *Journal of Applied Gerontology*, 33 (6), 764-782, 2014.

[86] Shahar, S., Adznam, S.N., Rahman, S.A., Yusoff, NAM., Yassin, Z., Arshad, F., Sakian, N.M., Salleh, M. & Samah, A.A., "Development and analysis of acceptance of a nutrition education package among a rural elderly population: an action research study," *BMC Geriatrics*, 7, 12-24, 2012.

[87] Tiwari, P., Warren, J. & Day, K., "Empowering older patients to engage in self care: designing an interactive robotic device," *AMIA Annual Symposium Proceedings*, 1402-1411, 2011.

[88] Lynch, B.M., McCormack, B. & McCance, T., "Development of a model of

situational leadership in residential care for older people," *Journal of Nursing Management*, 19 (8), 1058-1069, 2011.

[89] Henderson, J., Curren, D., Walter, B., Toffoli, L. & O'kand, D., "Relocating care: negotiating nursing skillmix in a mental health unit for older adults," Nursing Inquiry, 18, 55-65, 2011.

[90] Ulrich, A., Hellstern, P., Kressig, R.W., Eze, G. & Spirig, R., "Advanced Nursing Practice in daily nursing care: practice development of an acute geriatric Advanced Nursing Practice team," *Pflege*, 23, 403-410, 2010.

[91] Blair, T. & Minkler, M., "Participatory action research with older adults: key principles in practice," *The Gerontologist*, 49, 651-662, 2009.

[92] Fenton, W., "Introducing a post-fall assessment algorithm into a community rehabilitation hospital for older adults," *Nursing Older People*, 20, 36-39, 2008.

[93] Pieper, B.B., "Creating an aging-prepared community in the inner city: an early descriptive evaluation," *The Journal of the New York State Nurse's Association*, 39, 8-13, 2008.

[94] de la Luz Martínez-Maldonado, M., Correa-Muñoz, E. & Mendoza-Núñez, V.M., "Program of active aging in a rural Mexican community: a qualitative approach," *BMC Public Health*, 7, 276, 2007.

[95] Atwal, A., Tattersall, K., Murphy, S., Davenport, N., Craik, C., Caldwell, K. & Mcintyre, A., "Older adults experiences of rehabilitation in acute health care," *Scandinavian Journal of Caring Sciences*, 21, 371-378, 2007.

[96] Baker, T.A. & Wang, C.C., "Photovoice: use of a participatory action research method to explore the chronic pain experience in older adults," *Qualitative Health Research*, 16, 1405-1413, 2006.

[97] Atwal, A., Tattersall, K., Caldwell, K., & Craik, C., "Multidisciplinary perceptions of the role of nurses and healthcare assistants in rehabilitation of older adults in acute health care," *Journal of Clinical Nursing*, 15,1418-1425, 2006.

[98] Sanders, C., Seymour, J., and Clarke, A., Goff, M. & Welton, M., "Development of a peer education programme for advance end-of-life care planning," *International Journal of Palliative Nursing*, 12, 216-223, 2006.

[99] Averill, J.B., "Studies of rural elderly individuals: merging critical ethnography with community-based action research," *Journal of Gerontological Nursing*, 31, 11-18, 2005.

[100] Cockburn, L. & Trentham, B., "Participatory action research: integrating community occupational therapy practice and research," *Canadian Journal of Occupational Therapy*, 69, 20-30, 2002.

文　献

さらに理解を深めるための文献には，＊印とともにコメントを添えた．

序章

秋山弘子（2010）「長寿時代の科学と社会の構想」『科学』80（1）．
広井良典（2009）『コミュニティを問い直す』筑摩書房．

第1章

Carpenter, B. L.（2013）"Communication and collaboration in healthcare utilizing participatory action research and a performance improvement methodology," *Dissertation Abstracts International Section A: Humanities and Social Sciences*, 74（2-A）(E).

Christens, B.（2008）"Transdisciplinary, multilevel action research to enhance ecological and psychopolitical validity," *Journal of Community Psychology*, 36（2）: 214-231.

Cohen L., Manion L. & Morrison K.（2008）*Research methods in education*, Routledge Falmer.

芳賀博（2012）「アクションリサーチにおける健康長寿のまちづくり」『日本老年医学会雑誌』49（1），33-35.

Helskog, G. H.（2014）"Justifying action research," *Educational Action Research*, 22（1）: 4-20.

Herr, K. & Anderson, G.（2005）*The Action Research Dissertation: A Guide for Students and Faculty*, Sage: 4, 12, 38.

樋口聡（2010）「授業研究の新しい方向性――反省的実践家によるアクション・リサーチと映像活用」『広島大学大学院教育学研究科紀要』第一部第59号．

JST社会技術研究開発センター（2009）「社会技術の歴史的変遷と実践的領野」報告書．

JST社会技術研究開発センター（2013）『社会技術研究開発の今後の推進に関する方針――社会との協働が生む，社会のための知の実践』2013.11. http://www.ristex.jp/aboutus/pdf/20131118_02.pdf

草郷孝好（2007）「アクションリサーチ」，小泉潤二・志水宏吉編『実践的研究のすすめ：人間科学のリアリティ』有斐閣：第14章，251-266.

小林幸一郎・田中豊治（1978, 1981, 1982）「地方自治体における行政課題の変化と行政組織の変革――新潟県西蒲原郡弥彦村役場におけるアクションリサーチ（上）（中）（下）」『東洋大学社会学研究所年報』11(1-53), 14(1-44), 15(27-77).

Lewin K.（1946）"Action Research and Minority Problem," *Journal of Social Issue*, 2: 34-46.

Lincoln, Y. S. & Guba, E. G.（1985）*Naturalistic Inquiry*. Sage.

Meyer J.（2000）"Qualitative Research in Health Care: Using qualitative methods in health related action research," *BMJ*, 320:178-181.

Morton-Cooper, A.（2000）*Action Research in Health Care*, Blackwell Science.／モートン=クーパー，アリソン（2005）『ヘルスケアに活かすアクションリサーチ』岡本玲子・関戸好子・鳩野洋子訳，医学書院．
　＊ヘルスケア活動におけるアクションリサーチの方法を示す実践的な簡約書であ

る．計画の立案から実施，効果的な報告書の作成に至るまで，アクションリサーチの特性や重要な点に関する理解を広げるものである．さらにアクションリサーチを評価するためのガイドラインも示した．

武藤正樹（2007）「研究とは何か」国際医療福祉大学S＆Mゼミ資料．
日本学術会議（2003）「新しい学術の体系——社会のための学術と文理の融合」報告書．
錦織宏（2011）「医学教育研究におけるアクション・リサーチ」第35回東京大学医学教育セミナー資料．
Reason P. & Bradbury H.（eds.）（2001）*The Handbook of Action Research: Participative Inquiry & Practice*, Sage.
リチャーズ，L.（2009）『質的データの取り扱い』大谷順子他訳，北大路書房：194-195, 269.
Rubin, A. & Babbie, E. R.（2008）*Research Methods for Social Work*, Thompson.
齊藤由美子（2010）「参加型アクション・リサーチ」国立特別支援教育総合研究所・研究成果報告書．
佐藤一子他（2004）「アクション・リサーチと教育研究」『東京大学大学院教育学研究科紀要』第44巻．
Shani, A. B.（2012）"Action Research and Collaborative Management Research: More than Meets the Eyes?" *International Journal of Action Research*, 8（1）: 45-67.
Shura, R. et al.（2011）"Culture Change in Long-term Care: Participatory Action Research and the Role of the Resident," The Gerontologist, 51（2）: 212-225.
ストリンガー，E・T（2012）『アクションリサーチ』目黒輝美・磯部卓三監訳，フィリア：1, 28, 29, 149.／Stringer, E. T.（2007）*Action Research*, Sage.
武田丈（2011）「ソーシャルワークとアクションリサーチ［1］」『ソーシャルワーク研究』Vol.37, No.1.
筒井真優美（2010）『研究と実践をつなぐアクションリサーチ入門——看護研究の新たなステージへ』ライフサポート社．
矢守克也（2010）『アクションリサーチ——実践する人間科学』新曜社．
　＊アクションリサーチとは何かについて社会心理学的視点から論述した書．アクションリサーチの魅力とは，観察する者と観察される者との関係が，共同的実践によって両者に第三の視点をもたらすことであるとし，筆者自身が関わる防災分野での「語り部活動」についても紹介している．
矢守克也（2010）「防災教育の現状と展望——阪神・淡路大震災から15年を経て」『自然災害科学』29-3.
柳瀬陽介（2001）「アクション・リサーチの合理性について」『中国地区英語教育学会研究紀要』No.31.
Yozbatiran, N.（2008）"A Standardized approach to performing the Action Research Arm Test," *Neurorehabilitation and Neural Repair*, 22（1）: 78-90.
Zeichner, K.（2009）"Educational Action Research, Schmuck," R. A. Schmuk（ed.）*Practical Action Research: A Collection of Articles*, Second Edition, Corwin Press: 24-42.

第2章

Brydon-Miller, M.（2008）"Ethics and Action Research: Deepening our Commitment to Principles of Social Justice and Redefining Systems of Democratic Practice," Peter Reason & Hirary Bradbury（eds.）, *The Sage Handbook of Action Reseach*（Second Editon）, Sage.

Carr, W. & Kemmis, S. (1986) *Becoming Critical*, Falmer Press.
Chambers, R. (2008) "PRA, PLA and Pluralism: Practice and Theory," Peter Reason & Hirary Bradbury (eds.), *The Sage Handbook of Action Research (Second Edition)*, Sage.
Chandler, D. & Torbert, B. (2003) "Transforming Inquiry and Action: Interweaving 27 Favors of Action Reseach," *Action Research*, October: 133-158.
Gelling, L. & Munn-Giddings, C. (2011) "Ethical review of action research:the challenges for researchers and research ethics committees," *Research Ethics*, vol.7, No.3: 100-106.
Herr, K. & Anderson, G.L. (2005) *The Action Research Dissertation: A Guide for Students and Faculty*, Sage.
Kemmis, S., McTaggart, R. & Nixon, R. (2014), *The Action Research Planner*, Springer.
Lewin, K. (1948), *Resolving Social Conflicts. Selected Papers on Group Dynamics*, Harpers & Row.／レヴィン, クルト (1971)『社会的葛藤の解決——グループダイナミックス論文集』末永俊郎訳, 創元社.
野村美千江 (2009)「アクションリサーチを適用した地域ケアプログラムの開発——初期認知症高齢者と家族のエンパワメント」『愛媛県立医療技術大学紀要』第6巻, 第1号：1-10.
ストリンガー, E・T (2012)『アクションリサーチ』目黒輝美・磯部卓三監訳, フィリア／Stringer, E. T. (2007) *Action Research, Sage*.
筒井真優美編 (2010)『研究と実践をつなぐアクションリサーチ入門——看護研究の新たなステージへ』ライフサポート社.
  ＊看護系の研究者・学生あるいは現場の看護師を対象に書かれたものであり, アクションリサーチの特徴や進め方がわかりやすく説明されている. 現場における具体例の紹介は, 他の分野でも参考になるだろう.
矢守克也 (2010)『アクションリサーチ——実践する人間科学』新曜社.
  ＊阪神淡路大震災を契機に開始された語り継ぎによるアクションリサーチに基づき, その意味と意義や現場に介入することの責任を問う. 語り継ぎは, 防災教育や世代間の体験の継承に役立てられている.

第3章

安梅勅江 (2001)『ヒューマン・サービスにおけるグループインタビュー法——科学的根拠に基づく質的研究法の展開』医歯薬出版：6.
安梅勅江 (2005)『コミュニティ・エンパワメントの技法——当事者主体の新しいシステムづくり』医歯薬出版：5-6.
  ＊コミュニティ・エンパワメントは, 当事者一人ひとりの思いを活かしながら, 「共感に基づく自己実現」を育む仲間と場所, すなわちコミュニティを作り上げる技法である. 本書は, コミュニティ・エンパワメントの理論と実践活用について述べている.
安斎紗保理, 佐藤美由紀, 斉藤恭平, 芳賀博 (2015)「地域在住高齢者・行政・研究者の協働により創出された地域活動が自主化に至るまでのプロセスとその効果——アクションリサーチを用いた取組み」『応用老年学』9：4-18.
新井宏朋 (1999)「いまなぜ活動モデルなのか」『健康福祉の活動モデル——考え方・つくり方・活かし方』医学書院：3-4.
Coombe, C. M. (1997) "Using Empowerment Evaluation in Community Organizing and Community-based Health Initiatives." *Community Organizing & Community*

Building for Health, New Jersey: Rutgers University Press: 291-307.

藤田雅美（1999）「活動モデルはどのようにしてつくられるか」，新井宏朋編著『健康福祉の活動モデル――考え方・つくり方・活かし方』医学書院：37-39.

芳賀博（研究代表者）（2013）「高齢者の役割づくりに基づく社会的ネットワークの形成に関する地域介入研究」科学研究費助成事業研究成果報告書（課題番号22300232）.

Holter I. M. & Schwartz-Barcott D. (1993) "Action research: What is it? How has it been used and how can it be used in nursing?" *Journal of Advanced Nursing*. 18: 298-304.

堀公俊（2004）『ファシリテーション入門』日本経済新聞出版社：161-163.
　＊ファシリテーションとは，問題解決や合意形成を促す技術として知られているが，本書では会議やプロジェクト活動でのファシリテーションに焦点を当てて，「場のデザイン」「対人関係」「議論の構造化」「合意形成」の４つの基本スキルについて解説している．

堀井秀之（2012）『社会技術論――問題解決のデザイン』東京大学出版会：189.

川喜田二郎（1967）『発想法』中公新書：58-59.

木下勇（2007）『ワークショップ――住民主体のまちづくりへの方法論』学芸出版社．
　＊「ワークショップとは何か」その本質を探ることを中心に組み立てられている．ワークショップの理論と方法，ワークショップにおける重要なキーワードさらには，まちづくりにおけるワークショップの事例についても紹介されている．

箕浦康子（1999）『フィールドワークの技法と実践――マイクロ・エスノグラフィー入門』ミネルヴァ書房：2.

中野民夫（2012）『ワークショップ――新しい学びと創造の場』岩波新書：14, 185-186.

中山貴美子，岡本玲子，塩見美抄（2006）「コミュニティ・エンパワメントの構成概念――保健専門職による評価のための「望ましい状態」の項目収集」『日本地域看護学会誌』8（2）：36-42.

中山貴美子（2007）「保健専門職による住民組織のコミュニティ・エンパワメント課程の質的評価指標の開発」『日本地域看護学会誌』10（1）：49-58.

Pope, C. & Mays, N. (eds.) (2006) *Qualitative Research in Health Care* (Third edition), Oxford: Blackwell Publishing.／ポープ，キャサリン & メイズ，ニコラス（2008）『質的研究実践ガイド――保健医療サービス向上のために』大滝純司監訳，医学書院：85-86.

佐藤美由紀，安斎紗保理，斉藤恭平，芳賀博（2015）「住民関与者からみた社会的ネットワーク形成を目指したプロジェクトの効果と課題」『応用老年学』9：100-112.

第４章

Córdova, T. L. (2011) "Community-Based Research and Participatory Change: A Strategic, Multi-Method Community Impact Assessment," *Journal of Community Practice*, 19: 29-47.

Froggatt, K. et al. (2011) "Action research in palliative care: Defining an evaluation methodology," *Palliative Medicine*, 25（8）：782-787.

加山弾（2006）「地域福祉計画へのマイノリティ参加とコミュニティ形成――沖縄人コミュニティをめぐるアクションサーチを通して」『日本の地域福祉』19：16-25.

草郷孝好（2007）「アクションリサーチ」，小泉潤二・志水宏吉編『実践的研究のすすめ――人間科学のリアリティ』有斐閣：251-266.

Lincoln, Y. S. & Guba, E. G. (1985) *Naturalistic Inquiry*. Sage.

帯谷博明・片上敏喜・水垣源太郎・寺岡伸悟（2014）『らくらく農法集落点検マニュアル』，「高齢者の営農を支える「らくらく農法」の開発」社会技術開発センター

平成23年度プロジェクト，2014. 9. 30.
小川晃子（2013）「ICTを活用した生活支援型コミュニティづくり（平成22年10月〜25年9月）」『研究開発実施終了報告書』2013.9.
Øveretveit, J. (1998) *Evaluating Health Interventions*. Open University Press.
Patton, M. Q. (1997) *Utilization-Focused Evaluation: The New Century* Text, 3rd Edition, Sage. ／パットン，マイケル・クイン（2001）『実用重視の事業評価入門』大森弥監修，清水弘文堂書房．
両羽美穂子（2010）「地域づくりにおける保健師のマネジメント能力の開発・発展過程」『千葉看会誌』16（1）：45-52.
冷水豊（2005）「高齢者保健福祉サービス評価研究の動向と課題」『老年社会科学』27（1）：55-64.
冷水豊編著（2009）『「地域生活の質」に基づく高齢者ケアの推進——フォーマルケアとインフォーマルケアの新たな関係をめざして』有斐閣：第4章.
新開省二（2014）「高齢者の虚弱化を予防し健康余命を延伸する社会システムの開発（平成23年10月〜26年9月）」『研究開発実施終了報告書』（別冊含む），2014.9.
寺岡伸悟（2014）「高齢者の営農を支える「らくらく農法」の開発（平成23年10月〜26年9月）」『研究開発実施終了報告書』2014.9.
東京大学高齢社会総合研究機構セカンドライフ就労研究チーム編著（2013）『高齢者就労マニュアル』IOG 東京大学高齢社会総合研究機構，2013. 10.
辻哲夫（2013）「セカンドライフの就労モデル開発研究（平成22年10月〜25年9月）」『研究開発実施終了報告書』2013.9.

第5章

筒井真優美（2010）『研究と実践をつなぐアクションリサーチ入門——看護研究の新たなステージへ』ライフサポート社．
笹栗利之・池松秀之編（2011）『臨床研究のための倫理審査ハンドブック』丸善出版．

終章

Herr, K. & Anderson, G.L. (2005) *The Action Research Dissertation: A Guide for Students and Faculty*, Sage.
Levin, M. (2008) "The Praxis of Educating Action Researcher," P. Reason & H. Bradbury (eds.), *The Sage Handbook of Action Research* (Second Edition), Sage: 669-681.
Reason, P. & Bradbury, H. (2008) "Concluding Reflections: Whither Action Research?" P. Reason & H. Brudbury (eds.), *The Sage Hand Book of Action Research* (Second Edition), Sage: 695-707.
千年よしみ・阿部彩（2009）「フォーカス・グループ・ディスカッションの手法と課題——ケース・スタディを通じて」『人口問題研究』56-3，2000. 9：56-69.
筒井真優美（2010）『研究と実践をつなぐアクションリサーチ入門——看護研究の新たなステージへ』ライフサポート社．
筒井真優美（2011）『平成19年度〜22年度文部科学省科学研究費補助金（基盤研究Ｂ）研究成果報告書』（代表 筒井真優美 日本赤十字看護大学教授）平成23年3月．

索　引

あ行

アウトカム(個別的効果) ・・・・・・・・ 31, 37, 91, 119, 128, 131, 151
　――評価 ・・・・・・・・・・・・・・・・・・ 128, 130
アウトプット(集合的効果) ・・ 119, 126, 128, 136
アクションリサーチ教育 ・・・・・・・ 162, 167, 169
アクションリサーチの面白さ(魅力)
　・・・・・・・・・・・・・・・・・・・・・・・・・・ 133-135, 148
アクションリサーチの研究プロセス
　・・・・・・・・ 29, 32-34, 38-39, 45, 119, 125, 118, 121
アクションリサーチャー ・・・・・・・ 166-172
暗黙知 ・・・・・・・・・・・・・・・・・・・・・・・・・・ 80, 82
生きがい就労 ・・・・・・・・・・・・・・・・・・・・・・ 178
インフォームド・コンセント ・・・・・・・・・ 61, 70
インフラ構築 ・・・・・・・・・・・・・・・・・ 4, 12, 175
エンパワメント ・・・・・・・・・・ 31, 44, 71, 74, 87, 91, 92, 105, 108, 111, 112, 114, 138
　――を促す8つの原則 ・・・・・・・・・・・・・・ 92
　コミュニティ・―― → コミュニティ・エンパワメント
おげんき発信 ・・・・・・・・・・・・・・・・・・・・・・ 176

か行

解決策実行の過程と結果の評価
　・・・・・・・・・・・・・・・・・・ 32, 34, 35, 39, 94, 101
解決のための方策の計画と体制づくり
　・・・・・・・・・・・・・・・・・・・・・・ 32, 33, 38, 45, 125
介護予防 ・・・・・・・・・・ 19, 56, 78, 102, 113, 129, 130, 133, 158, 183, 184
外在者 ・・・・・・・・・・・・・・・・・・・・・・・・・・・・・ 58
活動記録 ・・・・・・・・・・・・・・・・・・・・・・ 96, 114
活動経過表 ・・・・・・・・・・・・・・・・・・・・・ 95, 96
キーパーソン ・・・・・・・・・・・・・・・・・・・ 50, 51
行政・研究者の負担 ・・・・・・・・・・・・・・ 113, 115

虚弱(フレイル) ・・・・・・・・・・ 2, 4, 8, 56, 102, 129-131, 133-137, 141, 155, 157, 182-184
グラウンデッド・セオリー・アプローチ ・・・・・・
　・・・・・・・・・・・・・・・・・・・・・・・・・・・・・・ 160, 161
計画に即した解決策の実行 ・・・・・・・・ 32, 35, 39, 125, 130
形式知 ・・・・・・・・・・・・・・・・・・・・・・・・・・ 80, 82
継続(性) ・・・・・・・・・・・ 176, 182, 184, 186, 188
研究運営 ・・・・・・・・・・・・・・・・・・・・・・・・ 17, 38
　協働的な―― ・・・・・・・・・・・・・・・ 17, 34, 38
研究成果の他のコミュニティへの
波及のための要件の設定 ・・・・・・ 32-37, 40, 41, 45, 46, 118, 127, 129, 131, 138, 140-142, 144-148, 152, 153, 156, 162, 172, 180
研究の担い手 ・・・・・・・・・・・・・・・・・・・・ 17, 38
研究倫理 ・・・・・・・・・・・・・・・・・・・ 151, 154, 156
　――審査委員会 ・・・・・・・・・・・・・・・・ 51, 161
研究論文 ・・・・・・・・・・・・・・・・・・・・・・・・・・ 155
健康寿命の延伸 ・・・・・・・・・・・・・・・・・・・・・・ 3
広報(活動) ・・・・・・・・・ 50, 73, 78, 82, 86, 90, 91, 94, 105-109, 113, 114
コミュニケーション能力 ・・・・・・・・・・・・・・ 166
コミュニティ・エンパワメント ・・・・ 73, 91, 92, 114
コンテントアナリシス ・・・・・・・・・・・・・ 160, 161

さ行

参加型アクションリサーチ ・・・・・・・ 17, 38, 44, 46, 50, 53-56, 59-62, 68, 69, 78, 91, 93, 109, 121-123, 136, 137, 141, 142, 160, 164, 165, 171, 172
参加的研究 ・・・・・・・・・・・・・・・・・・・・・・・・・ 23
自記式調査 ・・・・・・・・・・・・・・・・・・・・・・ 29, 51
質的研究法 ・・・・・・・・・・・ 29, 33-39, 45, 131, 135, 140, 141, 143, 168

質的調査(法)	45, 79, 82, 160, 166
質的評価(法)	120, 139, 141, 142, 152
質的分析(法)	111, 123, 124
社会技術	24, 26
社会構築(構成)主義的アプローチ	24, 26, 27
社会システム	3, 8, 12, 27, 28, 129, 182, 183
社会における科学,社会のための科学	5, 11
集約的(summative)評価	119, 121, 137, 139, 141, 142
情報源	93, 94, 101, 114
情報の管理	100
資料(投稿論文としての)	155
シルバー人材センター	184
人生90年	2, 4, 47
人生設計	3, 4
人生第4期	2, 3
信頼性(信用性)	33, 36, 37, 39, 60, 145, 153
数量的研究法	122, 139
数量的評価(法)	120, 128, 130, 139, 142, 152
ステークホルダー(関与者)	7-13, 17, 29, 34-36, 40, 54, 58, 60, 69, 70, 71, 73, 75, 78-82, 86, 90-95, 96, 100, 104-107, 111-114, 118, 123, 136, 137, 144, 150, 152, 156, 160, 165, 166, 188
――分析	29, 30, 31
――間の協働	36, 39, 120, 125, 130, 135, 137, 139, 141-143, 151, 154, 183
ストリンガー,E・T(E.T.Stringer)	16-18, 32, 35, 45, 58
相互的アプローチ	78

た行

妥当性	36-37, 39, 60, 145, 153
段階的(formative)評価	2, 119, 121, 137, 138, 141, 142
地域看護学	158
中間支援組織	126, 136, 137, 140, 180
長寿社会	4, 7, 83, 103
筒井真優美	21, 23, 68, 147, 169, 170
テキストマイニング	160, 161
投稿論文	146, 155, 156
特定コミュニティで解決を要する課題の発見と分析	32-34, 38, 39, 45-47, 75
トライアンギュレーション(法)	36, 93, 94, 114, 160

な行

内在者	58
ネットワーク・コミュニティ	187

は行

評価	118-142
質的―― → 質的評価(法)	
数量的―― → 数量的評価(法)	
――対象	121, 127
――対象の単位	118, 136, 137, 139
――の次元	119, 137
――の主体	119, 138
――のデザイン	120, 139
――の方法	120, 139
――の目的	118, 121, 136
プロセス――	119, 121
ファシリテーター	58, 59, 81, 87, 88, 114, 129, 166
フォーカスグループ・インタビュー	29-31, 36, 70, 74, 80, 122, 128, 131, 132, 139, 142, 152, 160, 177
振り返り(reflection)	11, 22, 45, 71, 89-91, 94, 106, 109, 111-114, 121, 124, 167
ブレーンストーミング	87
プロジェクトメンバーの固定化	112

ベースライン調査 ・・・・・・・・・・ 79, 81, 82, 86, 87, 104, 106-109
歩行圏コミュニティ研究会 ・・・・・・・・・・・・・ 180
歩行補助車（まちなかカート）・・・・ 8, 61, 63-67, 157, 158, 162, 165, 181

ま行

面接調査 ・・・・・・・・・・・・・・・・・・・・・・・・ 30, 51

ら行

ライフステージ ・・・・・・・・・・・・・・・・・・・・・・ 2
らくらく農法 ・・・・・・・・・・ 8, 49, 59, 132, 138, 141, 185, 186
リアクション（反応）・・・・・・・ 40, 95, 96, 100
倫理的配慮 ・・・・・・・・・・・・・・・ 68, 70, 74, 120
レヴィン，クルト（Kurt Lewin）・・・・・・・ 11, 20, 22, 38, 45, 86, 166, 167
論文（博士論文など）・・・・・・・・・・ 146-154, 156
論文（博士論文など）作成のためのチェックリスト
・・・・・・・・・・・・・・・・・・・・・・・・・・・・ 154, 156
論文構成 ・・・・・・・・・・・・・・・・・・・・・・・・・・ 147
論理実証主義的アプローチ ・・・・・・・・・・ 23, 27

わ行

ワークショップ ・・・・・・・・ 59, 73-75, 80, 86-90, 92-94, 101, 104-110, 112-115, 149, 160, 187

アルファベット

ＫＪ法 ・・・・・・・・・・・・・・・・・・・・・・・・・・・・・ 160
ＱＯＬ（Quality of Life, 生活の質）・・・・・・・・・ 44, 55, 104, 110-112, 115, 175
ＲＣＴ（ランダム化比較試験）・・・・・・・ 120, 152
　　――デザイン ・・・・・・・・・・・・・・・・ 139, 142

高齢社会のアクションリサーチ
新たなコミュニティ創りをめざして

2015年9月18日 初 版

［検印廃止］

編 著 者　JST 社会技術研究開発センター
　　　　　秋山弘子

発 行 所　一般財団法人　東京大学出版会
　　　　　代表者　古田元夫
　　　　　153-0041 東京都目黒区駒場 4-5-29
　　　　　http://www.utp.or.jp/
　　　　　電話 03-6407-1069　Fax 03-6407-1991
　　　　　振替 00160-6-59964

デザイン　メタ・マニエラ
印 刷 所　株式会社理想社
製 本 所　誠製本株式会社

© 2015 Research Institute of Science and Technology for Society,
　Japan Science and Technology Agency & Hiroko AKIYAMA
　ISBN 978-4-13-062412-1　Printed in Japan

JCOPY〈(社)出版者著作権管理機構　委託出版物〉
本書の無断複写は著作権法上での例外を除き禁じられています．複写される場合は，そのつど事前に，(社)出版者著作権管理機構（電話 03-3513-6969, FAX 03-3513-6979, e-mail: info@jcopy.or.jp）の許諾を得てください．

東京大学高齢社会総合研究機構　編
地域包括ケアのすすめ　　　　　　　　　A5 判　　3500 円
在宅医療推進のための多職種連携の試み

大内尉義・秋山弘子　編集代表，折茂肇　編集顧問
新老年学　第 3 版　　　　　　　　　　　B5 判　　40000 円

金川克子・田髙悦子　編
地域看護診断　第 2 版　　　　　　　　　A5 判　　2800 円

ここに表示された価格は本体価格です．ご購入の際には消費税が加算されますのでご了承ください．